빠른시작

빠작

중학 국어 **비문학 독해**

1

빠른시작

빠작

중학 국어 빠작 시리즈

비문학 독해 0, 1, 2, 3 | 독해력과 어휘력을 함께 키우는 독해 기본서
문학 독해 1, 2, 3 | 필수 작품을 통해 문학 독해력을 기르는 독해 기본서
문학×비문학 독해 1, 2, 3 | 문학 독해력과 비문학 독해력을 함께 키우는 독해 기본서
고전 문학 독해 | 필수 작품을 통해 고전 문학 독해력을 기르는 독해 기본서
어휘 1, 2, 3 | 내신과 수능의 기초를 마련하는 중학 어휘 기본서
한자 어휘 | 한자를 통해 중학 국어 필수 어휘를 배우는 한자 어휘 기본서
첫 문법 | 중학 국어 문법을 쉽게 익히는 문법 입문서
문법 | 풍부한 문제로 문법 개념을 정리하는 문법서
서술형 쓰기 | 유형으로 익히는 실전 TIP 중심의 서술형 실전서

이 책을 쓰신 선생님

최두호(오산고) 권미득(덕소고) 정문경(상명사대부여중) 송정윤(장안중) 배지은(창동고)

빠른시작

빠작

중학 국어
비문학 독해

1

차례
CONTENTS

구성과 특징
STRUCTURES

하나! 다양한 영역과 주제의 지문을 읽고 실전 문제로 비문학 독해 감 잡기

교과 학습과 연계된 다양한 주제의 지문

인문, 사회, 과학, 기술, 예술 등 5개 분야에 걸쳐 다양한 주제의 지문을 수록했습니다. 교과 학습과 연계된 유익한 지문, 최신 이슈를 반영한 흥미로운 지문은 읽는 것만으로도 학생들에게 큰 도움이 될 것입니다.

빠작ON⁺

빠른 채점, 지문 해제, 배경 지식 영상 자료, 추가 어휘 퀴즈를 온라인으로 이용 가능합니다.

TIP 다양한 영역의 지문을 읽는 것이 왜 필요한가요?

수능 국어 영역은 인문, 사회, 과학, 기술, 예술 등 다양한 분야에 걸쳐 고르게 출제됩니다. 학생들은 평소에 접하지 못한 낯선 분야의 지문이 출제되면 당황하기 때문에, 미리미리 다양한 영역의 지문을 읽어 보며 훈련을 해 두는 것이 좋습니다.

인문

문제 풀이
지문 해제
관련 영상
어휘 퀴즈

08 에피쿠로스학파의 행복론

에피쿠로스학파는 고대 그리스의 철학자 에피쿠로스에 의해 ㉠창시된 것으로, 비슷한 시기의 스토아학파가 모든 일과 사건은 이미 결정된 것이라는 결정론적 세계관을 주장한 것과는 달리 인간의 자유 의지를 인정했다. 이러한 에피쿠로스학파의 견해는 쾌락주의를 표방할 수 있는 토대가 되었다.

에피쿠로스는 인간을 본성적으로 쾌락을 ㉡추구하는 존재로 파악했다. 그는 인간은 쾌락을 통해 행복한 삶을 이루며, 쾌락에 의해 인간의 삶이 조종된다고 보았다. 그래서 에피쿠로스는 쾌락이 인간이 추구해야 할 유일한 선이며, 고통은 유일한 악이라고 주장했다. 그러나 그가 추구한 쾌락은 오늘날 우리가 생각하는 육체적이고 감각적인 쾌락과는 상당한 거리가 있다. 에피쿠로스는 적극적으로 쾌락을 추구하는 삶을 살라고 강조하지 않았다. 그가 강조한 행복은 쾌락의 적극적인 추구라기보다는 오히려 고통의 제거를 통해 ㉢달성되는 것이었다. 에피쿠로스는 최고의 쾌락은 모든 고통이 제거될 때에 도달되는 것으로 보았으며, 고통의 부재 상태가 가장 이상적인 상태임을 강조하였다. 이와 같은 이유로 에피쿠로스의 사상을 소극적 쾌락주의라고 부른다.

어떤 고통은 잘 참고 견뎌 내면 더 큰 쾌락이 주어질 수 있고, 반대로 눈앞의 단기적 쾌락, 육체적 쾌락만 추구하면 장기적으로 고통이 찾아올 수도 있다. 학생들이 당장은 힘들어도 인내하면서 공부를 하는 것 또한 그런 이유에서이다. 에피쿠로스는 행복한 삶을 살기 위해서는 쾌락을 추구할 때 이성의 도움을 받아야 한다고 강조한다. 여기서 이성은 쾌락을 잘 추구하기 위한 수단으로 필요한 것이지, 이성 그 자체가 목적이 되는 것은 아니다. 에피쿠로스 철학의 유일한 목적은 항상 쾌락이다.

에피쿠로스는 쾌락주의자로 불리지만, 사회적 혼란기에 욕망을 적극적으로 추구하기보다는 오히려 욕망을 줄이고 절제하는 도덕적인 삶을 통해 행복을 추구해야 한다고 보았다. 그는 참된 쾌락을 ㉣파악할 수 있는 이성적인 덕인 실천적 지혜를 토대로 사려 깊게 판단하고 신중하게 쾌락을 추구해야 행복에 이를 수 있음을 알려 주고 있다. 이러한 에피쿠로스의 행복론은 욕망의 적극적인 충족을 통해서만 행복을 이룰 수 있는 것이 아니며, 어렵고 힘든 상황에서도 욕망을 줄인다면 행복에 ㉤도달할 수 있다는 교훈을 주고 있다.

자유 의지 외부의 제약이나 구속을 받지 아니하고 어떤 목적을 스스로 세우고 실행할 수 있는 의지.
표방 어떤 명목을 붙여 주의나 주장 또는 처지를 앞에 내세움.
토대 어떤 사물이나 사업의 밑바탕이 되는 기초와 밑천을 비유적으로 이르는 말.
이성 진위(真僞), 선악(善惡)을 식별하여 바르게 판단하는 능력.
절제 정도에 넘지 아니하도록 알맞게 조절하여 제한함.
사려 여러 가지 일에 대하여 깊게 생각함. 또는 그런 생각.

1

■ 정답과 해설 8쪽

윗글의 내용과 일치하지 <u>않는</u> 것은?

① 에피쿠로스는 소극적인 쾌락의 추구를 지향하였다.

② 에피쿠로스는 쾌락의 추구가 인간의 본능이라고 생각했다.

③ 에피쿠로스학파는 스토아학파와는 달리 인간의 자유 의지를 인정했다.

④ 에피쿠로스는 장기적인 쾌락을 추구하는 것이 바람직하지 않다고 생각했다.

⑤ 에피쿠로스는 쾌락을 얻기 위해 궁극적으로 이성의 도움을 받아야 한다고 생각했다.

◆
지향 어떤 목표로 뜻이 쏠리어 향함. 또는 그 방향이나 그쪽으로 쏠리는 의지.

인문
08

실전 문제

지문을 읽은 후 문제를 풀며 자신이 지문을 올바르게 읽었는지 확인해 보세요. 지문의 내용과 일치하는지를 묻는 문제, 지문의 내용을 구체적인 사례에 적용하는 문제 등 독해력을 키우는 데 도움이 되는 문제들로만 구성했습니다.

2

에피쿠로스가 〈보기〉와 같이 주장한 이유를 추론한 것으로 가장 적절한 것은?

> ┌ 보기 ┐
> 많은 사람들은 자신이 어떤 행동을 했을 때 혹시 신에게 벌을 받지는 않을지, 죽은 다음에 지옥에 떨어지지는 않을지 걱정하면서 살아간다. 에피쿠로스는 신은 아쉬울 것이 전혀 없기 때문에 인간의 일에는 아무런 관심도 없다고 강조한다. 또한 에피쿠로스는 죽음이 찾아오면 인간은 감각 능력을 상실하기 때문에 죽음은 아무것도 아니며, 죽음에 대해 걱정할 필요가 없다고 주장했다.

① 삶과 죽음은 사전에 결정되어 있으므로 바꿀 수 없기 때문에

② 죽음의 공포로부터 벗어나면 적극적 쾌락을 추구할 수 있기 때문에

③ 행복을 위해서는 고통과 공포로부터의 해방이 중요하다고 생각했기 때문에

④ 육체적인 쾌락의 추구를 위해서는 죽음에 대한 공포가 없어야 하기 때문에

⑤ 신이 인간의 일에 관심이 없다고 생각해야 인간은 자유 의지를 가질 수 있기 때문에

어휘 문제

실제 수능 비문학 시험에서는 독해 외에 어휘 문제도 출제되는 점을 감안하여 실전 형태의 어휘 문제를 추가했습니다.

3 (어휘)

문맥상 ㉠~㉤과 바꿔 쓰기에 적절하지 <u>않은</u> 것은?

① ㉠: 생긴

② ㉡: 좇는

③ ㉢: 이루어지는

④ ㉣: 다잡을

⑤ ㉤: 다다를

구성과 특징
STRUCTURES

독해의 기초를 다져 주는 '지문 분석'

빈칸을 채워 나가는 과정을 통해 독해의 기본 원리인 지문 분석 방법을 자연스럽게 익힐 수 있습니다. '지문 분석'은 단답형·서술형 문항으로 되어 있어 학교 시험의 서술형 평가를 대비하기에도 좋습니다.

둘! 독해력과 어휘력을 함께 키우는 특별한 구성

지문 분석

1 각 문단의 중심 내용을 다음과 같이 정리할 때, 빈칸에 들어갈 내용을 써 보자.

1문단 에피쿠로스학파의 특징
– 인간의 (   )를 인정함.
– 쾌락주의의 토대가 됨.

▼

2문단 에피쿠로스가 생각한 인간: 본성적으로 (   )을 추구하는 존재
– 쾌락은 인간이 추구해야 할 유일한 선이며, (   )은 유일한 악이라고 주장함.
– 고통의 (   ) 상태가 가장 이상적인 상태임을 강조함.

▼

3문단 에피쿠로스가 생각한 행복한 삶을 사는 방법
– (   )의 도움을 받아 쾌락을 추구해야 함.
– 이성은 그 자체가 (   )이 아니라 (   )임.

▼

4문단 에피쿠로스의 행복론이 주는 교훈
– (   )의 적극적 충족이 아니라, 욕망을 줄이고 (   )하는 삶을 통해 행복에 도달할 수 있음.

2 다음 빈칸을 채워 가며, 쾌락의 의미에 대한 내용을 정리해 보자.

일반적으로 생각하는 쾌락	에피쿠로스 학파의 쾌락
• 육체적이고 감각적인 것 • 욕망을 적극적으로 추구하고 충족하는 것	• 인간이 추구해야 할 유일한 ( ) • 모든 ( )이 제거될 때 도달되는 것 • 욕망을 줄이고 절제하는 삶을 통해 이룰 수 있는 것

TIP 국어 독해에서 왜 지문 분석이 중요한가요?

실제 독해 강의에서 가장 중요하게 다루는 것이 지문 분석입니다. 각 문단의 중심 내용을 정리한 후 이를 바탕으로 글의 구조를 파악하고 주제를 찾아내는 것이 독해의 기본 원리이기 때문입니다. 이 책에서는 '지문 분석'을 통해 독해의 기본 원리를 부담 없이 익힐 수 있습니다.

배 경 지 식

스토아학파가 말하는 진정한 자유란?

스토아학파는 그리스의 제논(Zenon)이 창시한 학파예요. '스토아'라는 명칭은 제논과 그의 제자들이 모여 사상을 논하던 아고라 뒤쪽에 둥근 기둥이 길게 늘어선 복도가 있는 건물을 뜻하는 스토아에서 유래하였어요. 스토아학파는 인간이 감각이나 욕망이 아니라 이성에 따라 판단하고 행동할 때 진정으로 자유롭게 된다고 주장했어요. 이는 감각적 경험을 중시하는 에피쿠로스학파와는 대조적이지요.

스토아학파는 감정은 인간의 판단을 흐리게 하여 마음의 평정을 빼앗고 옳고 그름을 분별하지 못하게 한다고 했어요. 그래서 스토아학파는 감정이 억제되어 모든 욕구나 고통을 이겨 내는 상태, 즉 아파테이아의 경지에 도달하고자 했어요. 자연이 우주의 법칙에 따라 움직일 때 조화를 이루는 것처럼 인간도 이성에 따를 때 외부 자극에 흔들리지 않는 진정한 자유를 얻을 수 있다고 했지요. 인간이라면 모두 똑같이 이성을 가지고 있다는 스토아학파의 생각은 근대 자연법 사상의 이론적 기초가 되었답니다.

기둥이 길게 늘어서 있는 스토아

#스토아학파   #금욕주의   #아파테이아

어 휘 · 어 법

1~3 다음 빈칸에 공통으로 들어갈 단어를 〈보기〉에서 찾아 써 보자.

> 보기
>
> 토대   표방   사려

1 ┌ 지수는 그 회의에서 중립을 (   )하는 듯했다.
  └ 이 회사는 친환경을 (   )하며 아이들을 위한 안전한 장난감을 만들고자 하였다.

2 ┌ 이 학문은 기초 과목 중 수학을 (   )로 새로운 이론을 만들어 내었다.
  └ 우리나라 전통 문화 (   ) 위에 새로운 문화를 창조할 수 있도록 노력해야 한다.

3 ┌ 이번 동아리의 회장은 (   ) 깊은 사람이 되어야 한다.
  └ 위기 상황에서는 감정적인 태도보다는 (   )와 분별이 더욱 필요하다.

4~7 다음 뜻풀이에 해당하는 단어를 〈보기〉의 글자를 조합하여 써 보자.

> 보기
>
> 창   평   인   도   시   내   정   달

4 어떤 사상이나 학설 따위를 처음으로 시작하거나 내세움. (   )
5 괴로움이나 어려움을 참고 견딤. (   )
6 평안하고 고요함. 또는 그런 상태. (   )
7 목적한 곳이나 수준에 다다름. (   )

Tip · 조종(잡을 操, 놓아줄 縱) 다른 사람을 자기 마음대로 다루어 부림. ⑩ 그는 남의 조종을 받는 허수아비에 불과했다.
· 조정(고를 調, 가지런할 整) 어떤 기준이나 실정에 맞게 정돈함. ⑩ 공공요금의 조정

지문 이해를 도와주는 '배경지식'

지문 내용과 관련된 배경지식을 수록하여 지문을 보다 쉽게 이해할 수 있습니다. 배경지식을 차곡차곡 읽다 보면 독해나 논술에 도움이 되는 기초 교양을 자연스럽게 쌓아 나갈 수 있습니다.

지문과 연계해 익히는 '어휘 · 어법'

'어휘 · 어법'을 통해 지문에 나온 어휘의 의미와 쓰임을 바로 확인할 수 있어서 독해력과 어휘력을 함께 키울 수 있습니다. 특히 〈 Tip 〉에서는 서로 혼동하기 쉬운 어휘나 시험에 자주 출제되는 어법 등 꼭 기억해야 할 어휘들을 모아 소개했습니다.

빠른시작 빠작

독해 실력
다지기

인문

'인문'은 인간의 사상 및 문화를 대상으로 하는 학문 분야로, 철학, 심리학, 역사학, 윤리학, 종교학, 인류학, 논리학 등이 이에 속한다. 이러한 인문 영역의 독해는 제시된 사상의 개념과 특징이 무엇인지 확인하는 읽기가 중요하다.

사회

'사회'란 인간 사회와 인간의 사회적 행위를 연구하는 학문 분야로, 정치, 경제, 법·제도, 미디어, 언론, 사회 문화 등을 주로 다룬다. 이러한 사회 영역의 독해에는 교과서에 제시되어 있는 사회 용어와 제도 등의 배경지식이 도움이 된다.

과학

'과학'은 자연의 진리와 법칙을 발견하려는 체계적인 학문 분야로, 생명 과학, 물리학, 화학, 지구 과학, 수학 등이 이에 속한다. 이러한 과학 영역은 설명하고 있는 원리를 이해하는 읽기가 중요하다.

예술

'예술'은 상상력을 바탕으로 새로운 아름다움을 창조하는 활동을 다루는 학문 분야로, 음악, 미술, 디자인, 건축, 연극·영화, 만화 등을 주로 다룬다. 이러한 예술 영역은 지문이나 문제에 제시된 내용이 시각 자료에 어떻게 적용되는지 잘 살펴 읽도록 한다.

기술

'기술'은 과학 이론을 실제로 적용하여 사물을 인간 생활에 유용하도록 가공한 것을 다루는 학문 분야이다. 이러한 기술 영역은 실생활에서 접하는 다양한 기계의 구조나 작동 원리에 관한 세부 정보를 이해하는 읽기가 중요하다.

인문 01

역사학의 시대 구분

역사에서 시대 구분을 하는 이유는 편의상 긴 시간의 역사를 효과적으로 다루기 위한 것만은 아니다. 시대를 구분한다는 것은 각 시대의 성격이 이전 시대와는 다른 무엇인가가 있다는 것을 의미한다. 그러므로 역사의 시대 구분은 역사의 발전 방향과 그 의미에 대한 성찰을 수반하며, 연구 대상이 되는 특정 국가나 민족의 역사가 어떤 경로를 거쳐 어떤 방향으로 발전해 왔는가를 규명하는 것으로 볼 수 있다.

역사의 시대 구분 가운데 전통적으로 가장 널리 사용되는 방법은 'ㄱ고대 – ㄴ중세 – ㄷ근대'의 3분법이다. 3분법은 르네상스 시대(14~16세기) 인문주의자들의 시대 인식에서 비롯되었다. 그들은 자기들이 살던 시대에 인간 중심의 새로운 시대가 도래했다는 의식을 강하게 가지고 있었다. 이때의 새로운 시대란 역사상 처음 맞이하는 시대가 아니라 이전에 있었던 영광의 시대가 다시 찾아왔다는 의미였다. 이들은 과거 그리스·로마 시대를 찬란한 문화의 꽃이 만개한 황금기로 보았고, 게르만족의 이동으로 인해 로마 제국이 몰락하게 된 이후를 암흑기로 보았다. 왜냐하면 이 시기를 인간의 합리적 이성이 무시되어 문화의 빛이 완전히 죽어 버린 시기라고 생각했기 때문이다. '재생'을 뜻하는 르네상스(Renaissance)는 죽었던 고대 문화의 빛이 다시 살아났다는 것을 의미한다. 즉, 역사는 과거의 황금시대인 고대, 그것을 되살린 시대인 근대, 그 중간이 야만의 시대인 중세로 시대를 구분할 수 있다는 것이다.

여기에서 알 수 있는 점은 유럽에서 형성된 이 '근대'라는 개념은 얼마 지나지 않은 가까운 과거의 시대라는 시간적 의미만이 아니라 '발전'의 의미를 내포하고 있다는 것이다. 그것도 중세의 '암흑'으로부터 '빛'의 시대로 나아갔다는 극적인 발전의 뜻을 말이다. 그래서 당대의 인문주의자들은 이제 새로운 빛이 다시 켜졌으니 이 빛의 인도를 받으며 인류의 역사는 진보해 나갈 것이라고 생각했다. 이러한 사고는 다음 시기인 계몽주의 시대에도 그대로 이어졌다. 이는 '계몽'이라는 말이 영어로 'Enlightment', 즉 '빛을 비춤.'이라는 점에서 짐작해 볼 수 있다. 이와 같은 3분법적인 시대 구분과 역사 인식은 19세기 중엽 이후 유럽의 역사학에 큰 영향을 미쳤으며, 오늘날 가장 보편적인 시대 구분 방식으로 자리매김하게 되었다.

5

10

15

20

25

문제 풀이
지문 해제
관련 영상
어휘 퀴즈

◆ **수반** ① 붙좇아서 따름. ② 어떤 일과 더불어 생김.
인문주의 서양의 문예 부흥기에 이탈리아에서 발생하여 유럽에 널리 퍼진 정신운동.
도래 어떤 시기나 기회가 닥쳐옴.
만개 꽃이 활짝 다 핌.
야만 미개하여 문화 수준이 낮은 상태. 또는 그런 종족.
계몽 지식수준이 낮거나 인습에 젖은 사람을 가르쳐서 깨우침.

1

윗글을 통해 알 수 있는 내용으로 적절하지 <u>않은</u> 것은?

① 역사는 시간이 흐름에 따라 항상 발전하기만 하는 것은 아니다.

② 역사의 시대를 구분하는 3분법은 르네상스 시기 이후에도 계속 사용되었다.

③ 역사의 시대 구분이 이루어졌다는 것은 구분된 시대의 성격이 서로 다르다는 것을 의미한다.

④ 역사적으로 볼 때 르네상스 시대의 사람들은 자신들이 최초로 찬란한 문화를 이루었다고 생각하였다.

⑤ 역사의 시대를 구분하는 3분법에 따르면 계몽주의 시대는 중세에 비해 발전된 시기로 이해할 수 있다.

2

㉠~㉢에 대한 설명으로 가장 적절한 것은?

① ㉠과 ㉡이 구분된 것은 ㉡이 르네상스 시대를 거쳤기 때문이다.

② ㉠과 달리 ㉢은 문화적 발전이 제한된 야만의 시대였다.

③ ㉡은 ㉠에 비해 문화적으로 발전한 시대라고 볼 수 있다.

④ ㉡과 ㉢의 구분은 게르만족의 이동 전후를 기준으로 한다.

⑤ ㉢은 ㉠의 영광이 재현된 시기로 이해할 수 있다.

◆
재현 다시 나타남. 또는 다시 나타냄.

지문
분석

단락 요약

1

각 문단의 중심 내용을 다음과 같이 정리할 때, 빈칸에 들어갈 내용을 써 보자.

1문단
역사에서 시대 구분을 하는 것의 의미
– 각 시대는 이전 시대와 (　　　　　　) 성격을 가지고 있음을 의미함.
– 특정 국가나 민족의 역사가 어떤 경로를 거쳐 어떤 방향으로 (　　　　　)해 왔는가를 규명하는 것임.

▼

2문단
역사의 시대 구분 가운데 가장 널리 사용되는 3분법
– '고대 – 중세 – 근대'의 구분은 (　　　　　　) 중심의 문화 발전을 기준으로 함.
– (　　　　　) 시대의 인문주의자들은 자신들이 살던 시대가 문화 암흑기였던 (　　　　　)와 다르며, 고대 (　　　　) 의 문화의 빛을 되살린 새로운 시대라고 인식함.

▼

3문단
'근대'의 의미와 3분법이 끼친 영향
– '근대'는 시간적 의미뿐만 아니라 (　　　　　　)의 의미를 내포하는 개념임.
– 3분법적인 시대 구분은 (　　　　　) 시대를 거쳐 19세기 중엽 이후 유럽의 역사학에 큰 영향을 미침.

글의 구조

2

다음 빈칸을 채워 가며, 서양의 '고대 – 중세 – 근대'의 특징을 정리해 보자.

고대		중세		근대
문화가 빛나던 그리스· 로마 시대	▶	(　　　　　)의 합리적 이성이 무시되어 문화의 빛이 죽어 버린 암흑기	▶	• 르네상스: 고대 문화의 빛을 (　　　　　) 한다는 의미 • 중세의 '암흑'으로부터 벗어나 '빛'의 시대로 진보하는 시대

배경지식

르네상스는 계몽주의에 어떤 영향을 주었을까?

르네상스(Renaissance)란 상업 자본이 발달하고 도시 국가가 형성된 이탈리아에서 시작되어 유럽으로 널리 퍼진 14~16세기의 문화 혁신 운동이에요. 서로마 제국을 멸망(476년)시킨 게르만족은 가톨릭을 받아들였고, 이에 따라 중세 시대에는 가톨릭교회의 권위, 신 중심의 세계관이 사람들의 정신세계에 큰 영향을 미쳤어요. 이와 달리 **르네상스는 고대 그리스·로마에 대한 연구를 통해 인간의 존엄성 회복과 문화적 교양의 발전을 추구하는 인문주의 즉, 휴머니즘을 토대로 하였지요.**

이렇게 개인의 개성, 인간의 합리성과 현세적 욕구를 추구하는 움직임은 17~18세기 계몽주의로 이어져요. 계몽주의(Enlightenment)는 구습을 타파하고 인간의 계몽을 통해 인간 생활의 진보와 개선을 꾀한 운동이에요. 계몽주의자들은 **인간 개개인의 자유와 평등을 외쳤고 르네상스에서부터 이어진 이들의 사상은 프랑스 혁명에 영향**을 끼쳤답니다.

#르네상스 #인문주의 #계몽주의 #프랑스 혁명

라파엘로, 「아테네 학당」

어휘·어법

1~4 다음 뜻풀이에 해당하는 단어를 괄호 안의 초성을 참고하여 빈칸에 써 보자.

1 어떤 성질이나 뜻 따위를 속에 품음. (ㄴ ㅍ ➡   )
2 죽게 되었다가 다시 살아남. (ㅈ ㅅ ➡   )
3 어떤 사실을 자세히 따져서 바로 밝힘. (ㄱ ㅁ ➡   )
4 정도나 수준이 나아지거나 높아짐. (ㅈ ㅂ ➡   )

5~8 다음 빈칸에 들어갈 알맞은 단어를 〈보기〉에서 찾아 써 보자.

> 보기
> 계몽   만개   도래   수반

5 정부에서는 물 부족의 심각성과 물의 소중함을 알려 국민들을 (   )하기 위해 애를 쓰고 있다.
6 이제 첨단 정보 통신 기술이 사회 전반적인 분야에 융합되는 4차 산업 혁명 시대가 (   )하였다.
7 아무리 좋은 제도라 하더라도 그것의 실행에는 여러 문제점이 (   )된다.
8 길가에 (   )한 노란 개나리꽃을 보니 기분이 매우 상쾌하다.

Tip • 보편(넓을 普, 두루 遍) 모든 것에 두루 미치거나 통함. 또는 그런 것. ❸ 일반
• 특수(유다를 特, 다를 殊) 어떤 종류 전체에 걸치지 아니하고 부분에 한정됨. 또는 그런 것.

숟가락을 쓰는 이유

우리나라 사람들은 밥을 먹을 때 젓가락과 함께 숟가락을 사용한다. 이러한 풍습은 우리만의 것일까? 그렇지는 않다. 숟가락은 중국과 일본에도 희미하게 남아 있다. 중국에서는 국을 먹을 때에만 숟가락을 쓰고, 일본에서는 우동이나 라면을 먹을 때 국수에서 흐르는 국물의 받침 용도로 숟가락을 쓴다. 이에 비해 우리나라는 식사를 할 때 젓가락과 더불어 숟가락을 많이 사용한다. 이는 국이나 찌개를 즐겨 먹는 5 한국식 밥상의 특징이 반영된 것으로, 현재 우리가 사용하는 숟가락이 밥과 국을 먹는 데 편리한 형태라는 점도 그러한 사실을 뒷받침한다.

우리가 수저를 동시에 활용하는 식사법을 지니게 된 것은 식기와도 연관이 있다. 중국은 주로 도자기를 식기로 사용했고 일본은 주로 도자기나 나무로 만든 칠기를 사용했다. 도자기나 칠기는 비교적 무게가 가벼워서 손으로 들기가 편하다. 하지만 10 우리는 주로 겨울철에는 유기그릇을, 여름철에는 도자기를 식기로 사용했다. 겨울철에 유기그릇을 쓴 것은 음식을 담은 채로 보온하기에 유리하기 때문이다. 무거운 유기그릇을 손으로 들고 먹기는 어려우니 자연히 숟가락으로 밥과 국을, 젓가락으로 반찬을 먹는 습속이 정착된 것으로 짐작할 수 있다.

더군다나 우리나라는 식사에서 밥이 차지하는 비중이 무척 컸다. 그렇기에 밥주발 15 이 상당히 컸으며 우람하기까지 했다. 또한 우리나라는 일본이나 중국처럼 밥을 덜어 먹는 작은 밥그릇을 사용하지 않고, 밥이 수북이 담긴 밥그릇을 주고 밥의 양이 많으면 남기는 것이 예절이었다. 아마도 밥이 가득 담긴 큰 밥주발을 들고 먹기에는 부담이 되었을 것이다.

그리고 조선 시대에 숟가락을 포기하지 않은 이유는 『주례』에 나오는 식사법이 숟 20 가락과 젓가락을 함께 사용하는 것이라는 데에서도 찾을 수 있다. 『주례』에 나오는 식사법은 공자가 하던 식사법이니 유교가 국교인 조선의 식사 예절에서는 숟가락을 포기할 수는 없었을 것이다.

찌개와 국을 곁들인 우리 밥상에서 아직은 숟가락의 존재감이 크지만 근래에 들어서는 상황이 조금씩 달라지고 있다. 우리의 밥주발도 크기가 많이 줄어들었고, 대부 25 분의 가정에서는 밥그릇을 들고 먹는다거나 숟가락으로 밥을 먹지 않는다고 해서 예전처럼 심하게 야단치는 경우도 거의 없다. 그렇기에 요즘은 식사할 때 젓가락만을 사용하는 경우도 많다. 게다가 젊을수록 찌개와 국에 대한 의존도가 덜하기에 우리도 언젠가는 일본이나 중국처럼 젓가락만 주로 사용하는 때가 올지도 모르는 일이다.

칠기 옻칠을 한 나무 그릇.
유기그릇 놋쇠로 만든 그릇.
습속 습관이 된 풍속.
밥주발 놋쇠로 만든 밥그릇.
국교 국가에서 법으로 정하여 온 국민이 믿도록 하는 종교.

1

윗글에서 확인할 수 있는 내용으로 적절한 것은?

① 일본의 밥그릇은 한국의 밥그릇에 비해 크고 무거웠다.
② 일본과 중국은 한국처럼 숟가락을 제한적 용도로 사용하였다.
③ 최근 한국에서 젓가락보다 숟가락을 사용하는 사람들이 더 많아졌다.
④ 한국은 큰 밥그릇에 담긴 밥을 다른 그릇에 덜어 먹는 문화가 있었다.
⑤ 한국에서 숟가락을 많이 사용한 이유는 식생활 문화와 유교의 영향 때문이었다.

2

윗글을 읽은 후 〈보기〉에 대해 보인 반응으로 적절하지 않은 것은?

> ─ 보기 ┌
> 　중국과 일본은 모두 젓가락을 사용하지만 젓가락의 형태나 재질은 조금씩 다르다. 일본의 젓가락은 길이가 짧고 끝이 뾰족한 모양이며 나무 재질로 되어 있다. 중국의 젓가락은 길이가 길고 끝이 뭉툭한 모양이며 대나무로 만든 경우가 많다. 이러한 차이는 일본과 중국의 식문화가 반영된 것으로 보인다. 일본은 1인상을 기본으로 하며 생선을 많이 먹고 밥그릇과 국그릇을 들고 먹는다. 이에 비해 중국은 기름지고 뜨거운 음식을 많이 먹고 여러 사람이 둘러앉아 넓은 식탁에서 함께 밥을 먹는다.

재질 재료가 가지는 성질.

① 일본 젓가락의 끝이 뾰족한 것은 생선의 가시를 제거하는 데 편하기 때문이겠군.
② 중국과 일본 모두 밥그릇을 들고 먹는데 일본의 젓가락만 길이가 짧은 것은 1인상의 문화가 반영된 것이겠군.
③ 밥그릇을 들고 먹지 않는 한국의 젓가락은 일본과 중국의 젓가락에 비해 길이가 짧겠군.
④ 숟가락의 경우와 마찬가지로 중국과 일본의 젓가락에는 각 나라의 식문화가 반영되어 있군.
⑤ 여럿이 모여 밥을 먹다 보니 음식을 멀리서 가져와 먹어야 하므로 중국의 젓가락은 길이가 긴 것이겠군.

1 각 문단의 중심 내용을 다음과 같이 정리할 때, 빈칸에 들어갈 내용을 써 보자.

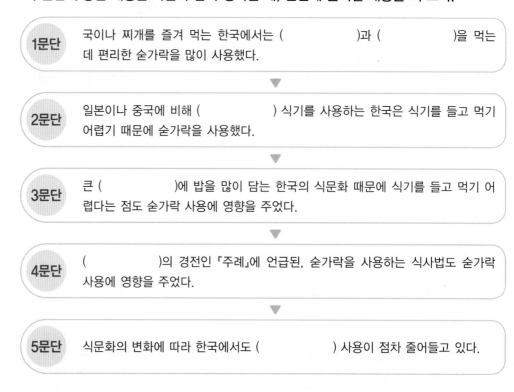

1문단
국이나 찌개를 즐겨 먹는 한국에서는 (　　　　　　)과 (　　　　　　)을 먹는 데 편리한 숟가락을 많이 사용했다.

▼

2문단
일본이나 중국에 비해 (　　　　　　) 식기를 사용하는 한국은 식기를 들고 먹기 어렵기 때문에 숟가락을 사용했다.

▼

3문단
큰 (　　　　　　)에 밥을 많이 담는 한국의 식문화 때문에 식기를 들고 먹기 어렵다는 점도 숟가락 사용에 영향을 주었다.

▼

4문단
(　　　　　　)의 경전인 『주례』에 언급된, 숟가락을 사용하는 식사법도 숟가락 사용에 영향을 주었다.

▼

5문단
식문화의 변화에 따라 한국에서도 (　　　　　　) 사용이 점차 줄어들고 있다.

2 다음 빈칸을 채워 가며, 글 전체의 내용을 정리해 보자.

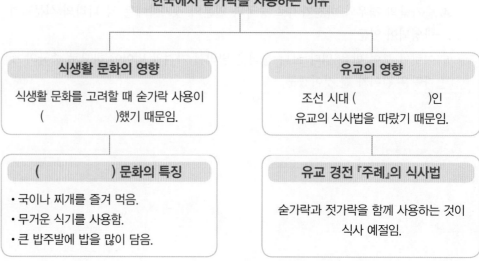

한국에서 숟가락을 사용하는 이유

식생활 문화의 영향
식생활 문화를 고려할 때 숟가락 사용이 (　　　　　　)했기 때문임.

유교의 영향
조선 시대 (　　　　　　)인 유교의 식사법을 따랐기 때문임.

(　　　　　　) 문화의 특징
• 국이나 찌개를 즐겨 먹음.
• 무거운 식기를 사용함.
• 큰 밥주발에 밥을 많이 담음.

유교 경전 『주례』의 식사법
숟가락과 젓가락을 함께 사용하는 것이 식사 예절임.

배 경 지 식

한·중·일의 숟가락과 젓가락은 어떻게 다를까?

동북아시아 삼국의 밥상은 각각 다르면서도 비슷해요. 한국, 중국, 일본 모두 젓가락과 숟가락을 쓰지만 차이가 있어요. 젓가락은 중국의 것이 가장 크고 길쭉하며 보통은 대나무로 된 것을 쓰는데 좋은 것은 상아로 만들어요. 요즘은 플라스틱으로 된 것도 쓰여요. 일본의 것은 중국 것보다는 짧고 끝을 뾰족하게 깎았으며 역시 대나무나 칠기로 만든 것이 대부분이에요. 우리나라의 젓가락은 그 길이와 굵기가 중국과 일본 젓가락의 중간 정도이며 모양은 납작해요. 보통은 놋쇠나 은으로 만들어 썼지만 요즘은 스테인리스로 만든 것이 대종이지요. 중국과 일본의 젓가락에 무거운 금속제가 없는 것은 그만한 크기의 것을 금속으로 만들었다면 무거워서 쓰기 어렵기 때문일 거예요. 거꾸로 우리 젓가락을 가벼운 재질로 만든다면 무게감이 없어 역시 사용하기 불편했겠지요.

숟가락은 음식에 따라 그 형태가 달라져요. 숟가락은 중국과 일본에서도 쓰는데, 중국의 숟가락은 국을 먹는 데에만 써요. 요즘 쓰는 것은 아예 도자기로 만들어 국물을 떠먹는 일에만 적합하지요. 일본은 중국보다 더 숟가락을 쓰지 않아요. 국은 그릇을 입에 대고 마시며, 건더기는 잘게 썰어 젓가락으로 입에 넣어요. 숟가락 비슷한 것을 쓰더라도 우동이나 라면을 먹을 때 국수에서 흐르는 국물을 막는 받침 정도의 용도로 사용한답니다.

#동북아시아   #숟가락   #젓가락

어 휘 · 어 법

1~4

다음 뜻풀이에 해당하는 단어를 〈보기〉의 글자를 조합하여 써 보자.

> **보기**
>
> 교   국   기   비   속   습   중   칠

1 습관이 된 풍속. (   )
2 옻칠을 한 나무 그릇. (   )
3 다른 것과 비교할 때 차지하는 중요도. (   )
4 국가에서 법으로 정하여 온 국민이 믿도록 하는 종교. (   )

5~7

다음에 제시된 단어의 사전적 의미를 찾아 바르게 연결해 보자.

5 정착 •   • ㉠ 재료가 가지는 성질.
6 재질 •   • ㉡ 풍속과 습관을 아울러 이르는 말.
7 풍습 •   • ㉢ 새로운 문화 현상, 학설 따위가 당연한 것으로 사회에 받아들여짐.

Tip -풍 (일부 명사 뒤에 붙어) '풍속', '풍모', '양식'의 뜻을 더하는 접미사. ⓔ 복고풍/서양풍/도시풍/민요풍

인문

03

실학

문제 풀이
지문 해제
관련 영상
어휘 퀴즈

    조선 후기에는 임진왜란과 병자호란 이후 급격한 사회·경제적 변동과 더불어 잇단 자연재해와 질병 등 많은 문제점이 드러났다. 그러나 조정에서는 이러한 사회 변화에 제대로 대처하지 못했다. 성리학만이 옳다고 여겼던 관리들은 현실의 다양한 문제에 관심을 가지지 않았고 오히려 실용적인 기술을 천하다고 무시했다. 하지만 젊은 유학자들의 생각은 달랐다. 이들은 성리학이 이론과 형식에 너무 치우쳐 있다고 ⁵ 비판하며 중국을 통해 들어온 서양 학문과 과학 기술에 큰 관심을 보였다. 이처럼 젊은 유학자들이 현실을 중요하게 여기면서 등장한 개혁적인 유학이 바로 실학(實學)이다.

    17세기 초, 이수광은 중국에 사신으로 갔다가 조선보다 앞선 서양 문물을 접했다. 이수광은 그 후로도 몇 차례 더 중국을 다녀와 당시에 습득한 지식과 견문을 영역별 ¹⁰로 나누어 정리했는데, 그 책이 자신의 호를 딴 『지봉유설』이다. 『지봉유설』은 총 20권으로 되어 있는 조선 최초의 백과사전이다. 이수광은 실학이 성장할 수 있는 토양을 만든 인물이라고 할 수 있다. 이수광의 업적을 토대로 후배 학자들이 본격적으로 발전시킨 것이 바로 실학이기 때문이다.

    이후 실학은 농업 중심의 사회 개혁을 주장한 중농학파와 상공업 중심의 개혁을 주 ¹⁵장한 중상학파의 두 가지 흐름으로 발전했다. 18세기 후반에는 중농학파인 정약용이 상공업에 관심을 보이고 중상학파인 박지원이 토지 개혁을 주장하는 등 여러 개혁가들이 한 목소리를 ㉠내기 시작했다. 그러나 실학자들의 개혁안은 정부 정책에 거의 반영되지 못했다. 왜냐하면 대부분의 실학자들이 당시 권력과 거리가 먼 붕당이나 가문 출신이 많았기 때문이다. ²⁰

    실학자들의 개혁 방안이 제대로 수용되지는 못했지만 실학의 영향으로 우리 민족 문화에 대한 관심이 커졌다. 현실에 도움이 되는 학문을 연구하다 보니 우리 민족의 역사를 살펴보게 되었고 우리 영토에 대해 관심을 가지게 되었으며 우리말을 연구하기 시작하게 된 것이다. 이러한 실학의 정신은 19세기 후반 개화 사상가들에게 영향을 미쳐 우리나라의 근대화에도 기여하였다. ²⁵

사신 임금이나 국가의 명령을 받고 외국에 사절로 가는 신하.
견문 보거나 듣거나 하여 깨달아 얻은 지식.
붕당(朋黨) 조선 시대에, 이념과 이해에 따라 이루어진 사람의 집단을 이르던 말.
기여 도움이 되도록 이바지함.

18·중학 국어 비문학 독해 1

1

윗글에 대한 설명으로 가장 적절한 것은?

① 실학이 발생하게 된 배경을 다각도로 분석하고 있다.

② 실학이 발전해 온 과정을 시간적 순서에 따라 설명하고 있다.

③ 실학자들의 사회 문제에 대한 인식을 구체적으로 비교하고 있다.

④ 실학의 한계와 의의에 대해 전문가의 말을 인용하여 평가하고 있다.

⑤ 실학이 현실 문제를 어떻게 해결하였는지 사례를 들어 설명하고 있다.

2

윗글을 통해 답변할 수 있는 질문이 <u>아닌</u> 것은?

① 중농학파와 중상학파의 차이는 무엇인가?

② 이수광의 『지봉유설』이 갖는 의의는 무엇인가?

③ 조선 후기 젊은 유학자들은 왜 성리학을 비판했는가?

④ 조선 후기에 나타난 사회·경제적 변화에는 어떤 것들이 있는가?

⑤ 실학자들의 개혁안이 정부 정책에 반영되지 못한 이유는 무엇인가?

◆
의의 어떤 사실이나 행위 따
위가 갖는 중요성이나 가치.

3 어휘

문맥상 ㉠과 의미가 가장 유사한 것은?

① 방에 있던 책상을 마루에 내다.

② 철수는 동네에 소문을 내고 다녔다.

③ 그는 인기척을 내고 방문을 열었다.

④ 우리 학교는 많은 인재들을 내 왔다.

⑤ 나는 요즘 쉴 틈을 내기도 어려운 지경이다.

문단 요약

1

각 문단의 중심 내용을 다음과 같이 정리할 때, 빈칸에 들어갈 내용을 써 보자.

> **1문단** 실학의 (   ) 배경

▼

> **2문단** 실학의 (   )를 마련한 이수광

▼

> **3문단** 실학의 (   )과 한계

▼

> **4문단** 실학의 (   )과 의의

정보 확인

2

이수광이 쓴 『지봉유설』의 의의를 정리해 보자.

(   )

글의 구조

3

다음 빈칸을 채워 가며, 실학에 대한 내용을 정리해 보자.

실학의 등장	이론과 형식에만 치우친 성리학에 반대하며 현실을 중시한 ( ) 적인 유학의 등장
실학의 토대	( )의 『지봉유설』
실학의 발전	농업을 중시하는 ( )와 상공업을 중시하는 ( )의 두 가지 흐름으로 발전하였고, 이후 한 목소리를 내기 시작
실학의 의의	• ( )에 대한 관심의 고조: 우리 역사, 우리 영토, 우리말을 연 구하기 시작 • 우리나라의 근대화에 기여

배경지식

중농학파와 중상학파는 어떻게 다를까?

　실학은 조선 사회가 당면한 현실 문제를 개혁하기 위해 등장한 새로운 학풍으로 크게 중농학파와 중상학파로 나눠 볼 수 있어요. 중농학파는 농업을 중시한 학파로 유형원, 이익, 정약용 등이 대표적입니다. 이들은 주로 남인 출신으로 농촌에서 생활하며 농민들의 실상을 가까이서 접할 수 있었어요. 농민의 생활이 어려워진 원인이 지주들의 토지 소유가 확대된 것에 있다고 보아 토지 개혁을 주장했지요. 학자들의 개혁론에는 차이가 있지만 이들은 공통적으로 **농민을 위주로 토지를 재분배하여 농촌 사회의 안정과 나라의 부국을 이루고자 했답니다.**

　중상학파는 상공업의 발달에 관심을 가진 학파로 대표적인 학자로는 박지원, 홍대용, 박제가 등이 있습니다. 이들은 한양에 거주하는 선비들로 **상공업의 진흥과 기술 개발을 통해 사회 개혁을 이루고자 했어요.** 청과 서양의 발전된 문물을 들여와 기술을 혁신하자고 주장하여 북학파라고 불리기도 했습니다.

#중농학파　　#토지 개혁　　#중상학파　　#상공업과 기술

청나라 화가 나빙이 그린 박제가의 초상화

어휘 · 어법

1~5 다음 빈칸에 들어갈 알맞은 단어를 〈보기〉에서 찾아 써 보자.

> **보기**
>
> 기여　　　습득　　　견문　　　수용　　　당면

1 이번 여행을 통해 동생이 (　　　　　　)을/를 넓히고 왔으면 좋겠다.
2 어린이는 모국어의 (　　　　　　)와/과 함께 민족정신을 배워 나간다.
3 이번에 당선된 시장님은 그간 마을의 노인 복지에 (　　　　　　)한 바가 크다.
4 외국의 문화를 (　　　　　　)할 때에는 우리 문화의 주체성을 잃어서는 안 된다.
5 위급한 일에 (　　　　　　)하였을 때는 당황하지 말고 신중하게 대처해야 한다.

6~8 다음 문장에 들어갈 올바른 단어를 찾아 ○를 표시해 보자.

6 정약용은 농업 중심의 사회 개혁을 주장한 (중농학파 / 중상학파)이다.
7 실학은 처음에는 성리학에 밀려 관리들에게 천하다고 (무시 / 환대)를 받았다.
8 태풍의 진로를 파악하고 이에 대비할 때에는 적극적이고 능동적으로 (대처 / 기여)해야 한다.

──────────────────────────────

Tip ・대처(대할 對, 처리할 處) 어떤 정세나 사건에 대하여 알맞은 조치를 취함. 예 국제 정세 변화에 능동적으로 대처하다.
　　・대비(대할 對, 갖출 備) 앞으로 일어날지도 모르는 어떠한 일에 대응하기 위하여 미리 준비함. 또는 그런 준비.
　　　예 학생들은 중간고사 대비에 힘을 쏟았다.

비트겐슈타인의 그림 이론

문제 풀이
지문 해제
관련 영상
어휘 퀴즈

언어와 기호 분석에 주된 관심을 두는 20세기 분석 철학 중 오류가 없는 완벽한 언어를 찾는 것에 중점을 둔 학파를 '이상 언어학파'라고 부른다. 이 학파는 대부분 논리 실증주의자들로 이루어져 있으며 철학자 비트겐슈타인의 저서 『논리-철학 논고』에 뿌리를 둔다.

비트겐슈타인은 1918년, 전쟁터에서 보낸 5년 동안의 철학적 작업을 정리하여 한 권의 책을 쓴다. 이것이 그 유명한 『논리-철학 논고』이다. 이 책은 매우 광범위한 주제를 압축적으로 다루고 있지만, 주된 관심은 당시 철학의 중요 주제였던 '언어'였다. 그는 이 책에서 '그림 이론'이라고 하는 주장을 내세운다. 그에게 영감을 주었던 것은 파리에서 일어난 교통사고에 관한 재판 기사였다. 재판에서는 모형 차와 인형 등이 사건 현장을 설명하기 위해 동원되었다. 그런데 그 모형들을 가지고 사건을 설명할 수 있는 이유는 무엇일까? 그것은 각각의 모형들이 실제의 차와 사람 등에 ㉠대응하기 때문이다.

우리가 사용하는 언어도 이와 같다. 언어가 의미를 지니는 이유는 쓰이는 말들이 실제 사태를 지칭하고 있기 때문이다. 언어는 명제로 이루어져 있고 세계는 가능한 사태들로 이루어져 있다. 그리고 명제들과 사태들은 각각 일대일로 대응하고 있으며 똑같은 논리 구조로 되어 있다. 즉, 언어는 세계를 그림처럼 그려 주고 있기 때문에 의미를 가진다. 이런 식으로 언어를 본다면, 지금까지 철학자들이 해 왔던 신, 자아, 도덕의 근거 등에 관한 논의는 사실상 뜻 없는 말에 불과하다. 이런 말들이 의미하고자 하는 대상이 세상에 없기 때문이다. 이런 논의들은 되지도 않는 말을 끊임없이 내뱉고 있는 것과 다름없다. 진정한 언어란 과학처럼 실제 세계를 설명해 주는 것이어야 한다.

그렇다고 하더라도 신, 자아, 도덕 등의 문제는 결코 무의미하지 않다. 오히려 이런 문제들은 우리 삶에서 가장 중요한 것이다. 그러나 우리의 언어가 실상을 그리는 '그림'인 한, 이것들을 말로 표현하거나 설명할 수 있는 방법은 없다. 이런 문제들은 언어로 표현할 수 있는 것 너머에 있기 때문이다. 이것들은 삶을 통해 끊임없이 드러나는 '신비한 것'들이지만 말로 설명할 수는 없다.

이에 대해 비트겐슈타인은 "말할 수 없는 것에 대해서는 침묵을 지켜야 한다."라고 말했다. 이로써 그는 철학자들이 고민했던 문제를 언어로는 말할 수 없을뿐더러 논리로도 해결할 수 없는, 논의 자체가 무의미한 것으로 정리해 버렸다. 이런 비트겐슈타인의 철학적 작업은 오류나 왜곡 없이 세상을 완벽하게 그릴 수 있는 언어를 만들려는 논리 실증주의자들의 사상적 근거가 되었다.

◆ **광범위** 범위가 넓음. 또는 넓은 범위.
영감 창조적인 일의 계기가 되는 기발한 착상이나 자극.
동원 어떤 목적을 달성하고자 사람을 모으거나 물건, 수단, 방법 따위를 집중함.
지칭 어떤 대상을 가리켜 이르는 일. 또는 그런 이름.

1

윗글에서 답을 찾을 수 있는 질문이 <u>아닌</u> 것은?

① 비트겐슈타인의 '그림 이론'이라는 주장의 영감이 된 것은 무엇인가?

② 비트겐슈타인과 기존 철학자들이 언어를 보는 관점은 어떻게 다른가?

③ 비트겐슈타인이 『논리─철학 논고』에서 주로 관심을 보인 주제는 무엇인가?

④ 비트겐슈타인이 1918년, 그간의 철학적 작업을 정리하여 쓴 책의 제목은 무엇인가?

⑤ 비트겐슈타인이 신, 자아, 도덕 등에 대한 논의 자체가 무의미하다고 본 이유는 무엇인가?

2

윗글을 읽고 비트겐슈타인의 관점에서 할 수 있는 말로 가장 적절한 것은?

① 언어가 실상을 그리는 '그림'이므로 생각할 수 있는 것은 모두 말할 수 있다.

② 언어는 실제 너머의 세계까지 그림처럼 그려 주고 있기 때문에 의미를 가진다.

③ 명제와 사태는 일대일로 대응하므로 세상에 존재하지 않는 대상은 언어로 표현할 수 없다.

④ '신, 자아, 도덕'이라는 언어가 의미를 지니는 이유는 이들이 각각 실제 사태를 지칭하고 있기 때문이다.

⑤ 언어로 표현할 수 있는 것 너머에 있는 것들에 대해서도 끊임없는 논의를 통해 말로 설명할 수 있어야 한다.

3 어휘

㉠의 문맥적 의미와 가장 유사한 것은?

① 장군은 병사들을 이끌고 그들과 대응했다.

② 나는 그의 계략에 똑같은 방식으로 대응하였다.

③ 생태계는 환경의 변화에 대응하지 못하고 파괴되었다.

④ 이 외국어에 대응하는 한국어 단어는 존재하지 않는다.

⑤ 시장 개방에 우리 기업이 어떻게 대응해 나갈지 관심거리이다.

1 각 문단의 중심 내용을 다음과 같이 정리할 때, 빈칸에 들어갈 내용을 써 보자.

1문단 이상 언어학파는 비트겐슈타인의 저서 (   )에 뿌리를 둔다.

▼

2문단 『논리–철학 논고』는 (   )를 중요 주제로 다루며, (   )이라는 주장을 내세운다.

▼

3문단 비트겐슈타인은 언어가 세계를 구성하는 실제 (   )를 지칭하기 때문에 의미를 지니며, 이런 관점에서 신, 자아, 도덕의 근거 등은 뜻 없는 말이라고 보았다.

▼

4문단 비트겐슈타인은 우리의 언어가 실상을 그리는 (   )인 한, 신, 자아, 도덕 등의 문제는 말로 설명할 수 (   )고 보았다.

▼

5문단 비트겐슈타인의 철학적 작업은 세상을 완벽하게 그릴 수 있는 언어를 만들려는 (   )의 사상적 근거가 되었다.

2 다음 빈칸을 채우며 비트겐슈타인의 '그림 이론'을 정리해 보자.

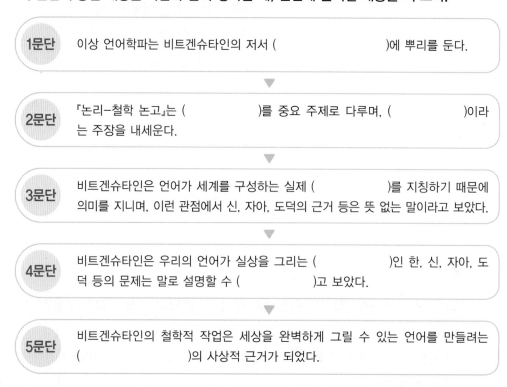

| 모형 차, 인형 | → | 실제 차, 사람 |

| 명제로 이루어진 (   ) | ( ) 대응 → | 실제 사태로 이루어진 ( ) |

▼

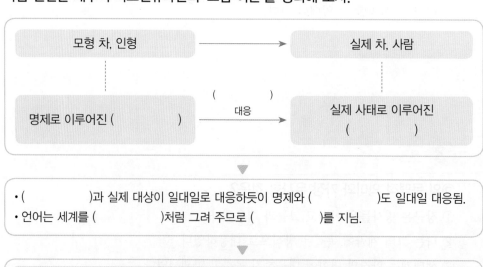

• (   )과 실제 대상이 일대일로 대응하듯이 명제와 (   )도 일대일 대응됨.
• 언어는 세계를 (   )처럼 그려 주므로 (   )를 지님.

▼

"말할 수 없는 것에 대해서는 침묵을 지켜야 한다."

언어란 (   )처럼 실제 세계를 설명해 주는 것이어야 하며, 세상에 존재하지 않는 것들은 말로 설명할 수 없으므로 논의 자체가 (   )함.

배경지식

비트겐슈타인은 분석 철학에 어떤 영향을 끼쳤을까?

과학이 발전을 거듭하던 20세기 초, 일부 학자들은 철학을 과학에 밀려 더 이상 할 일이 없어진 학문으로 여겼어요. 이들은 또한 신, 존재, 진리, 삶의 의미와 같은 철학의 고유한 과제들을 단지 우리의 생각이나 언어 습관 속에서 나타나는 오류로 생긴 문제 정도로 보았지요. 그들의 최대 관심사 중 하나는 언어를 정교하게 하는 일이었어요. 논리는 우리 사고에서 가장 중요한 부분이며 논리는 언어로 만들어지므로, 오류 없는 정교한 언어를 만든다면 결국 생각도 오류가 없이 완전하게 될 것이라고 보았어요. 이는 독일의 철학자 프레게가 구체화한 것으로 오류 없는 완전한 언어, 즉 인공 언어를 만들려는 움직임으로 나아갔어요.

당시 비트겐슈타인은 이러한 작업에 마침표를 찍은 사람으로 평가되었어요. 현대 철학자 중 일부는 철학적 작업을 '**논리와 언어의 오류에서 발생하는 문제들을 해소하는 것**'이라고 여겨요. 이를 **분석 철학**이라고 하는데, 오류가 없는 완벽한 언어를 찾아보려는 '**이상 언어학파**'와 일상 언어의 쓰임새를 면밀히 검토하는 '**일상 언어학파**'로 나뉘어요. 이 둘은 각각 비트겐슈타인의 『논리-철학 논고』와 『철학적 탐구』에 뿌리를 두고 있어요. 이처럼 비트겐슈타인은 분석 철학이라는 새로운 학풍을 여는 데 큰 기여를 한 철학자로 평가받아요.

#분석 철학   #이상 언어학파   #일상 언어학파

비트겐슈타인

어휘·어법

1~3

다음 뜻풀이에 해당하는 단어를 〈보기〉의 글자를 조합하여 써 보자.

보기

감   광   동   범   영   원   위

1 창조적인 일의 계기가 되는 기발한 착상이나 자극. (   )
2 어떤 목적을 달성하고자 사람을 모으거나 물건, 수단, 방법 따위를 집중함. (   )
3 범위가 넓음. 또는 넓은 범위. (   )

4~6

다음에 제시된 단어의 사전적 의미를 찾아 바르게 연결해 보자.

4 고찰 •   • ㉠ 사실과 다르게 해석하거나 그릇되게 함.
5 왜곡 •   • ㉡ 어떤 것을 깊이 생각하고 연구함.
6 사태 •   • ㉢ 일이 되어 가는 형편이나 상황. 또는 벌어진 일의 상태.

Tip '너머'와 '넘어' '너머'는 '높이나 경계로 가로막은 사물의 저쪽. 또는 그 공간.'을 뜻하는 말로 '산 너머', '어깨 너머'와 같이 쓰인다. '넘어'는 동사 '넘다'의 활용형으로 산이나 담과 같이 높은 곳의 위를 지나가거나, 강처럼 다른 곳과 닿아 있는 곳을 건너간다는 뜻으로 동작을 나타내며 '산 넘어 바다로 간다.', '창문 넘어 도망쳤다.'와 같이 쓰인다.

인간과 인공 지능의 공존

문제 풀이
지문 해제
관련 영상
어휘 퀴즈

  2020년 4월, '긍정적인 미래 경제 AI(에이아이) 포럼'에서 150명이 넘는 인공 지능 전문가들뿐 아니라 SF(에스에프) 작가, 기업인, 경제학자와 철학자들이 모여, 인간과 공존하는 인공 지능의 미래를 그리기 위한 다양한 논의와 토론이 진행되었다. 치열하게 논의되었던 주제 가운데 하나는 인간과 인공 지능이 공존하는 세상에서의 '노동의 미래'였으며, 포럼의 참가자들은 크게 두 견해로 나뉘었다.

  ㉠한쪽에서는 토머스 모어가 『유토피아』에서 이야기했던 것처럼, 인간의 노동을 인공 지능이 대신하게 되고 이를 통해 인간은 새로운 자유를 얻게 될 것이라고 예측했다. 이들은 인공 지능이 노동을 대신하게 되면 인간은 노동 없이도 '보장된 기본 소득'을 얻을 수 있을 것이라고 보았다. 이러한 생각을 바탕으로 인간은 각자가 스스로의 기쁨과 행복을 추구하기 위해 여행, 교육, 예술을 즐기게 될 것이라는 긍정적인 미래의 시나리오를 제시했다.

  ㉡다른 한쪽에서는 정확히 반대의 시나리오를 제시했다. 인간의 노동은 사라지지 않고 여전히 필요하겠지만 오히려 인공 지능과 기계 때문에 그 가치가 떨어지게 된다는 것이다. 즉, 인간에게 주어지는 '보장된 기본 소득'은 노동 없이 누릴 수 있는 여유가 아닌, 인간이 디지털 기술과 기계에 의존할 수밖에 없는 존재로 전락함을 방증하는 변화라고 보았다. 이는 인간이 기계의 노예가 되는 부정적인 미래의 시나리오다.

  상반된 관점의 시나리오지만 양측 모두 미래에 인간과 인간의 연결이 더 중요해진다는 점에는 동의했다. 특히 육체적 노동과 정신적 노동의 영역이 모두 인공 지능으로 이루어진다면 인간이 제공할 수 있는 가장 높은 가치는 '인간성'이라고 하였다. 인간과 인공 지능이 공존하는 미래에서 인간 사이에 일어나는 치료, 교육, 그리고 공동체를 만드는 일 등이 더욱 중요해진다는 것이다.

  전문가들은 인간과 인공 지능이 공존의 길을 걸으려면 인류는 서로 협력해 공동의 번영을 추구해야 하고, 미래를 위한 지속적인 교육의 기회와 기반을 확보해야 함을 강조하였다. 또한 인간적인 가치를 더 소중하게 여기는 공동체 기반의 참여형 사회 구조가 인공 지능 시스템과 균형을 이루어 존재해야 함을 역설하였다. 인간과 인공 지능이 공존하는 긍정적 미래를 만들기 위해서는 우리 모두가 노력을 기울여야 한다. 인간의 미래는 우리 손에 달려 있다.

5

10

15

20

25

포럼 고대 로마에서 행하던 토의 방식의 하나. 사회자의 지도 아래 한 사람 또는 여러 사람이 연설을 한 다음, 그에 대하여 청중이 질문하면서 토론을 진행한다.
전락 나쁜 상태나 타락한 상태에 빠짐.
방증 사실을 직접 증명할 수 있는 증거가 되지는 않지만, 주변의 상황을 밝힘으로써 간접적으로 증명에 도움을 줌. 또는 그 증거.
번영 번성하고 영화롭게 됨.
역설 자기의 뜻을 힘주어 말함. 또는 그런 말.

1

윗글에 대한 설명으로 가장 적절한 것은?

① 인공 지능과 공존하는 미래를 바라보는 대립적 견해를 제시하고 이들의 공통된 견해를 밝히고 있다.

② 인공 지능과 공존하는 미래에 대한 잘못된 통념을 제시하고 이를 극복하는 방안에 대해 서술하고 있다.

③ 인공 지능과 공존하는 미래에 대한 다양한 시나리오를 제시하고 각 시나리오의 장단점을 비교하고 있다.

④ 인간 노동 역사의 변천 과정을 통시적으로 제시하고 이를 바탕으로 한 미래의 시나리오를 보여 주고 있다.

⑤ 인공 지능으로 초래될 미래 사회의 문제점을 제시하고 인공 지능 시스템을 억제할 수 있는 다양한 방안을 보여 주고 있다.

2

노동의 미래에 대한 ㉠, ㉡의 관점을 〈보기〉와 비교하여 이해한 내용으로 가장 적절한 것은?

> **보기**
>
> 인공 지능과 함께 기술의 발전 속도가 빨라지면서 전에 없던 새로운 직업들이 계속 생겨나고, 사람들은 점점 더 많은 역할을 수행하게 될 것이다. 이 과정에서 재교육과 평생 교육의 기회가 늘어나고, 자동화 과정에서 소외되는 사람들을 위한 사회 안전망의 역할이 커지게 된다. 결과적으로 사람들은 원하는 교육을 받고 자신의 창의성을 발휘할 수 있는 직업을 선택할 기회가 늘어나게 된다. 이러한 미래가 가능하려면 교육의 기회를 충분히 제공하여 실업이 해결되어야 하며, '보장된 기본 소득 정책'도 마련되어야 할 것이다.

① ㉠과 ㉡은 〈보기〉와 달리 인간과 인공 지능이 공존하는 긍정적 미래를 위해 인류가 서로 협력해 공동의 번영을 추구해야 한다고 보았다.

② ㉠, ㉡, 〈보기〉 모두 보장된 기본 소득 정책이 자동화 과정에서 소외되는 사람들을 위한 사회 안전망의 역할을 한다는 점에서 동의하고 있다.

③ 〈보기〉와 ㉡은 모두 인간의 노동은 미래에도 여전히 필요하지만 인공 지능과 기술 발전으로 인해 그 가치가 떨어진다는 점에서 동의하고 있다.

④ 인공 지능의 노동 대체로 인간이 새로운 자유를 얻을 것이라고 본 ㉠과 달리 〈보기〉는 새로운 직업 창출로 인간이 더 많은 역할을 할 것이라고 보고 있다.

⑤ 인류 공동 번영과 긍정적 미래를 위해 지속적인 교육의 기회와 기반 확보가 중요하다고 본 ㉠, ㉡과 달리 〈보기〉는 지속적인 교육의 중요성에 대해 언급하지 않았다.

1 각 문단의 중심 내용을 다음과 같이 정리할 때, 빈칸에 들어갈 내용을 써 보자.

> **1문단** 인간과 공존하는 (   )의 미래에 대한 논의와 토론이 진행됨.

▼

> **2문단** 인공 지능이 (   )을 대신하여 인간은 새로운 자유를 얻을 것임.

▼

> **3문단** 인간이 디지털 기술과 기계의 (   )로 전락할 것임.

▼

> **4문단** 미래에는 (   )의 가치가 더욱 중요해진다는 점에 동의함.

▼

> **5문단** 인간과 인공 지능이 (   )하는 긍정적 미래는 우리 손에 달려 있음.

2 다음 빈칸을 채워 가며, 글 전체의 내용을 정리해 보자.

> 인간과 (   )이 공존하는 세상에서 '노동의 미래'에 대한 견해

긍정적 미래의 시나리오
- 인간의 노동을 (   )이 대신함.
- 노동 없이 (   )을 얻음.
- 인간은 스스로의 기쁨, 행복을 추구하는 등 새로운 (   )를 얻게 됨.

부정적 미래의 시나리오
- 인간의 노동은 여전히 필요하지만 인공 지능으로 그 (   )가 떨어짐.
- (   )은 인간이 기계의 노예가 되었음을 방증하는 것임.

공통된 견해

인공 지능과 인간이 공존하는 미래에서 인간이 제공할 수 있는 가장 높은 가치는 (   )임.

배경지식

인공 지능의 통제권은 어디까지 제한해야 할까?

사회 전반에 걸쳐 인공 지능이 활용되면서 윤리와 관련한 문제가 발생할 수 있어요. 대표적인 것이 '**트롤리 딜레마**' 예요. 트롤리 딜레마의 상황은 다음과 같아요. 브레이크가 고장난 트롤리가 달리고 있는데, 철로 위에는 5명의 인부가 있고 오른쪽 비상 철로에는 1명의 인부가 있는 상황에서 철로를 바꿀 것인지 선택하는 문제예요. 이처럼 도로에서 사고가 날 수밖에 없는 상황에 처했을 때, 누군가의 목숨이 희생되어야 한다면 인공 지능은 어떤 선택을 내려야 할까요?

이와 관련해 미국 MIT의 라흐완 교수팀은 수년간 '윤리 기계'라는 온라인 실험을 진행했어요. 세계 233개국과 지역에서 10개 이상의 언어로 4,000만 건이 넘는 선택 데이터를 수집했는데 사람들은 일관성 있게 더 많은 쪽 생명을 구해야 한다는 선택을 했어요. 만약 사람 수가 같으면 어린아이나 여성을 우선 구해야 한다는 선택이 더 많았고요.

결과는 국가와 문화에 따라 조금씩 달랐어요. 사회적 불평등이 높은 국가일수록 여성을 구해야 한다는 선택이 상대적으로 적었고, 개인보다 집단을 우선시하는 문화권일수록 아이를 구해야 한다는 선택이 적었어요. 이는 통제 상황에서 인공 지능이 일률적으로 내릴 수 있는 답은 없다는 것을 시사해요. **사람들은 각각의 상황, 문화, 국가 그리고 스스로의 판단에 따라 인공 지능이 다른 판단을 내리기를 기대한다고 볼 수 있어요.**

#트롤리 딜레마   #인공 지능과 윤리

어휘·어법

1~4 다음에 제시된 초성과 뜻을 참고하여 빈칸에 알맞은 단어를 써 보자.

1 서로 반대되거나 어긋남. (ㅅ ㅂ ➡   )
2 어떤 일이 어려움 없이 이루어지도록 조건을 마련하여 보증하거나 보호함. (ㅂ ㅈ ➡   )
3 체제, 체계 따위의 기초를 닦아 세움. (ㄱ ㅊ ➡   )
4 서로 도와서 함께 존재함. (ㄱ ㅈ ➡   )

5~8 다음 빈칸에 들어갈 알맞은 단어를 〈보기〉에서 찾아 써 보자.

보기
방증   번영   역설   전락

5 그 도시는 정부의 육성 정책에 힘입어 상업의 중심지로 (   )하였다.
6 일제에 토지를 빼앗긴 우리 농민들은 소작농으로 (   )하고 말았다.
7 그가 이번에 발견한 자료는 독도가 우리 땅이라는 사실을 (   )해 줄 만하다.
8 선생님은 한반도의 균형적 발전이 무엇보다도 중요하다고 (   )했다.

Tip • **방증**(곁 傍, 증거 證) 사실을 직접 증명할 수 있는 증거가 되지는 않지만, 주변의 상황을 밝힘으로써 간접적으로 증명에 도움을 줌. 또는 그 증거. ⓔ 높은 실업률은 고용 불안의 방증이다.
• **반증**(반대로 反, 증거 證) 어떤 사실이나 주장이 옳지 아니함을 그에 반대되는 근거를 들어 증명함. 또는 그런 증거. ⓔ 그의 주장은 논리가 워낙 치밀해서 반증을 대기가 어렵다.

호모 사피엔스, 어쩌면 지구상의 마지막 인류

문제 풀이
지문 해제
관련 영상
어휘 퀴즈

최초의 인류가 나타난 시기는 지금부터 약 250만 년 전으로 알려져 있다. 남아프리카에서 발견된 '남쪽의 유인원' 오스트랄로피테쿠스는 유인원의 특징이 있으나 직립 보행을 했다는 점에서 인류에 가깝다. 이들은 세월이 흐르면서 '똑바로 선 인류' 호모 에렉투스, '일하는 인류' 호모 에르가스터, '네안데르 골짜기의 인류' 호모 네안데르탈렌시스 등 여러 종의 인류로 분화했다고 전해진다. 5

약 250만 년 동안 지구상에 살던 다양한 인류 종은 '똑똑한 인류' 호모사피엔스가 나타난 약 1만 년 이후 점차 사라졌다. 현재 생명체를 포함한 대부분의 자원을 쥐락♦펴락하고 있는 존재 역시 호모 사피엔스이다. 호모 사피엔스는 '호모'가 붙은 모든 인류뿐만 아니라 모든 생물 종 중에서 최상위 포식자가 된 셈이다. 그런데 유일한 생존 인류이자 최상위 포식자인 호모 사피엔스는 어쩌면 지구상의 마지막 인류가 될지도 10 모른다. 이때 '마지막 인류'라는 말은 다음의 두 가지 의미로 해석할 수 있다.

첫 번째는 인간이라는 생물학적 종이 멸종되어 지구상에서 사라지는 것, 말 그대로 ㉠마지막 인류가 된다는 의미이다. 약 45억 년이라는 지구 역사에서 생물 종이 급격히 감소하는 대멸종은 다섯 차례 있었다. 그 원인은 급작스러운 환경 변화, 화산 폭발, 소행성 충돌 등 피할 수 없는 자연재해였다. 하지만 여섯 번째 대멸종이 다가 15 오고 있다는 주장에 따르면, 그 원인은 과거와 같은 거대한 자연재해가 아니다. 무분별한 산업화와 그에 따른 환경 변화로 인간을 포함한 지구상의 생명체가 모두 사라지는 대멸종에 직면하게 된다는 것이다.

㉡마지막 인류의 또 다른 의미는 새로운 종으로 진화하는 인간을 말한다. 과거의 생물학적 인간 종이 아니라 아예 새로운 존재로 다시 태어나는 것이다. 이때 새로운 20 종으로 진화하는 과정의 인류를 '트랜스 휴먼', 진화한 후의 인류를 '포스트 휴먼'이라고 부른다. 진화를 마친 인류는 질병이나 죽음 같은 생물학적 한계를 극복하고 기계 및 인공 지능과 결합한 존재로 살아간다. 결국 호모 사피엔스라는 생물학적 종은 지구 생태계의 진화 역사에서 사라지게 되는 것이다.

이러한 변화는 모두 인류가 기술 문명을 이루면서부터 시작되었다. 현재 지구의 25 자연환경은 지구가 ⓐ감내하기 어려운 한계 상황에 놓여 있다. 무분별한 탄소 배출로 인한 지구 온난화와 이상 기후, 해수면 상승 등 지구는 인류에 의해 그 어느 때보다 급격한 변화를 겪고 있다. 하지만 인간은 미래를 예측하는 동시에 자신의 행동을 변화시켜 미래를 바꿀 수 있는 존재이다. 인류가 이제까지 이어 온 그릇된 행태를 멈추고 이를 바로잡는 행동을 한다면 다른 미래를 맞이할 수 있을 것이다. 결국 중요한 30 것은 미래를 내다보는 지혜와 그에 따른 판단을 실행에 옮기는 주체성이다.

♦ 쥐락펴락 남을 자기 손아귀에 넣고 마음대로 부리는 모양.
직면 어떠한 일이나 사물을 직접 당하거나 접함.
그릇되다 어떤 일이 사리에 맞지 아니하다.

1

윗글의 내용과 일치하지 <u>않는</u> 것은?

① 최초의 인류인 오스트랄로피테쿠스는 직립 보행을 했다.

② 지구에 일어났던 다섯 번의 대멸종은 자연재해가 그 원인이었다.

③ 호모 사피엔스가 등장하기 전에 지구상에 다른 인류는 존재하지 않았다.

④ 진화의 관점에서 트랜스 휴먼은 포스트 휴먼보다 앞서 등장하는 인류이다.

⑤ 포스트 휴먼은 생물학적 한계를 극복하고 인공 지능과 결합한다는 점에서 현생 인류와는 다른 종이다.

2

㉠과 ㉡에 대한 이해로 적절하지 <u>않은</u> 것은?

① ㉠과 ㉡은 재연재해와 같이 피할 수 없는 일이 아니라는 점에서 동일하다.

② ㉠과 ㉡은 모두 호모 사피엔스라는 생물학적 종이 사라진다는 점에서 동일하다.

③ ㉠과 달리 ㉡은 인류가 기술 문명을 이루면서 급격한 변화를 겪게 된 것이 원인이다.

④ ㉡과 달리 ㉠은 인간을 포함한 지구상의 생명체까지 모두 멸종을 맞는다는 의미를 포함한다.

⑤ ㉠은 지구라는 행성에서 대멸종의 역사를, ㉡은 지구 생태계의 진화 역사를 바탕으로 본 것이다.

3 어휘

@의 사전적 의미로 적절한 것은?

① 잘 보호하고 간수하여 남김.

② 어려움을 참고 버티어 이겨 냄.

③ 흐트러진 체계를 정리하여 제대로 갖춤.

④ 어떤 일이나 현상이 일어나지 못하게 막음.

⑤ 매우 어렵거나 막힌 일을 잘 처리하여 해결의 길을 엶.

1 각 문단의 중심 내용을 다음과 같이 정리할 때, 빈칸에 들어갈 내용을 써 보자.

1문단 최초의 인류는 (　　　　　　　)로 약 250만 년 전 등장하여 여러 종의 인류로 분화하였다.

▼

2문단 현재 지구상에서 유일한 생존 인류이자 최상위 포식자인 (　　　　　)는 마지막 인류가 될지도 모른다.

▼

3문단 '마지막 인류'라는 말은 인간을 포함한 지구상의 생명체가 인류에 의한 (　　　　　)에 직면하게 된다는 의미이다.

▼

4문단 '마지막 인류'라는 말은 인류가 새로운 종인 (　　　　　)으로 진화하여 호모 사피엔스라는 생물학적 종이 사라진다는 의미이다.

▼

5문단 인간이 이룬 기술 문명은 자연환경을 급격하게 변화시키고 있으나, 인간의 지혜와 (　　　　　)을 바탕으로 미래를 바꿀 수 있다.

2 다음 빈칸을 채워 가며, '마지막 인류'의 의미에 대해 정리해 보자.

호모 사피엔스의 운명

유일한 생존 인류인 호모 사피엔스는 지구상의 (　　　　　)가 될 수도 있음.

마지막 인류의 첫 번째 의미

- 대멸종에 의해 인간이라는 생물학적 종의 멸종을 의미함.
- (　　　　)가 원인이 된 다섯 차례의 대멸종과 달리, (　　　　)와 그에 따른 급격한 환경 변화로 대멸종에 직면하게 됨.

마지막 인류의 두 번째 의미

- 새로운 종으로 (　　　　)함으로써 호모 사피엔스라는 생물학적 종의 멸종을 의미함.
- 질병, 죽음 등의 생물학적 (　　　　)를 극복하고 기계 및 인공 지능과 결합한 포스트 휴먼으로 진화함.

인류의 기술 문명은 어떻게 변화해 왔을까?

인류 문명의 역사가 어떤 기점을 전후로 크게 바뀌는 경우를 '혁명'이라고 불러요. 첫 번째 변화는 신석기 시대의 '농업 혁명'이에요. 구석기 시대에 **사냥과 채집 생활**을 하던 인류가 식물을 재배하는 기술을 터득함으로써 먹고사는 문화가 **근본적으로 바뀌었어요.** 10만 년이 넘는 시간 동안 큰 변화 없이 살다가 약 1만 년 전 농업 혁명이 일어나면서 인류 문명은 급속한 변화를 맞게 돼요.

농경을 기반으로 삼던 인류의 생활 방식이 다시 한번 변화한 때는 '산업 혁명'이 일어난 18세기 말이에요. 1차 산업 혁명은 영국의 제임스 와트가 발명한 **증기 기관의 등장으로 인간을 대신해 기계가 노동하는 환경**을 만들어 냈어요. 또 증기 기관차의 등장으로 교통 수단에도 혁명적인 변화가 일어나게 되지요. 약 100년 후인 19세기 말경에는 사용하는 에너지 원이 석탄에서 석유와 전기로 바뀌면서 **대규모의 공장에서 대량 생산**이 가능해졌고 이 시기를 2차 산업 혁명이라고

불러요. 자동차도 이 무렵에 등장했어요. 3차 산업 혁명은 1980년대 무렵 **컴퓨터의 등장으로 생산이 자동화**되면서 인간의 노동 방식을 근본적으로 바꾸었어요. 4차 산업 혁명은 **인공 지능과 빅 데이터, 사물 인터넷 등 정보 통신 기술을 기반으로 한 완전한 자동화**를 말하는데 이미 우리 눈 앞에서 실현되고 있고 가까운 미래이기도 해요.

#인류 문명   #농업 혁명   #산업 혁명

1~4 다음 뜻풀이에 해당하는 단어를 〈보기〉에서 찾아 써 보자.

> 보기
>
> 멸종   쥐락펴락   행태   혁명

1 행동하는 양상. 주로 부정적인 의미로 쓴다. (   )
2 남을 자기 손아귀에 넣고 마음대로 부리는 모양. (   )
3 생물의 한 종류가 아주 없어짐. 또는 생물의 한 종류를 아주 없애 버림. (   )
4 이전의 관습이나 제도, 방식 따위를 단번에 깨뜨리고 질적으로 새로운 것을 급격하게 세우는 일.

(   )

5~6 다음 문장에 들어갈 올바른 단어를 찾아 ○를 표시해 보자.

5 사람은 아무리 어려운 일에 (직면 / 직시)하더라도 극복할 힘을 가지고 있다.
6 우리는 민주가 (그릇된 / 합당한) 길로 빠지지 않도록 충고해 주었다.

Tip 대- (일부 명사 앞에 붙어) '큰, 위대한, 훌륭한, 범위가 넓은'의 뜻을 더하는 접두사. ⑩ 대규모/대강당/대성공/대선배

인지 부조화 이론

문제 풀이
지문 해제
관련 영상
어휘 퀴즈

사회 심리학자 페스팅거는 인간의 태도와 행동에 관한 실험 연구로 스탠퍼드 대학 학생들을 모집하여 그들에게 단순하고 지루한 과제를 수행하게 했다. 그리고 과제를 마친 후, 대기실에 있는 다른 학생들에게 과제가 재미있었다는 거짓말을 해달라고 부탁했다. 학생들은 거짓말의 대가로 한 그룹은 20달러씩, ㉠다른 한 그룹은 1달러 씩 보상을 받았다. 이후 학생들을 다시 불러 과제가 정말로 재미있었는지 평가하게 5 하였다. 얼핏 생각해 보면 20달러를 받은 학생들이 긍정적인 평가를 내렸을 것 같지 만, 실험이 재미있었고 과학적인 의미도 클 것이라고 평가한 쪽은 예상과 달리 1달러 를 받은 학생들이었다.

어째서 이런 결과가 나왔을까? 페스팅거는 그 까닭을 '인지♦ 부조화 이론'으로 설명 했다. 인지 부조화 이론은 개인의 신념♦, 태도와 행동 간의 불일치 혹은 부조화 상태 10 가 발생하면 심리적 불편함을 느끼게 되고, 이를 해소하기 위해 기존의 태도나 행동 을 바꾸게 된다는 이론이다. 거짓말의 대가로 단돈 1달러를 받은 학생들은 거짓말할 이유가 없음에도 불구하고 지루했던 실험이 재미있었다는 거짓말을 하며 인지 부조 화를 겪었을 것이다. 그래서 이들은 무의식적으로 실험이 실제로 어느 정도 재미있 고 보람도 있었다고 믿는 쪽을 택하여 결국 자기는 거짓말을 한 것이 아니라고 믿음 15 으로써 인지 부조화를 해소하였다고 볼 수 있다.

이처럼 인지 부조화를 경험하면 태도나 행동을 변경함으로써 인지 부조화를 해소 하고 자기에 대한 일관성을 회복하고 유지하고자 한다. 그렇다면 사람들은 태도와 행동 중 무엇을 바꿀까? 보통은 태도를 바꾼다. 왜냐하면 행동은 이미 엎질러진 물 처럼 되돌릴 수 없는 경우가 많으나 태도는 눈에 보이지 않아 바꾸는 것이 수월하기♦ 20 때문이다. 물론 어떤 경우에는 태도에 맞게 행동을 바꾸거나 부조화를 견디면서 살 아가지만 대부분의 경우에는 태도를 바꾼다.

인지 부조화 이론의 사례는 일상생활에서 흔히 나타난다. 자기가 어리석은 선택을 했다는 것을 알고 난 후에도 어떻게든 그 선택이 어쩔 수 없는 것이었다고 믿으려 애 쓰거나, 명백히 잘못된 판단이었음에도 불구하고 여러 이유를 들어 끝까지 자신이 25 옳았다고 생각하는 것들이 그것이다. 이처럼 사람들은 합리적♦인 결론보다 부조리♦하 더라도 자신의 신념을 선택한다. 어떻게 보면 다소 줏대 없어 보이지만 사람들은 자 신의 행동과 처지, 그리고 상황에 맞게 태도를 고치며 살아간다고 볼 수 있다.

♦ **인지** 자극을 받아들이고, 저 장하고, 인출하는 일련의 정 신 과정. 무엇을 안다는 것 을 나타내는 포괄적인 용어.
신념 굳게 믿는 마음.
수월하다 까다롭거나 힘들 지 않아 하기가 쉽다.
합리적 이론이나 이치에 합 당한. 또는 그런 것.
부조리 이치에 맞지 아니하 거나 도리에 어긋남. 또는 그런 일.

윗글의 내용과 일치하지 <u>않는</u> 것은?

① 사람들은 인지 부조화의 상태를 견디며 살아가기도 한다.

② 행동보다 눈에 보이지 않는 태도를 바꾸는 것이 수월하다.

③ 개인의 신념과 행동이 충돌하면 심리적으로 불편함이 생긴다.

④ 사람들은 문제 상황에서 합리적인 결론을 내리기 위해 노력한다.

⑤ 사람들은 심리적 불편함을 해소하기 위해 태도나 행동을 수정한다.

2

인지 부조화 해소의 단계를 〈보기〉와 같이 정리할 때, ㉠의 학생들이 ㉮ 단계에서 했을 생각으로 가장 적절한 것은?

┌─ 보기 ───┐
│ 태도와 행동의 불일치 → 인지 부조화 발생 → (㉮   ) → 인지 부조화 해소 │
└──┘

① 심리 실험의 참여를 결정함.

② 자신이 참여한 실험이 유익했다고 생각함.

③ 자신이 받은 보상에 대해 만족스럽게 생각함.

④ 실험에 참여하기로 한 자신의 판단을 반성함.

⑤ 실험에 대한 평가를 반대로 말하면서 불편하다고 생각함.

지문
분석

1 문단 요약

각 문단의 중심 내용을 다음과 같이 정리할 때, 빈칸에 들어갈 내용을 써 보자.

1문단 재미없는 실험에 참가한 학생 중 (   )을 적게 받은 학생들이 실험을 더 긍정적으로 평가했다.

▼

2문단 '(   ) 이론'은 신념, 태도와 행동 간의 불일치 혹은 부조화 상태를 해소하기 위해 기존의 태도나 행동을 바꾸는 것이다.

▼

3문단 인지 부조화의 해소를 위해 사람들은 대부분 (   )를 바꾼다.

▼

4문단 사람들은 합리적 결론보다는 부조리하더라도 자신의 (   )을 지키려 한다.

2 글의 구조

다음 빈칸을 채워 가며, 글 전체의 내용을 정리해 보자.

인지 부조화 이론	
인지 부조화	개인의 신념, 태도, 행동 간의 불일치 혹은 부조화 상태가 발생하면 심리적 ( )이 생기게 되는 것
해결	사람들은 인지 부조화를 해소하기 위해 기존의 ( )나 행동을 바꾸게 된다.
사례	적은 보상을 받고 거짓말을 해야 했던 학생들은 실험을 ( )으로 평가했다.

배경지식

인지 부조화를 합리적으로 해소하려면?

인지 부조화 이론은 자신의 행동을 정당화하기 위해 자신의 기존 생각이나 느낌을 바꾸는 일을 잘 설명해 주는 이론이에요. 어떤 학생이 온라인 게임을 하느라 공부를 제대로 못 하는 것을 두고 고민한다고 해 봅시다. 이 학생은 온라인 게임을 줄여야 한다는 점을 인지하고 있지만 게임을 멈출 수가 없습니다. 그래서 게임을 할 때마다 즐거운 마음 한편에는 긴장되고 불편한 느낌이 들 거예요. 이때 행동과 태도 사이의 부조화를 어떻게 줄일 수 있을까요?

대개 게임을 끊는 행동을 선택하기보다는 게임에 대한 생각(태도)을 변화시키는 방법을 선택할 것입니다. '게임을 하면 스트레스가 해소돼.', '이 정도쯤은 남들도 해.' 등의 생각으로 **자신의 행동을 합리화**하는 것이죠. 왜냐하면 행동을 바꾸는 일보다는 태도를 바꾸는 것이 훨씬 손쉬운 방법이기 때문이에요. 만약 행동을 바꿀 수 있는 일이라면 태도 대신 행동을 바꾸어 보는 것은 어떨까요? 조금 더 합리적인 의사결정을 할 수 있게 될 거예요.

#인지 부조화   #행동의 합리화

어휘·어법

1~3

다음 빈칸에 공통으로 들어갈 단어를 쓰시오.

> 보기
>
> 수월   부조리   신념

1 ┌ 사회의 모든 (   )을/를 추방하다.
  └ (   )한 현실을 극복하기 위해 전국적으로 운동을 벌였다.

2 ┌ 이 도서실은 정리가 잘되어 있어서 자료 찾기가 (   )하다.
  └ 그는 면접관의 어려운 질문에도 (   )하게 대답했다.

3 ┌ 낡은 (   )와/과 관습이 무너지다.
  └ 그들은 박해 속에서도 의연히 자기 (   )을/를 지키다가 목숨을 잃었다.

4~7

다음 뜻풀이에 해당하는 단어를 괄호 안의 초성을 참고하여 빈칸에 써 보자.

4 마음의 작용과 의식의 상태. (ㅅ ㄹ → 　　　　　)
5 방법이나 태도 따위가 한결같은 성질. (ㅇ ㄱ ㅅ → 　　　　　)
6 자극을 받아들이고, 저장하고, 인출하는 일련의 정신 과정. (ㅇ ㅈ → 　　　　　)
7 어떤 일이나 상황 따위에 대해 취하는 입장. (ㅌ ㄷ → 　　　　　)

Tip '불–'과 '부–' '불(不)–'은 '아님, 아니함, 어긋남'의 뜻을 더하는 접두사인데 'ㄷ', 'ㅈ'으로 시작하는 명사 앞에 붙을 때에는 '부–'로 쓴다. **예** 불가능/불완전/부정확/부도덕

에피쿠로스학파의 행복론

문제 풀이
지문 해제
관련 영상
어휘 퀴즈

에피쿠로스학파는 고대 그리스의 철학자 에피쿠로스에 의해 ㉠창시된 것으로, 비슷한 시기의 스토아학파가 모든 일과 사건은 이미 결정된 것이라는 결정론적 세계관을 주장한 것과는 달리 인간의 자유 의지를 인정했다. 이러한 에피쿠로스학파의 견해는 쾌락주의를 표방할 수 있는 토대가 되었다.

에피쿠로스는 인간을 본성적으로 쾌락을 ㉡추구하는 존재로 파악했다. 그는 인간은 쾌락을 통해 행복한 삶을 이루며, 쾌락에 의해 인간의 삶이 조종된다고 보았다. 그래서 에피쿠로스는 쾌락이 인간이 추구해야 할 유일한 선이며, 고통은 유일한 악이라고 주장했다. 그러나 그가 추구한 쾌락은 오늘날 우리가 생각하는 육체적이고 감각적인 쾌락과는 상당한 거리가 있다. 에피쿠로스는 적극적으로 쾌락을 추구하는 삶을 살라고 강조하지 않았다. 그가 강조한 행복은 쾌락의 적극적인 추구라기보다는 오히려 고통의 제거를 통해 ㉢달성되는 것이었다. 에피쿠로스는 최고의 쾌락은 모든 고통이 제거될 때에 도달되는 것으로 보았으며, 고통의 부재 상태가 가장 이상적인 상태임을 강조하였다. 이와 같은 이유로 에피쿠로스의 사상을 소극적 쾌락주의라고 부른다.

어떤 고통은 잘 참고 견뎌 내면 더 큰 쾌락이 주어질 수 있고, 반대로 눈앞의 단기적 쾌락, 육체적 쾌락만 추구하면 장기적으로 고통이 찾아올 수도 있다. 학생들이 당장은 힘들어도 인내하면서 공부를 하는 것 또한 그런 이유에서이다. 에피쿠로스는 행복한 삶을 살기 위해서는 쾌락을 추구할 때 이성의 도움을 받아야 한다고 강조한다. 여기서 이성은 쾌락을 잘 추구하기 위한 수단으로 필요한 것이지, 이성 그 자체가 목적이 되는 것은 아니다. 에피쿠로스 철학의 유일한 목적은 항상 쾌락이다.

에피쿠로스는 쾌락주의자로 불리지만, 사회적 혼란기에 욕망을 적극적으로 추구하기보다는 오히려 욕망을 줄이고 절제하는 도덕적인 삶을 통해 행복을 추구해야 한다고 보았다. 그는 참된 쾌락을 ㉣파악할 수 있는 이성적인 덕인 실천적 지혜를 토대로 사려 깊게 판단하고 신중하게 쾌락을 추구해야 행복에 이를 수 있음을 알려 주고 있다. 이러한 에피쿠로스의 행복론은 욕망의 적극적인 충족을 통해서만 행복을 이룰 수 있는 것이 아니며, 어렵고 힘든 상황에서도 욕망을 줄인다면 행복에 ㉤도달할 수 있다는 교훈을 주고 있다.

자유 의지 외부의 제약이나 구속을 받지 아니하고 어떤 목적을 스스로 세우고 실행할 수 있는 의지.
표방 어떤 명목을 붙여 주의나 주장 또는 처지를 앞에 내세움.
토대 어떤 사물이나 사업의 밑바탕이 되는 기초와 밑천을 비유적으로 이르는 말.
이성 진위(眞僞), 선악(善惡)을 식별하여 바르게 판단하는 능력.
절제 정도에 넘지 아니하도록 알맞게 조절하여 제한함.
사려 여러 가지 일에 대하여 깊게 생각함. 또는 그런 생각.

1

윗글의 내용과 일치하지 <u>않는</u> 것은?

① 에피쿠로스는 소극적인 쾌락의 추구를 지향하였다.

② 에피쿠로스는 쾌락의 추구가 인간의 본능이라고 생각했다.

③ 에피쿠로스학파는 스토아학파와는 달리 인간의 자유 의지를 인정했다.

④ 에피쿠로스는 장기적인 쾌락을 추구하는 것이 바람직하지 않다고 생각했다.

⑤ 에피쿠로스는 쾌락을 얻기 위해 궁극적으로 이성의 도움을 받아야 한다고 생각했다.

◆
지향 어떤 목표로 뜻이 쏠리어 향함. 또는 그 방향이나 그쪽으로 쏠리는 의지.

인문
08

2

에피쿠로스가 〈보기〉와 같이 주장한 이유를 추론한 것으로 가장 적절한 것은?

> 보기
>
> 많은 사람들은 자신이 어떤 행동을 했을 때 혹시 신에게 벌을 받지는 않을지, 죽은 다음에 지옥에 떨어지지는 않을지 걱정하면서 살아간다. 에피쿠로스는 신은 아쉬울 것이 전혀 없기 때문에 인간의 일에는 아무런 관심도 없다고 강조한다. 또한 에피쿠로스는 죽음이 찾아오면 인간은 감각 능력을 상실하기 때문에 죽음은 아무것도 아니며, 죽음에 대해 걱정할 필요가 없다고 주장했다.

① 삶과 죽음은 사전에 결정되어 있으므로 바꿀 수 없기 때문에

② 죽음의 공포로부터 벗어나면 적극적 쾌락을 추구할 수 있기 때문에

③ 행복을 위해서는 고통과 공포로부터의 해방이 중요하다고 생각했기 때문에

④ 육체적인 쾌락의 추구를 위해서는 죽음에 대한 공포가 없어야 하기 때문에

⑤ 신이 인간의 일에 관심이 없다고 생각해야 인간은 자유 의지를 가질 수 있기 때문에

3 어휘

문맥상 ㉠~㉣과 바꿔 쓰기에 적절하지 <u>않은</u> 것은?

① ㉠: 생긴

② ㉡: 좇는

③ ㉢: 이루어지는

④ ㉣: 다잡을

⑤ ㉤: 다다를

1

각 문단의 중심 내용을 다음과 같이 정리할 때, 빈칸에 들어갈 내용을 써 보자.

1문단
에피쿠로스학파의 특징
– 인간의 (   )를 인정함.
– 쾌락주의의 토대가 됨.

▼

2문단
에피쿠로스가 생각한 인간: 본성적으로 (   )을 추구하는 존재
– 쾌락은 인간이 추구해야 할 유일한 선이며, (   )은 유일한 악이라고 주장함.
– 고통의 (   ) 상태가 가장 이상적인 상태임을 강조함.

▼

3문단
에피쿠로스가 생각한 행복한 삶을 사는 방법
– (   )의 도움을 받아 쾌락을 추구해야 함.
– 이성은 그 자체가 (   )이 아니라 (   )임.

▼

4문단
에피쿠로스의 행복론이 주는 교훈
– (   )의 적극적 충족이 아니라, 욕망을 줄이고 (   )하는 삶을 통해 행복에 도달할 수 있음.

2

다음 빈칸을 채워 가며, 쾌락의 의미에 대한 내용을 정리해 보자.

일반적으로 생각하는 쾌락		에피쿠로스 학파의 쾌락
• 육체적이고 감각적인 것 • 욕망을 적극적으로 추구하고 충족하는 것		• 인간이 추구해야 할 유일한 ( ) • 모든 ( )이 제거될 때 도달되는 것 • 욕망을 줄이고 절제하는 삶을 통해 이룰 수 있는 것

배 경 지 식

스토아학파가 말하는 진정한 자유란?

스토아학파는 그리스의 제논(Zenon)이 창시한 학파예요. '스토아'라는 명칭은 제논과 그의 제자들이 모여 사상을 논하던 아고라 뒤쪽에 둥근 기둥이 길게 늘어선 복도가 있는 건물을 뜻하는 스토아에서 유래하였어요. 스토아학파는 **인간이 감각이나 욕망이 아니라 이성에 따라 판단하고 행동할 때 진정으로 자유롭게 된다고 주장**했어요. 이는 감각적 경험을 중시하는 에피쿠로스학파와는 대조적이지요.

스토아학파는 감정은 인간의 판단을 흐리게 하여 마음의 평정을 빼앗고 옳고 그름을 분별하지 못하게 한다고 했어요. 그래서 **스토아학파는 감정이 억제되어 모든 욕구나 고통을 이겨 내는 상태, 즉 아파테이아의 경지에 도달하고자 했어요.** 자연이 우주의 법칙에 따라 움직일 때 조화를 이루는 것처럼 인간도 이성에 따를 때 외부 자극에 흔들리지 않는 진정한 자유를 얻을 수 있다고 했지요. 인간이라면 모두 똑같이 이성을 가지고 있다는 스토아학파의 생각은 근대 자연법 사상의 이론적 기초가 되었답니다.

기둥이 길게 늘어서 있는 스토아

#스토아학파   #금욕주의   #아파테이아

어 휘 · 어 법

1~3

다음 빈칸에 공통으로 들어갈 단어를 〈보기〉에서 찾아 써 보자.

> 보기
>
> 토대   표방   사려

1 ┌ 지수는 그 회의에서 중립을 (   )하는 듯했다.
  └ 이 회사는 친환경을 (   )하며 아이들을 위한 안전한 장난감을 만들고자 하였다.

2 ┌ 이 학문은 기초 과목 중 수학을 (   )로 새로운 이론을 만들어 내었다.
  └ 우리나라 전통 문화 (   ) 위에 새로운 문화를 창조할 수 있도록 노력해야 한다.

3 ┌ 이번 동아리의 회장은 (   ) 깊은 사람이 되어야 한다.
  └ 위기 상황에서는 감정적인 태도보다는 (   )와 분별이 더욱 필요하다.

4~7

다음 뜻풀이에 해당하는 단어를 〈보기〉의 글자를 조합하여 써 보자.

> 보기
>
> 창   평   인   도   시   내   정   달

4 어떤 사상이나 학설 따위를 처음으로 시작하거나 내세움. (   )

5 괴로움이나 어려움을 참고 견딤. (   )

6 평안하고 고요함. 또는 그런 상태. (   )

7 목적한 곳이나 수준에 다다름. (   )

Tip • 조종(잡을 操, 놓아줄 縱) 다른 사람을 자기 마음대로 다루어 부림. 예 그는 남의 조종을 받는 허수아비에 불과했다.
• 조정(고를 調, 가지런할 整) 어떤 기준이나 실정에 맞게 정돈함. 예 공공요금의 조정

사회
01

지역 화폐와 법화

문제 풀이
지문 해제
관련 영상
어휘 퀴즈

지역 화폐는 특정 지역 내에서 제한된 구성원들 간에 통용되는 지급 수단이다. 대표적인 예로는 캐나다 밴쿠버 근처의 솔트 스프링섬에서 섬 주민들과 섬을 방문한 관광객들이 사용하는 '솔트 스프링 달러'가 있다. 국내에서도 지자체에서 지역 화폐를 발행하여 사용하고 있다. 그렇다면 지역 화폐는 우리가 일반적으로 사용하는 화폐인 한국은행권과 어떤 차이가 있을까?

한국은행권과 지역 화폐의 가장 큰 차이는 법정 화폐, 즉 국가에서 공식으로 인정한 화폐에 해당하는지 여부이다. 한국은행법 제47조 "화폐의 발행권은 한국은행만이 가진다.", 제48조 "한국은행이 발행한 한국은행권은 법화(法貨)로서 모든 거래에 무제한 통용된다."에 따라 한국에서는 한국은행권만이 유일하게 법화로 인정되고 있다.

지역 화폐는 지방 자치 단체에서 자체적으로 마련한 조례에 따라 발행 및 유통되기 때문에 지역 화폐를 발행한 지방 자치 단체를 벗어나면 사용할 수 없다. 법화인 한국은행권이 전국 어디에서나 통용되는 반면, 지역 화폐는 대체로 해당 지역 내 지정된 가맹점 내에서만 사용되는 지급 수단이다. 전통 시장에서 유통되는 온누리 상품권, 특정 백화점 또는 마트에서 사용 가능한 백화점 상품권과 유사하게 특정 지역에서 유통되는 상품권의 성격이 강하다. 실제로 지역 화폐의 공식 명칭은 '지역 사랑 상품권'이며 '○○ 사랑 상품권'과 같이 특정 지역의 명칭을 포함하는 경우가 대다수이다.

한국은행권과 지역 화폐는 본질적 기능에서도 차이가 있다. 우선 화폐는 계산 단위의 역할을 한다. 국내에서 모든 물건이나 서비스의 가격 단위는 '원'으로 표시되는데, 이렇게 가격을 표시하는 공통적인 단위가 되는 것이 화폐의 계산 단위로서의 기능이다. 그러나 지역 화폐는 별도의 화폐 단위를 갖지 못하고 법화의 화폐 단위를 그대로 사용하므로 계산 단위의 기능은 없다고 볼 수 있다. 다음으로 화폐는 가치 저장의 수단이 된다. 이는 화폐가 구매력과 부를 저장하는 수단으로 사용된다는 의미이다. 지역 화폐의 경우 해당 지역 상인이 물건이나 서비스를 팔고 받은 지역 화폐를 바로 법화로 교환해야 그 가치를 보전할 수 있다는 점에서 이 기능이 취약하다고 할 수 있다. 하지만 지역 화폐도 법화와 마찬가지로 교환의 매개 수단이 된다는 점에서 물건이나 서비스를 사고팔 때 ㉠결제 수단으로 받아들여진다.

이처럼 지역 화폐는 화폐의 본질적 기능을 모두 충족하지 못하지만 지역 상권을 활성화하고 지역 주민의 공동체 의식을 강화하는 목적으로 발행된다는 점에서 그 의미를 찾을 수 있다. 다만 지역 화폐는 지방 자치 단체에서 발행한다는 특성상 별도의 지급 재원이 뒷받침되지 못한다면 결제 수단으로 지속되기 어려울 가능성이 있다.

통용 일반적으로 두루 씀.
지방 자치 단체 특별시·광역시·도·시·군과 같이, 국가 영토의 일부를 구역으로 하여 그 구역 내에서 법이 인정하는 한도의 지배권을 소유하는 단체.
조례 지방 자치 단체가 법령의 범위 안에서 지방 의회의 의결을 거쳐 그 지방의 사무에 관하여 제정하는 법.
매개 둘 사이에서 양편의 관계를 맺어 줌.
재원 재화나 자금이 나올 원천.

1

윗글의 내용과 일치하지 <u>않는</u> 것은?

① 한국에서 법화로 인정되는 것은 한국은행권뿐이다.

② 지역 화폐는 국내뿐만 아니라 해외에서도 발행되고 있다.

③ 지역 화폐의 이름에는 특정 지역명이 들어가는 경우가 많다.

④ 지역 화폐는 일정한 법적 근거에 의해 지방 자치 단체가 발행한다.

⑤ 지역 화폐는 화폐의 본질적인 기능이 없다는 점에서 법화와 다르다.

2

윗글을 바탕으로 〈보기〉의 ㉠과 ㉡에 대해 추론한 내용으로 적절한 것은?

> **보기**
>
> 지역 화폐 사용 활성화를 위해 지역 화폐를 사용할 경우 지방 자치 단체에서 인센티브를 지급하는 경우가 많다. 예를 들어 지역 화폐 10만 원권을 9만 원에 할인하여 판매하거나 10만 원을 사용하면 1만 원을 돌려주는 것이다. 그런데 인센티브가 지방 자치 단체나 정부의 예산으로 충당된다는 점에서 지역 화폐 발행과 관련한 논란이 발생하고 있다.
>
> ㉠<u>지역 화폐 발행에 반대하는 사람</u>은 지역 화폐가 뚜렷한 경제적 효과가 없으며, 경제적 효과가 다소 있다 하더라도 세금으로 인센티브를 지급하는 것은 문제라고 주장한다. 이에 대해 ㉡<u>지역 화폐 발행에 찬성하는 사람</u>은 지역 화폐가 지역 상권 활성화, 특히 소상공인 지원에 효과가 있다는 점을 들어 인센티브 지급은 문제가 없다고 주장한다.

① ㉠은 ㉡과 달리 지역 화폐가 교환의 매개 수단이 된다고 생각하지 않겠군.

② ㉠은 ㉡과 달리 지역 화폐의 지급 재원을 마련하는 방법에 문제가 있다고 생각하겠군.

③ ㉡은 ㉠과 달리 지역 화폐가 가치 저장의 수단으로 기능하기 어렵다고 생각하겠군.

④ ㉠과 ㉡ 모두 지역 화폐는 결제 수단으로 지속될 가능성이 적다고 생각하겠군.

⑤ ㉠과 ㉡ 모두 지역 화폐는 계산 단위로서의 기능을 충분히 할 수 있다고 생각하겠군.

3 어휘

문맥적 의미를 고려할 때, ㉠을 바르게 사용한 것은?

① 결제 서류에 서명을 했다.

② 서류를 검토한 후 결제했다.

③ 물건값을 현금으로 결제했다.

④ 나는 그 일을 결제할 권한이 없다.

⑤ 휴가 기간에 그녀가 그 일을 결제했다.

문단 요약

1 다음에 제시된 질문의 답을 찾을 수 있는 문단을 찾아 연결해 보자.

지역 화폐가 사용되는 지역적 범위는 어디까지인가? •	• 1문단
지역 화폐는 무엇인가? •	• 2문단
지역 화폐와 한국은행권의 가장 큰 차이점은 무엇인가? •	• 3문단
지역 화폐는 어떤 의미가 있는가? •	• 4문단
화폐의 본질적 기능 중 지역 화폐가 충족하지 못하는 요소는 무엇인가? •	• 5문단

글의 구조

2 다음 빈칸을 채우며, 지역 화폐와 한국은행권을 비교해 보자.

	지역 화폐	한국은행권(법화)
개념	특정 ( ) 내에서 제한된 구성원들 간에 통용되는 지급 수단	( )에서 공식으로 인정한 법정 화폐
발행	( )의 조례에 따라 발행함.	한국은행법에 따라 화폐는 ( )만이 발행함.
특징	• 지역 내 가맹점에서만 사용 가능함. • 화폐로서 온전한 기능을 하지는 못함. • ( ) 활성화 및 공동체 의식 강화의 목적이 있음.	• 전국 어디에서나 통용됨. • 계산 단위의 역할, ( ) 저장의 수단이라는 화폐의 본질적 기능을 수행함.
	교환 ( ) 수단의 기능을 함.	

배경지식

국제 거래에서 주로 사용되는 화폐는?

화폐란 상품 교환 가치의 척도가 되며 그것의 교환을 매개하는 일반화된 수단으로 주화, 지폐, 은행권 등을 말해요. 200개가 넘는 나라에서는 각국의 중앙은행을 설립하여 자국의 화폐를 발행하고 있어요. 우리나라에서는 한국은행이 그 기능을 수행하고 있고 한국은행권만이 법화로 인정되지요. 그렇다면 국제 거래에서 주로 사용되는 화폐는 무엇일까요?

국제 거래에서는 여러 나라의 화폐가 모두 쓰이는 것이 아니라 몇몇 국가의 화폐만이 국제 거래에서 통용돼요. **현재 국가 간의 결제나 금융 거래의 기본이 되어 국제적으로 가장 널리 쓰이는 화폐는 미국의 달러화예요.** 그래서 무역 의존도가 높은 우리나라는 원·달러 환율에 매우 민감할 수밖에 없지요. 한편 유럽과 아프리카에서는 유럽 연합(EU)의 유로화가 미치는 영향력이 매우 커요. 최근에는 급격한 경제 성장으로 위상이 높아진 중국의 위안화가 국제 금융 거래의 결제 수단으로 인정받고 있어요.

#국제 거래   #미국의 달러화

어휘·어법

1~4

다음 뜻풀이에 해당하는 단어를 〈보기〉의 글자를 조합하여 써 보자.

보기
개   급   매   용   원   재   지   통

1 일반적으로 두루 씀. (   )
2 재화나 자금이 나올 원천. (   )
3 둘 사이에서 양편의 관계를 맺어 줌. (   )
4 돈이나 물품 따위를 정하여진 몫만큼 내줌. (   )

5~7

다음에 제시된 단어의 사전적 의미를 찾아 바르게 연결해 보자.

5 구매력 •　　　• ㉠ 무르고 약함.
6 취약 •　　　• ㉡ 온전하게 보호하여 유지함.
7 보전 •　　　• ㉢ 한 단위의 통화가 여러 가지 재화나 용역을 살 수 있는 능력.

Tip • 결제(결정할 決, 끝낼 濟) 증권 또는 대금을 주고받아 매매 당사자 사이의 거래 관계를 끝맺는 일. ◉ 휴대폰 소액 결제 / 카드로 결제하다.
• 결재(결정할 決, 처리할 裁) 결정할 권한이 있는 상관이 부하가 제출한 안건을 검토하여 허가하거나 승인함. ◉ 결재 서류 / 결재를 받다.

시민의 정치 참여 방법

민주 정치 제도의 핵심은 무엇보다 ㉮'국민 주권주의'에 있다. 어떤 정책 결정이 이루어지더라도 기본적으로 국민의 의사에 ㉠기초한 결정이 내려져야 한다는 것이다. 따라서 아무리 간접 민주 정치 제도를 채택하고 있는 국가라 할지라도 국민이 다양한 방법을 통해 자신의 견해를 드러내고 정치에 동참할 수 있는 장치를 만들어 놓는 것은 매우 중요한 일이다.

현대 사회에서 시민이 정치에 참여하는 대표적인 방법으로는 선거를 들 수 있다. 시민의 대표를 선출하는 ㉡일련의 과정인 선거는 '민주주의의 축제' 또는 '민주주의의 꽃'이라고 불린다. 이러한 선거는 일반적으로 시민이 정치에 참여할 수 있는 가장 손쉬운 방법으로 알려져 있다. 선거 이외의 다른 정치 참여의 방법들은 시민 스스로가 적극적인 사회 참여의 의지를 가지고 실질적인 행동을 해야 하기 때문이다.

그런 의미에서 선거는 정치에 관심을 갖지 않는 사람조차 정치와 연결시켜 주는 역할을 하는 장치이다. 선거는 시민의 대표를 선출하고 정당성을 부여할 뿐만 아니라, 제대로 역할을 수행하지 못한 대표자에 대해서는 다음 선거에서 낙선하도록 함으로써 대표자를 통제하는 수단으로 사용되기도 한다. 아울러 시민들은 자신의 투표권 행사를 통해 주권 의식을 ㉢함양할 수 있으며, 선거 결과를 통해 시민들의 전반적인 의사를 ㉣집약해 표현할 수도 있다.

한편 시민의 보다 적극적인 정치 참여 방법으로는 정책이나 법률에 대한 공청회 참여, 진정서 제출, 언론 투고, 소송 제기, 집회 참여, 시민 단체 활동 등이 있다. 이러한 참여 방법은 선거와 달리 자신의 의지와 노력, 실천 등이 필요하다는 점에서 보다 적극적인 정치 참여의 형태이다. 이 중에서도 집회 참여와 시민 단체 활동은 여러 사람이 함께 정치 과정에 참여하는 집단적 참여의 형태이며, 특히 시민 단체 활동은 가장 적극적이고 지속적인 정치 참여의 방법으로 참여 민주주의의 실천을 통해 간접 민주 정치의 한계를 극복하는 수단이 된다.

하지만 최근에는 정치에 대한 ㉤환멸이나 무관심으로 인해 국민 주권주의의 가장 기본적인 권리인 선거마저 소홀히 여기는 경향이 나타나고 있다. 국민 주권주의는 곧 민주 정치 제도의 핵심이라는 점을 상기하며 시민들은 다양한 정치 참여 방법에 관심을 기울이고, 특히 가장 기본적인 권리인 선거에 적극적으로 참여할 필요가 있다.

5

10

15

20

25

낙선 선거에서 떨어짐.
공청회(公聽會) 국회나 행정 기관에서 일의 관련자에게 의견을 들어 보는 공개적인 모임. 국민적인 관심의 대상이 되거나 사회 일반에 영향력이 큰 안건을 심의하기 전에, 국회나 행정 기관이 학자·경험자 또는 이해관계자를 참석하게 하여 의견을 듣는 공개회의이다.

1

윗글의 내용과 일치하지 <u>않는</u> 것은?

① 선거는 시민의 대표에게 정당성을 부여하는 역할을 한다.

② 선거는 시민의 대표를 통제하는 수단으로 사용되기도 한다.

③ 시민 단체 활동은 적극적이고 지속적인 정치 참여의 방식이다.

④ 정책 공청회에 참여하는 것은 소극적인 정치 참여 방법 중 하나이다.

⑤ 민주 정치 제도 하에서는 국민의 의사에 기초한 결정이 내려져야만 한다.

2

㉮의 실현 사례로 적절하지 <u>않은</u> 것은?

① ○○은 선거일에 출장 업무가 있어 사전 투표에 참여하였다.

② ○○은 정부의 그린벨트 개발에 반대하는 집회에 참여하였다.

③ ○○은 납품 계약을 위반한 회사에 손해 배상◆ 소송을 제기하였다.

④ ○○은 정부 경제 정책의 문제점에 대한 글을 써 언론사에 투고◆하였다.

⑤ ○○은 양심적 병역 거부를 찬성하는 시민 단체에 가입하여 활동하였다.

◆
손해 배상 법률에 따라 남에게 끼친 손해를 물어 주는 일. 또는 그런 돈이나 물건.
투고 의뢰를 받지 아니한 사람이 신문이나 잡지 등에 실어 달라고 원고를 써서 보냄. 또는 그 원고.

3

㉠~㉤의 사전적 의미로 적절하지 <u>않은</u> 것은?

① ㉠: 사물이나 일 따위의 기본이 되는 것.

② ㉡: 하나로 이어지는 것.

③ ㉢: 능력이나 품성 따위를 길러 쌓거나 갖춤.

④ ㉣: 한데 모아서 요약함.

⑤ ㉤: 아주 사무치게 미워함. 또는 그런 마음.

1 각 문단의 중심 내용을 다음과 같이 정리할 때, 빈칸에 들어갈 내용을 써 보자.

| 1문단 | 민주 정치 제도의 핵심: (   ) 주권주의 |

▼

| 2문단 | 시민이 정치에 참여하는 대표적인 방법: (   ) |

▼

| 3문단 | 선거의 의미와 기능 |

▼

| 4문단 | 시민의 적극적인 정치 참여 방법: 공청회 참여, 진정서 제출, 언론 투고, 소송 제기, (   ) 참여, (   ) 활동 등 |

▼

| 5문단 | 정치 참여에 대한 시민들의 관심과 (   ) 참여의 필요성 |

2 다음 빈칸을 채워 가며 정치 참여 방법을 정리해 보자.

선거	집회 참여, 시민 단체 활동
• 정치에 참여하는 가장 대표적이고 손쉬운 방법 • ( )을 함양하고, 결과를 통해 시민들의 전반적인 ( )를 집약해 표현할 수 있음.	• 여러 사람이 함께 정치 과정에 참여하는 ( )이고, 집단적 참여의 형태 • ( )의 한계를 극복하는 수단이 됨.

3 이 글의 논리 구조를 다음과 같이 정리해 보자.

| 민주 정치 제도의 핵심은 '(   )'에 있다. | → | 국민 주권주의를 실현하려면 국민이 자신의 견해를 드러내고 정치에 (   )할 수 있어야 한다. | → | 따라서 선거는 물론 다양한 정치 참여 방법에 동참할 필요가 있다. |

배 경 지 식

공정한 선거를 위한 장치에는 무엇이 있을까?

우리나라는 선거 관리 위원회라는 기관에서 선거 및 정당에 관한 일을 관리해요. 공정한 선거 관리를 위해 선거법 위반 행위를 단속하고 예방하며 위반한 행위에 대해 조치할 수 있는 권한을 가지고 있지요.

제도적 측면에서는 선거 공영제를 실시하고 선거구 법정주의를 채택하고 있어요. **선거 공영제**는 선거 운동의 기회 균등을 보장하고 과열을 방지하기 위한 장치입니다. 선거 운동을 국가 기관이 관리하고 선거 운동 비용의 일부를 국가나 지방 자치 단체가 지원해요.

선거구 법정주의는 선거구를 특정 정당이나 후보자에게 유리하지 않도록 법에 따라 정하는 제도예요. 이에 따라 국회에서 선거구를 정하여 유권자의 수가 지나치게 차이가 나거나 함부로 변경되는 일이 없도록 하고 있어요.

#선거 관리 위원회   #선거 공영제   #선거구 법정주의

NATIONAL ELECTION COMMISSION
중앙선거관리위원회

어 휘 · 어 법

1~4

다음 단어의 의미가 맞으면 ○, 틀리면 ×를 표시해 보자.

1 채택: 작품, 의견, 제도 따위를 골라서 다루거나 뽑아 씀. (   )

2 동참: 어떤 모임이나 일에 같이 참가함. (   )

3 선출: 가려서 따로 나눔. (   )

4 손쉽다: 어떤 것을 다루거나 어떤 일을 하기가 퍽 쉽다. (   )

5~7

다음 뜻풀이에 해당하는 단어를 〈보기〉에서 찾아 써 보자.

> **보기**
>
> 한계   함양   환멸

5 능력이나 품성 따위를 길러 쌓거나 갖춤. (   )

6 사물이나 능력, 책임 따위가 실제 작용할 수 있는 범위. 또는 그런 범위를 나타내는 선.

(   )

7 꿈이나 기대나 환상이 깨어짐. 또는 그때 느끼는 괴롭고도 속절없는 마음. (   )

Tip 불리다(○) / 불리우다(×) '불리다'는 '무엇이라고 가리켜 말하거나 이름을 붙이다.'라는 의미를 가진 '부르다'의 피동사이다. 따라서 피동사 '불리다'에 또 피동 접미사 '-우-'를 붙여 '불리우다'로 쓰는 것은 바른 표현이 아니다.

모두가 저축을 하면 국가가 가난해진다?

문제 풀이
지문 해제
관련 영상
어휘 퀴즈

부분에서는 성립하지만 전체로 확장했을 때는 성립하지 않는 사실들이 경제학에서는 다수 존재한다. 예를 들어 어느 농부가 사과 농사를 잘 지어 생산량이 증가하면 소득이 증가할 것이라고 생각하기 쉽다. 하지만 모든 농부가 사과 농사를 잘 지어 생산량이 증가했다면 오히려 가격이 폭락하여 농가 소득이 감소할 수 있다. 다시 말해 농민 개인의 풍년은 소득 증대를 의미할 수 있지만, 모든 농민의 풍년은 오히려 소득 5 이 줄어드는 요인이 되기도 한다.

저축 역시 마찬가지이다. 한 개인이 소비를 줄이고 저축을 많이 하면 부자가 될지도 모른다. 하지만 국민 전체로 확대하면 상황이 달라진다. 많은 사람들이 저축만 하고 소비를 줄이면 기업의 매출이 줄어들게 된다. 이런 상황에서 기업은 물건을 만들기 위해 투자하거나 고용을 늘릴 필요가 없어진다. 심지어 기존의 설비 투자를 줄이 10 거나 고용한 사람들을 해고하기도 한다.

이렇게 기업이 투자를 줄이거나 고용 규모를 줄이면, 회사를 다니던 사람도 퇴사를 해야 하고, 그 기업에 납품하던 가게들 역시 더 이상 수입을 올리기 어려워진다. 이렇게 되면 많은 사람들이 소득이 없어지기 때문에 저축을 하고 싶어도 저축할 돈이 없게 된다. 요컨대 사회 전체가 지나치게 소비를 줄이고 저축만 하면 오히려 저축 15 할 소득조차 얻기 어려워지는 것이다. 이러한 현상을 경제학에서는 '저축의 역설'이라 부른다.

오늘날 많은 경제학자들은 '저축의 역설'을 우려하여 지나친 저축은 오히려 경제 상황을 악화시키는 요인이기 때문에 적절한 소비를 권장하고 있다. 하지만 [㉠   ](이)라는 말이 있듯이 자신의 소득 수준을 고려하지 않고 20 무턱대고 소비를 늘리는 것은 또 다른 문제를 야기한다는 점을 기억해야 할 것이다.

고용 삯을 주고 사람을 부림.
납품 계약한 곳에 주문받은 물품을 가져다줌. 또는 그 물품.
야기 일이나 사건 등을 끌어일으킴.

1

윗글에 반영된 글쓰기 전략으로 적절하지 <u>않은</u> 것은?

① 인과 관계에 맞게 내용을 전개한다.

② 중심 화제의 개념을 정리하여 제시한다.

③ 독자의 이해를 돕기 위해 사례를 제시한다.

④ 상황을 가정하여 예상되는 결과를 언급한다.

⑤ 내용을 구체화하기 위해 수치를 적절히 활용한다.

2

윗글을 읽고 수업을 진행했다고 할 때, 〈보기〉의 빈칸에 들어갈 내용으로 적절하지 <u>않은</u> 것은?

> 보기
> **선생님:** 오늘 배운 내용을 정리해 보겠습니다. 사회 전체가 지나치게 소비를 줄이고 저축만 할 경우 생기는 일들에는 어떤 것들이 있을까요?
> **학생:** 네. 사회가 전체적으로 소비 대신 저축을 선택할 때는 ＿＿＿＿＿＿＿ 일이 생깁니다.

① 취업률이 증가하는

② 기업의 매출이 줄어드는

③ 기업이 설비 투자를 줄이는

④ 기업이 고용 규모를 줄이는

⑤ 재고로 쌓이는 상품이 늘어나는

3 어휘

문맥상 ㉠에 들어갈 말로 가장 적절한 것은?

① 다다익선(多多益善)

② 순망치한(脣亡齒寒)

③ 과유불급(過猶不及)

④ 우후죽순(雨後竹筍)

⑤ 견강부회(牽強附會)

각 문단의 중심 내용을 다음과 같이 정리할 때, 빈칸에 들어갈 내용을 써 보자.

1문단 경제학에서는 (   )에서는 성립하지만 (   )로 확장했을 때는
성립하지 않는 사실들이 존재한다.

▼

2문단 개인이 저축을 많이 하면 부자가 되겠지만, 사회 전체적으로는 (   )가 줄
고 (   )만 는다면 경제가 위축되는 현상이 발생한다.

▼

3문단 사회 전체가 지나치게 소비를 줄이고 저축만 하면 오히려 저축할 소득마저 사라지는
'저축의 (   )' 현상이 발생한다.

▼

4문단 저축의 역설을 우려하여 소비를 권장한다고 해도 자신의 (   )을 고려하여
적절한 수준의 소비를 하는 자세가 필요하다.

다음 빈칸을 채워 가며, '저축의 역설'이 발생하는 과정을 정리해 보자.

사회 전체적으로 소비가 줄고 저축만 늘어날 경우

▼

기업의 (   )이 줄어듦.

▼

기업이 (   )나 고용을 줄임.

▼

회사를 다니던 사람이 퇴사를 하거나 기업을 대상으로 납품하던 가게들의 수입이 감소함.

▼

개인의 (   )이 사라져 저축할 돈조차 없게 됨.

사회
03

경제는 어떻게 돌아가는 것일까?

어떤 재화(물건)를 만들거나 서비스를 생산, 분배, 소비하는 모든 활동을 경제 활동이라고 해요. '생산'은 생활에 필요한 재화나 서비스를 만드는 활동으로, 사람들은 노동력을 제공하거나 토지나 자본을 빌려주는 방법으로 생산 활동에 참여해요. 생산에 참여한 대가로 임금이나, 토지 사용 비용, 이자 등을 받게 되는데 이를 '분배'라고 합니다. 분배받은 소득으로 상품을 구매함으로써 욕구를 충족하는 것을 '소비'라고 하지요. 이처럼 생산은 분배로 이어지고, 분배는 소비의 기반이 되며, 소비는 다시 생산의 바탕이 되는 관계로 서로 긴밀하게 연결되어 순환하고 있어요.

그렇다면 경제 활동에는 누가 참여할까요? 경제 활동에는 가계, 기업, 정부와 같은 다양한 경제 주체들이 참여해요. 가계는 기업에 노동, 자본, 토지 등을 제공하여 얻은 소득으로 소비 활동을 하고, 기업은 가계로부터 제공받은 것들로 상품을 생산해요. 정부는 세금을 바탕으로 국방, 치안 등을 담당하고 시장의 경제 질서를 유지하는 역할을 합니다. 각 경제 주체들이 경제적 역할을 성실하게 수행하고 상호 협력할 때 경제가 더욱 발전할 수 있어요.

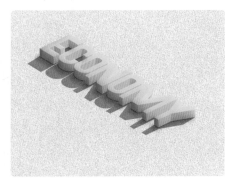

#가계·기업·정부   #생산·분배·소비

1~3 다음 문장의 빈칸에 들어갈 단어를 초성자를 참고하여 써 보자.

1 회사에서 외국인 노동자를 (ㄱ ㅇ)하는 비율이 매해 늘고 있다. (   )
2 늦어도 내일까지는 주문받은 물건을 거래처에 (ㄴ ㅍ)해야 한다. (   )
3 지한이는 친구들에게 오해를 (ㅇ ㄱ)하는 행동을 자주 한다. (   )

4~7 다음 뜻풀이에 해당하는 단어를 〈보기〉에서 찾아 써 보자.

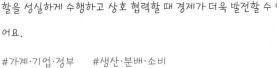

보기

요인	매출	해고	감소

4 양이나 수치가 줆. 또는 양이나 수치를 줄임. (   )
5 사물이나 사건이 성립되는 까닭. 또는 조건이 되는 요소. (   )
6 물건 따위를 내다 파는 일. (   )
7 고용주가 고용 계약을 해제하여 피고용인을 내보냄. (   )

Tip •증가(더할 增, 더할 加) 양이나 수치가 늚. 예 계속되는 자동차 수의 증가로 대기 오염이 점점 심각해지고 있다.
•증대(더할 增, 큰 大) 양이 많아지거나 규모가 커짐. 또는 양을 늘리거나 규모를 크게 함. 예 생산성을 증대시키다.

건물 3층 높이의 지도

문제 풀이
지문 해제
관련 영상
어휘 퀴즈

조선 시대, 건물 3층 높이의 지도가 있었다. 바로 ⊙「대동여지도(大東輿地圖)」이다. '대동여지도'라는 이름은 '동쪽 큰 나라(조선)의 지도'라는 뜻으로 조선의 자주 의식이 반영되어 있다. 이 지도는 김정호가 자신이 만든 「청구도」에 내용을 보태고 수정해 만든 대축척 지도이다. 지도 만들기에 무려 20여 년의 세월을 보내고 목판 제작에 들어간 지 10여 년이 지난 1861년, 가로 3.8m, 세로 6.7m로 3층 높이의 지도를 완성하였다. 5

보통 한 장의 그림으로 완성되는 기존의 지도와는 달리 「대동여지도」는 22권의 책으로 제작되었는데, 책 한 권은 가로 20cm, 세로 30cm의 크기로 병풍처럼 옆으로 이어 붙인 형태를 취하고 있다. 분리와 합체가 자유롭고, 접으면 휴대하기 좋은 크기로 제작되어 편리성을 갖추었다. 또한 도성과 한성부의 상세 지도가 별도로 추가되었는데 요즘으로 치면 전국 지도에 수도권 지도와 서울 지도를 따로 마련한 것으로 볼 수 있다. 목판으로 제작된 점도 특이한데 목판으로 만들면 필사할 때 생기는 오류를 줄일 수가 있고 대량 생산이 가능하여 지도를 널리 보급할 수 있었다. 10

「대동여지도」의 우수성은 지도의 표현 면에서 두드러진다. 이전의 우리나라 지도는 여백이나 지도 안에 설명을 더해 많은 정보를 주고자 해서 복잡해 보였다. 그러나 「대동여지도」는 22개의 기호를 사용하여 현대의 지도처럼 다양한 내용을 간결하게 표현하였다. 또한 직선으로 표현된 도로에는 10리(4km) 간격으로 점을 찍어 두어 실제 거리를 가늠할 수 있게 했고, 3000여 개의 산봉우리를 표현할 때에는 산맥의 굵기를 달리하여 산의 크기와 높이를 표현했다. 도로는 직선, 물길은 곡선으로 표현했는데 물길 중에 단일 곡선은 배가 다닐 수 없는 물길, 이중 곡선은 배가 다닐 수 있는 물길로 표현하여 사용되는 교통수단을 알 수 있었다. 15 20

지형이 험악한 북쪽의 산악 지역은 일부 오차가 있지만 「대동여지도」를 현대의 위성 사진과 비교해 보면 상당히 유사하고 정확한 지도의 형태를 갖추고 있다. 이처럼 우리의 국토를 정확하고 체계적으로 표현한 「대동여지도」는 가장 실용적이고 현대적인 조선의 지도라 볼 수 있다. 25

대축척 지도 축척의 비가 매우 큰 지도. 보통 10만분의 1보다 축척이 큰 지도를 이른다.
목판 나무에 글이나 그림 등을 새긴 인쇄용 판.
병풍 바람을 막거나 무엇을 가리거나 또는 장식용으로 방 안에 치는 물건.
필사 베껴 씀.

1

「대동여지도」에 대한 설명과 일치하지 <u>않는</u> 것은?

① 지도 이름에 조선의 자주성이 나타나 있다.

② 직선 도로는 종류마다 굵기를 달리하여 표현하였다.

③ 22권으로 제작된 전체 책이 권마다 분리가 가능했다.

④ 다양한 기호를 사용하여 내용을 간결하게 표현하였다.

⑤ 현대의 위성 사진과 비교해 보면 형태가 매우 유사하다.

2

윗글과 〈보기〉를 읽고 ㉠과 ⓐ에 대해 파악한 내용으로 가장 적절한 것은?

> **보기**
>
> "내 70의 나이에 백리척은 처음 보았다." [『조선 왕조 실록』 1757년(영조 33년) 8월 6일]
>
> 이 말은 1757년에 영조가 「동국대지도」를 보고 칭찬한 말로 조선 왕조 실록에 기록되어 있다. 「동국대지도」는 정상기가 제작한 ⓐ「동국지도」를 가리키며 「대동여지도」보다 약 100년 전에 만들어졌다.
>
> 「동국지도」는 전국 지도인 「대전도」와 지방 지도인 「팔도분도」로 구성되어 있다. 각 도별로 따로 그려진 8장의 「팔도분도」를 합치면 「전국도」가 되도록 축척을 일치시켰다. 여기에 사용된 축척은 '백리척'으로 100리(약 40km)를 1척으로 줄여서 표현한 방법이다. 정상기는 지도 제작에 있어 최초로 백리척을 사용하여 거리와 방향의 정확성을 높였다.
>
> 「동국지도」는 도별로 도시 이름을 다른 색으로 표시하고 여러 가지 기호를 사용해서 필요한 정보를 빠르게 알아볼 수 있는 지도로 만들었으며, 도로는 빨간색으로 그리되 중요한 도로는 더 두껍게 그려서 표현했다.

◆
축척 지도에서의 거리와 지표에서의 실제 거리와의 비율.

① ⓐ는 중요한 도로를 이중 곡선으로 표현하였다.

② ㉠은 우리나라 최초로 축척을 사용한 지도이다.

③ ㉠과 ⓐ 모두 전체 지도와 세부 지도가 존재하였다.

④ ㉠은 ⓐ와 달리 도시 이름을 다른 색으로 표현하였다.

⑤ ⓐ는 ㉠과 달리 지도 안에 설명을 더해 많은 정보를 제공하였다.

각 문단의 중심 내용을 다음과 같이 정리할 때, 빈칸에 들어갈 내용을 써 보자.

1문단 「대동여지도」의 의미와 완성
• 동쪽 큰 나라의 지도 ➡ 조선의 (   )이 반영됨.
• 30여 년의 시간을 들여 3층 높이의 지도를 완성함.

▼

2문단 「대동여지도」의 특징
• 22권의 책으로 구성됨.
• 도성과 한성부의 상세 지도가 별도로 추가됨.
• (   )으로 제작됨.

▼

3문단 「대동여지도」의 표현상의 우수성
• 22개의 (   )를 사용함. ➡ 간결하게 표현됨.
• 도로에는 10리 간격으로 (   )을 찍음. ➡ 거리 파악이 정확해짐.
• 산맥의 (   )를 달리하여 산의 크기와 높이를 표현함.
• 도로는 직선, 물길은 곡선으로 표현함.

▼

4문단 「대동여지도」의 의의
정확성과 (   ) 면에서 매우 우수함.

다음에 제시된 내용 중, 글의 내용과 일치하는 것은 ○, 일치하지 않는 것은 ×를 표시해 보자.

1) 김정호가 최초로 만든 지도는 「대동여지도」이다. ──────────────── (   )

2) 「대동여지도」는 오류를 줄이기 위해 필사본으로 제작되었다. ────────── (   )

3) 「대동여지도」는 기호를 사용하여 내용을 간결하게 표현하였다. ────────── (   )

4) 「대동여지도」는 단일 곡선으로 배가 다니는 물길을 표현하였다. ────────── (   )

5) 「대동여지도」는 별도로 추가된 상세 지도가 있었다. ────────────── (   )

사회
04

배 경 지 식

조선 시대 지도는 어떤 방식으로 제작했을까?

우리나라의 지도 제작은 삼국 시대부터 시작되었는데 조선 시대로 들어서면서 새롭게 바뀐 행정 구역을 반영한 새 지도가 필요해졌어요. 이에 세종은 각 도의 관내, 산천, 도로 등을 정확히 파악해 그리는 작업을 지시하기도 했지요. 그렇다면 당시에는 어떤 방식으로 지도를 제작했을까요?

지도의 **자연적 요소**에 해당하는 자연 지형은 지세를 잘 보는 지관(풍수설에 따라 집터나 묏자리 따위의 좋고 나쁨을 가려내는 사람)이 높은 산에 올라가 눈으로 전체적 형세를 파악했어요. 그런 다음 산줄기와 물줄기의 흐름을 도면에 그려 내었지요. 이때 **그림을 그리는 일은 화원(畫員)**이 맡았어요. 한편 자연적 요소와 구별되는 **인문적 요소**는 도로, 취락, 군사 시설 등으로 이와 관련한 정보는 **지역의 촌로(村老)**들에게서 얻기도 했어요. 인문적 요소는 산지와 하천을 그린 이후에 그려 넣었어요.

거리를 측량할 때에는 걷거나 줄을 이용했는데 세종 대에는 기리고차(記里鼓車)를 발명하여 측정의 정확도를 높였어요. '거리[里]를 기록하는[記] 북[鼓] 달린 마차[車]'라는 뜻의 이 기구는 일정 거리에 따라 종이나 북이 울리는 방식으로 설계되었어요. 거리 측량기를 사용하게 되면서 이전보다 정밀한 지도들이 제작되고 이를 바탕으로 「대동여지도」가 탄생할 수 있었어요.

「대동여지도」 (국립중앙박물관 소장)

#지관과 화원   #지역의 촌로   #기리고차

어 휘 · 어 법

1~4

다음 빈칸에 들어갈 단어를 〈보기〉의 글자를 조합하여 써 보자.

보기
| 사 | 악 | 마 | 험 | 필 | 련 | 결 | 간 |

1 산을 오르기에는 날씨가 (   )해서 위험할 것 같다.
2 그 글은 금강산의 높고 아름다움을 (   )하게 표현하였다.
3 연주회가 끝나면 간단한 다과를 (   )하였으니 연회장으로 이동해 주십시오.
4 이 책 한 권을 다 (   )하려면 시간이 꽤 걸릴 것이다.

5~8

다음에 제시된 단어의 사전적 의미를 찾아 바르게 연결해 보자.

5 보태다 •   • ㉠ 이미 있던 것에 더하여 많아지게 하다.
6 보급 •   • ㉡ 배를 타고 물로 다니는 길.
7 오차 •   • ㉢ 널리 펴서 많은 사람들에게 골고루 미치에 하여 누리게 함.
8 물길 •   • ㉣ 실지로 셈하거나 측정한 값과 이론적으로 정확한 값과의 차이.

Tip 굵기[굴끼](○) / 굵기[국끼](×) '굵기'의 올바른 발음은 [굴끼]이다. 이는 표준 발음법 제11항 '겹받침 'ㄺ, ㄻ, ㄿ'은 어말 또는 자음 앞에서 각각 [ㄱ, ㅁ, ㅂ]으로 발음한다. 다만 용언의 어간 말음 'ㄺ'은 'ㄱ' 앞에서 [ㄹ]로 발음한다.'에 따른 것이다. 따라서 '굵기'는 [국끼]가 아니라 [굴끼]로 발음해야 한다.

금리는 자금 사용에 대한 대가

문제 풀이
지문 해제
관련 영상
어휘 퀴즈

일상생활을 하다 보면 여유 자금이 생길 때가 있는가 하면 자금이 부족할 때도 있다. 대부분의 사람들은 여유 자금이 생기면 자금을 맡길 만한 곳을 찾고 자금이 부족할 때면 빌릴 곳을 찾는다. 이렇게 돈 맡길 곳을 찾는 자금 공급자와 빌릴 곳을 찾는 자금 수요자가 연결되어 금융 거래가 이루어지는 시장을 금융 시장이라고 한다.

하지만 여기서 말하는 금융 시장이란 은행이나 증권 거래소와 같이 물리적으로 구 5
체적인 형태를 가진 장소만을 뜻하지는 않는다. 자금의 수요자와 공급자가 체계적으로 가격을 설정하고 그에 따라 금융 거래가 이루어지는 공간을 의미한다. 그리고 자금이 거래되는 금융 시장에서 자금 수요자가 자금 공급자에게 자금을 빌린 데에 대한 대가로 지급하는 사용료를 '이자'라고 하며, 이자를 원금으로 나눈 비율을 '이자율' 또는 '금리'라고 한다. 10

그러면 금리는 무엇에 의하여 결정되는가? 기본적으로 자금에 대한 수요와 공급의 원리에 따라 결정된다. 즉, ㉠과일이 풍작이면 시장에서 과일값이 떨어지고 흉작이면 과일값이 오르듯이 시중에 빌려줄 수 있는 돈의 양이 많아지면 금리는 떨어지고 반대로 빌려줄 수 있는 돈의 양이 줄어들면 금리는 오르게 된다.

이러한 자금의 수요와 공급은 각각 어떠한 요인에 의해 영향을 받는가? 먼저 자금 15
의 수요는 주로 생산 활동을 하는 기업들의 투자에 의해 좌우된다. 기업들은 경기가 나아질 것으로 전망하는 경우 투자를 늘리는데, 이때 증가하는 자금 수요를 공급이 뒤따르지 못하면 금리가 오르게 된다. 한편 자금의 공급은 주로 가계의 저축에 의해 이루어지기 때문에 가계의 소득 수준이 낮아지거나 소비가 늘면 자금의 공급이 줄어들어 금리가 오르게 된다. 이밖에 물가 변동에 대한 예상도 자금의 수요와 공급에 영 20
향을 끼쳐 금리를 변동시킨다.

한편 금리는 어떤 금융 시장에서 형성되느냐에 따라 여러 종류의 금리로 구분될 수 있다. 예를 들어 금융 기관의 예금 및 대출 금리, 채권의 수익률 등이 그것이다. 그리고 동일한 금융 시장 내에서도 자금을 빌린 사람의 자금 용도, 빌린 기간, 신용도 등에 따라 금리 수준이 각기 다르게 결정된다. 25

자금 ① 사업을 경영하는 데에 쓰는 돈. ② 특정한 목적에 쓰는 돈.
증권 사법상 재산권을 표시한 유가 증권. 어음, 수표, 채권, 상품권 등이 있음.
금융 기관 예금에서 자금을 조달하여 기업이나 개인에 대부하거나 증권 투자 등을 하는 기관을 통틀어 이르는 말. 은행, 보험 회사, 농협, 증권 회사, 상호 신용 금고 등이 있음.
대출 돈이나 물건 따위를 빌려주거나 빌림.
채권 국가, 지방 자치 단체, 은행, 회사 등에서 사업에 필요한 자금을 차입하기 위하여 발행하는 유가 증권.

윗글의 내용과 일치하지 않는 것은?

① 금융 시장은 자금 거래가 이루어지는 유무형의 공간이다.

② 이자는 수요자가 자금을 빌리는 대가로 주어야 하는 사용료이다.

③ 물가 변동에 대한 예상은 자금의 수요와 공급에 영향을 미칠 수 있다.

④ 금리는 같은 금융 시장 내에서 원금에 대하여 일정한 비율을 유지한다.

⑤ 시장에서 가계는 주로 자금의 공급처 역할을 하고, 기업은 수요자가 된다.

2

㉠에 쓰인 내용 전개 방법으로 가장 적절한 것은?

① 대상의 의미를 풀어서 설명하고 있다.

② 구체적인 예를 들어 개념을 설명하고 있다.

③ 두 대상의 차이점을 두드러지게 보여 주고 있다.

④ 대상을 일정한 기준에 따라 나누어 설명하고 있다.

⑤ 대상을 유사한 성질을 지닌 다른 것에 빗대어 설명하고 있다.

문단 요약

1

각 문단의 중심 내용을 다음과 같이 정리할 때, 빈칸에 들어갈 내용을 써 보자.

> **1문단** 돈 맡길 곳을 찾는 자금 공급자와 빌릴 곳을 찾는 자금 수요자가 연결되어 금융 거래가 이루어지는 시장을 (   )이라고 한다.

▼

> **2문단** 빌린 자금에 대한 사용료를 (   )라고 하며, 이자를 원금으로 나눈 비율을 (   )(이)라고 한다.

▼

> **3문단** 금리는 기본적으로 자금에 대한 (   )와 (   )의 원리에 따라 결정된다.

▼

> **4문단** 자금의 수요와 공급은 기업의 (   ), 가계의 저축, (   ) 변동에 대한 예상 등의 영향을 받는다.

▼

> **5문단** 금리는 금융 시장의 (   )와 자금을 빌린 (   )에 따라 각기 다르게 결정된다.

정보 확인

2

1의 내용을 바탕으로 글 전체의 내용을 정리해 보자.

자금 사용의 대가인 금리			
개념	금융 시장에서 자금을 빌린 대가로 지급한 이자를 원금으로 나눈 비율		
결정 요인	자금의 수요와 공급	기업의 투자 상승 → 자금 수요의 증가 가계의 저축 하락 → 자금 공급의 ( )	금리가 ( ).
종류	금융 기관의 예금 및 대출 금리, 채권 수익률 등		

배 경 지 식

은행은 어떻게 수익을 낼까?

은행은 기업이나 개인의 예금을 받아 그 돈을 자금으로 하여 돈이 필요한 사람들이나 기업에 빌려줘요. 이때 은행은 **보통 예금 금리보다 대출 금리를 높게 받아요.** 예를 들어 유빈이가 100만 원을 연 3%의 예금 금리로 은행에 예금하고, 은행은 어떤 기업에 그 100만 원을 연 5%의 대출 금리로 빌려준다면 **은행은 1년 뒤에 차액 2만 원이 발생하는데 그 2만 원이 은행의 수익이 되는 것이지요.**

그런데 은행이 자신들의 이익만 추구하여 무리하게 대출을 해 준다면 어떻게 될까요? 은행이 파산할 수도 있고 이에 따라 돈을 맡긴 사람들이 피해를 보게 될 수 있어요. 그래서 우리나라의 중앙은행인 한국은행에서는 일반 은행의 예금 중 일정 부분을 맡아 주고, 각종 금리의 기준이 되는 기준 금리를 정하는 일을 하고 있어요.

#은행의 수익 구조   #예금과 대출의 금리 차이

우리나라의 중앙은행인 한국은행

어 휘 · 어 법

1~2 다음에 제시된 단어와 반대의 의미를 지닌 단어를 써 보자.

1 [수요] : 어떤 재화나 용역을 일정한 가격으로 사려고 하는 욕구.
　↕
(　　　) : 교환하거나 판매하기 위하여 시장에 재화나 용역을 제공하는 일. 또는 그 제공된 상품의 양.

2 [풍작] : 농작물의 수확이 평년작을 훨씬 웃도는 일. 또는 그렇게 지은 농사.
　↕
(　　　) : 농작물의 수확이 평년작을 훨씬 밑도는 일. 또는 그런 농사.

3~6 다음 뜻풀이에 해당하는 단어를 〈보기〉에서 찾아 써 보자.

보기

투자　　　원금　　　예금　　　대출

3 돈이나 물건 따위를 빌려주거나 빌림. (　　　)
4 일정한 계약에 의하여 은행 등에 돈을 맡기는 일. 또는 그 돈. (　　　)
5 이익을 얻기 위하여 어떤 일이나 사업에 자본을 대거나 시간이나 정성을 쏟음. (　　　)
6 꾸어 주거나 맡긴 돈에 이자를 붙이지 아니한 돈. (　　　)

Tip · **경기**(볕 景, 기운 氣) 매매나 거래에 나타나는 호황 · 불황 따위의 경제 활동 상태.
　　　 예 경기가 회복되어 수출이 활기를 띠고 있다.
　　 · **경기**(겨룰 競, 재주 技) 일정한 규칙 아래 기량과 기술을 겨룸. 또는 그런 일.
　　　 예 규칙을 잘 지켜야만 흥미진진한 경기를 펼칠 수 있다.

게임 이론

게임 이론이란 합리적 의사 결정자들 사이에서 일어나는 전략적 상호 작용을 분석하는 이론으로, 1944년 수학자인 폰 노이만과 경제학자인 모르겐 슈테른이 함께 쓴 『게임 이론과 경제 행동』에 처음 등장했다. 이후 게임 이론은 1994년 노벨 경제학상을 수상한 존 내쉬의 '내쉬 균형'에 의해 발전했으며 다양한 분야에서 폭넓게 활용되었다.

5

스포츠, 도박, 바둑, 협상, 전쟁 등 그 유형을 막론하고 모든 게임의 경기자는 경쟁 상대가 취하는 전략을 감안하여 자신의 행위를 결정한다. 게임의 핵심은 경기자 사이의 '상호 작용'이다. 따라서 모든 게임은 경기자, 전략 및 보수를 기본 골격으로 한다. 축구 경기에서 골키퍼가 없는 페널티 킥은 게임 이론과 양립할 수 없다. 공을 차는 사람과 막는 사람 사이의 두뇌 싸움(상호 작용)이 빠져 있기 때문이다.

10

게임 이론으로 설명하는 유명한 예가 '죄수의 딜레마'이다. 용의자 두 사람이 각각 구속되어 1년형을 받게 된다고 하자. 하지만 검사는 두 사람이 사실은 공범일 것이라 의심하고 각각 협상을 제안한다. 두 용의자는 서로 이야기할 수 없으며, 다른 사람이 어떤 결정을 내리는지 알 수도 없다. 이때 용의자 A가 B와 공범임을 자백하고 용의자 B는 자백하지 않으면, A는 자백의 보상으로 형을 받지 않은 채 풀려나고 B는 10년형을 받는다고 하자. 그 반대도 마찬가지다. 하지만 둘이 동시에 자백하면 둘 다 3년형을 받게 된다.

15

최선의 결정은 두 용의자 모두 상대방이 자백하지 않을 것을 믿고 자기도 버티는 것이다. 둘 다 가장 짧은 형기를 선고받을 수 있기 때문이다. 하지만 두 사람이 각자 자신에게 최선의 결정이 무엇인지 머리를 굴리다 보면 결국 둘 다 자백하기로 결정하고 3년형을 받게 될 것이다. 상대방이 어떤 결정을 내릴지 모르는 상황에서 혼자만 자백하지 않고 버티다가는 잘못되면 10년형을 받을 수 있기 때문이다.

20

이런 상황은 우리 일상에서도 쉽게 발견된다. 사실 모두 학원에 다니지 않거나 사교육을 받지 않으면 과중한 학업이나 사교육비의 부담에서 벗어날 수 있을 것이다. 하지만 사교육을 통해 얻을 수 있는 이익이 확실하고 다른 사람이 사교육을 받지 않을 것이라는 믿음이 없다면, 다른 사람이 어떤 결정을 내릴지 알 수 없기 때문에 자신만 사교육을 받지 않고 버틸 수는 없게 되는 것이다.

25

문제 풀이
지문 해제
관련 영상
어휘 퀴즈

◆ **막론하다** 이것저것 따지고 가려 말하지 아니하다.
양립하다 두 가지가 동시에 따로 성립하다.
딜레마 선택해야 할 길은 두 가지 중 하나로 정해져 있는데, 그 어느 쪽을 선택해도 바람직하지 못한 결과가 나오게 되는 곤란한 상황.
자백하다 자기가 저지른 죄나 자기의 허물을 남들 앞에서 스스로 고백하다.
형기 형벌의 집행 기간.

1

윗글의 내용과 일치하지 <u>않는</u> 것은?

① 게임 이론은 경제학 이외의 분야에서도 폭넓게 활용되었다.

② 죄수의 딜레마와 같은 상황은 현실에서는 자주 접하기 어렵다.

③ 게임의 경기자는 상대의 전략을 고려하여 자신의 행동을 결정한다.

④ 상호 작용을 전제로 하지 않는 활동은 게임 이론의 설명 대상이 아니다.

⑤ 다른 사람이 어떻게 행동할지 알 수 없어 최선의 선택을 못하는 경우도 있다.

2

윗글에 제시된 '죄수의 딜레마' 상황을 다음과 같이 정리할 때, ⓐ~ⓓ에 대한 설명으로 옳지 <u>않은</u> 것은?

용의자 A 용의자 B	자백하지 않음.	자백함.
자백하지 않음.	ⓐ	ⓑ
자백함.	ⓒ	ⓓ

① ⓐ는 둘 다 각각 1년형을 선고받게 된다.

② ⓑ와 ⓒ의 경우 자백한 사람은 풀려난다.

③ ⓑ와 ⓒ의 경우 자백하지 않은 사람은 10년형을 살아야 한다.

④ ⓓ의 경우 형기가 가장 짧은 것은 아니지만, 10년형은 피할 수 있다.

⑤ ⓐ의 경우 A와 B 모두 형기가 가장 짧고, 반대로 ⓓ는 형기가 가장 길다.

1 각 문단의 중심 내용을 다음과 같이 정리할 때, 빈칸에 들어갈 내용을 써 보자.

1문단 (   )은 1944년 처음 등장한 후 존 내쉬에 의해 발전하여 다양한 분야에서 폭넓게 활용되었다.

▼

2문단 게임 이론에서 모든 게임의 경기자는 상대가 취하는 (   )을 감안하여 자신의 행위를 결정한다.

▼

3문단 (   )는 게임 이론의 예로 가장 유명한데, 범죄 사실에 대한 자백의 여부를 놓고 두 용의자가 처하게 되는 상황을 가정하고 있다.

▼

4문단 게임 이론에 따르면 죄수의 딜레마 상황에서 두 용의자는 결국 둘 다 (   ) 하기로 결정할 수밖에 없다.

▼

5문단 죄수의 딜레마 상황은 사교육 문제와 같이 우리 일상에서도 쉽게 발견된다.

2 1의 내용을 바탕으로 글 전체의 내용을 정리해 보자.

게임 이론		
핵심 내용	• 경기자는 경쟁 상대의 ( )을 고려하여 자신의 행위를 결정함. • 경기자 사이의 ( )을 바탕으로 전략을 수립 및 보수함.	

죄수의 딜레마

[조건] ① 두 용의자는 서로 (   )을 할 수 없음.
② 두 용의자는 상대방의 (   )에 대해 알 수 없음.

용의자 A 용의자 B	자백하지 않음.	자백함.
자백하지 않음.	둘 다 1년형에 처함.	A는 풀려나고, B는 10년형에 처함.
자백함.	B는 풀려나고, A는 10년형에 처함.	둘 다 3년형에 처함.

↳ [결과] (   )

배경지식

협력하는 의사 결정을 내릴 수는 없을까?

게임 이론에서 죄수의 딜레마는 협력할 때 서로에게 최선의 선택이 되지만 이기적인 마음 때문에 서로에게 불리한 선택을 하게 돼요. 그런데 이와 다른 조건일 때 협력의 상황이 나타나는 게임 이론이 있어요. **협동의 중요성을 강조하는 경제학 용어로 '사슴 사냥 게임'이라고 해요.**

사슴 사냥 게임은 토끼나 사슴을 잡을 수 있는 상황에서, 토끼는 혼자서도 잡을 수 있지만 사슴은 둘이 힘을 합하여 잡을 수 있다는 것을 전제로 해요. 이때 두 사냥꾼이 함께 사슴을 잡기로 했는데 갑자기 그 옆으로 토끼가 지나간다면 두 사냥꾼은 어떤 선택을 하게 될까요?

사슴을 잡는 경우 4점, 토끼를 잡는 경우 2점의 이득을 얻는다고 해 봅시다. 둘이 함께 사슴을 잡으면 각각 4점을 얻고, 한쪽이 배반해서 토끼를 잡으면 그 사람은 2점을 얻습니다. 그리고 둘 다 배반하면 각각 2점을 얻어요. 즉, 배반하면 2점을 얻고 협력하면 4점을 얻기 때문에 둘은 협력을 할 수밖에 없게 된다는 것이지요. 이처럼 이 이론은 **상호 협력을 통해 서로의 이익을 최대화할 수 있다는 것을** 보여 줍니다. 개인이 취할 수 있는 작은 이익보다 협력할 때 더 큰 이익을 얻을 수 있다는 것을 시사하고 있어요.

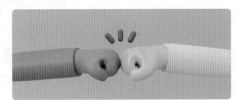

#사슴 사냥 게임   #상호 협력   #이익 최대화

어휘·어법

1~4 ## 다음 문장에 들어갈 올바른 단어를 찾아 ○를 표시해 보자.

1 이번 사업은 우리 회사가 (전략 / 개략)적으로 유리한 고지를 점령했다.

2 형은 가끔씩 내 학교생활을 일일이 (구속 / 방치)하려는 경향이 있다.

3 다원이에게 이번 모둠 과제를 같이 해 보자고 (제안 / 제조)했다.

4 그는 절도죄로 수감되었다가 3년이라는 (형기 / 숙청)을/를 마치고 돌아왔다.

5~8 ## 다음 뜻풀이에 해당하는 단어를 〈보기〉에서 찾아 써 보자.

> 보기
>
> 감안   협상   선고   보상

5 어떤 목적에 부합되는 결정을 하기 위하여 여럿이 서로 의논함. (   )

6 여러 사정을 참고하여 생각함. (   )

7 어떤 것에 대한 대가로 갚음. (   )

8 공판정에서 재판장이 판결을 알리는 일. (   )

Tip 막론(없을 莫, 논할 論)하다 '막론'은 말할 것조차 없다는 뜻으로, '막론하다'는 '이것저것 따지고 가려 말하지 아니하다.'라는 의미의 단어이다. 목적어 다음에 주로 '~을 막론하고'의 구성으로 쓰인다.
  ⑩ 그들은 지위의 고하를 막론하고 모두 처벌하였다.

대한민국 헌법 제1조 1항

문제 풀이
지문 해제
관련 영상
어휘 퀴즈

　대한민국은 민주 공화국이다. 헌법 제1조 1항은 이렇게 시작한다. 대한민국은 나라 이름이고, 민주 공화국은 국가의 성격과 정부의 운영 형태를 말한다. 헌법 제1조 1항에서 국호를 규정하고 있으므로, '대한민국'이라는 이름을 바꾸는 일은 헌법 개정을 통해서만 가능하다. 지금은 당연한 듯 여겨지지만 헌법 초안에만 하더라도 국호는 조선이었는데, 사전 심의 과정에서 한국으로 바뀌었고, 다시 국회 헌법기초위원회에서 대한민국으로 ㉠확정됐다.

　우리나라를 지칭하는 이름으로는 크게 한국, 조선, 고려 세 가지가 있었다. 1897년 고종이 청나라에 대하여 독립 국가임을 선언하는 뜻으로 스스로 황제라 칭하면서 조선이란 국호를 대한제국으로 ㉡변경했다. 이 명칭이 1919년 3·1 운동 이후 상해 임시 정부에 이어져 대한민국이 되었다. 고려는 고구려에서 비롯한 이름으로, 지금도 외국에서는 대한민국을 고려(Korea)라고 하고 있다. 북한은 조선을 국호로 하고 있지만, 외국어로는 우리와 마찬가지로 고려로 표기한다.

　민주 공화국은 민주 국가와 공화국이 합쳐진 말이다. '민주 국가'는 나라의 주권이 국민에게 있고 국민의 뜻에 따라 직접 또는 간접적으로 운용되는 정치를 펴는 나라를 의미하며 민주주의 국가라고도 한다. 민주주의란 의사 결정을 구성원들이 직접하거나, 구성원에 의해 선출된 대표들이 대신 행하는 형태를 말한다. 반대로 특정한 한 사람의 권력자에 의해 의사가 ㉢결정되는 형태는 독재주의이다. 사회주의나 공산주의는 생산 수단의 소유나 생산물의 분배와 관련한 사상 또는 제도를 말하는 것이므로, 민주주의에 ㉣대응하는 반대 개념이 아니다.

　'공화국'은 주권이 국민에게 있는 나라 형태를 말한다. 주권이 왕에게 주어진 나라는 전제주의 국가, 또는 군주국이라고 한다. 군주국은 왕이 있는 나라라는 의미이므로, 군주국 중에서도 왕이 전권을 휘두르는 나라는 전제 군주국, 왕이 존재하되 헌법에 따라 민주적으로 국정을 운영하는 나라를 입헌 군주국이라 한다. 분류상으로는 몇몇 특정인이나 계급에 주권을 부여한 나라를 귀족 국가 또는 계급 국가라고 하기도 한다.

　모든 나라의 헌법 제1조가 국가의 이름이나 성격을 밝히는 것은 아니다. 다만 그런 형식이 헌법을 시작하는 데 가장 적합하다고 생각했기 때문에 이와 같이 정했을 것이다. 프랑스, 러시아, 중국 등이 그렇고 미국도 비슷하다. 국가의 이름이나 국가의 성격을 앞에 내세우는 현상만 보더라도 헌법은 국가를 ㉤전제로 만든 것이라는 사실을 알 수 있다.

5

10

15

20

25

30

◆
국호 나라의 이름. 국명.
개정 이미 정하였던 것을 고쳐 다시 정함.
전권 맡겨진 일을 책임지고 처리할 수 있는 일체의 권한.

1

윗글에 대한 설명으로 가장 적절한 것은?

① 헌법을 구성하고 있는 요소들을 분석하여 제시하고 있다.

② 헌법이 지니는 다양한 가치를 사례를 통해 설명하고 있다.

③ 헌법 조항에 사용된 용어의 개념들을 풀어서 설명하고 있다.

④ 헌법이 개정되어 온 과정을 시간 순서에 따라 제시하고 있다.

⑤ 헌법 제정의 전제 조건이 국가마다 차이가 있음을 대조하여 설명하고 있다.

2

윗글의 내용과 일치하지 <u>않는</u> 것은?

① 헌법에는 국가의 존재가 전제되어 있다.

② 왕이 존재하는 국가를 전제 군주국이라고 부른다.

③ 헌법은 우리나라의 주권이 국민에게 있음을 밝히고 있다.

④ 민주주의는 공산주의가 아니라 독재주의에 반대되는 개념이다.

⑤ 헌법 제정을 준비하는 시점에는 우리나라의 국호가 정해지지 않았다.

3 어휘

㉠~㉤의 사전적 의미로 적절하지 <u>않은</u> 것은?

① ㉠: 일을 확실하게 정함.

② ㉡: 다르게 바꾸어 새롭게 고침.

③ ㉢: 행동이나 태도를 분명하게 정함. 또는 그렇게 정해진 내용.

④ ㉣: 어떤 두 대상이 주어진 어떤 관계에 의하여 서로 짝이 되는 일.

⑤ ㉤: 국가의 권력을 개인이 장악하고 그 개인의 의사에 따라 모든 일을 처리함.

1

각 문단의 중심 내용을 다음과 같이 정리할 때, 적절한 것은 ○, 적절하지 <u>않은</u> 것은 ×
를 표시해 보자.

1문단	대한민국 헌법 제1조 1항의 내용	( )

2문단	'대한민국'이 국호가 된 과정과 영문명 Korea의 유래	( )

3문단	민주주의와 민주 국가의 개념	( )

4문단	군주국과 대조되는 공화국의 개념	( )

5문단	헌법 제1조에서 국가의 성격을 밝혀야만 하는 이유	( )

2

다음 빈칸을 채워 가며, 헌법 제1조 1항에 대해 정리해 보자.

헌법 제1조 1항
대한민국은 민주 공화국이다.

대한민국
- 우리나라를 지칭하는 이름
- 변경: (   )을 개정해야 가능
- 역사적 명칭: 고려, (   ), (   )

민주 공화국
- 민주 공화국: (   ) + 공화국
- 민주 국가: 국가의 주권이 (   )
  에게 있음.
- 공화국: 주권이 국민에게 있는 나라 형태

배경지식

헌법을 심판하는 곳이 있다고?

헌법은 우리나라 최고의 법으로 국가가 지향해야 할 목표와 원리, 국민의 권리와 의무, 국가 기관의 조직 등에 대해서 정해 놓은 법이에요. 다시 말하면, 국민의 자유와 권리를 보장하여 국민이 진정한 나라의 주인이 되는 민주주의를 실현하기 위한 법이라고도 말할 수 있어요. 헌법은 국가를 운영하는 데 기본이 되는 내용이 담겨 있는 최고의 법으로, 모든 법은 헌법이 정한 범위에서 벗어나면 안 됩니다. 즉, 헌법의 뜻과 어긋나는 법은 있을 수 없는 것이지요. 그러나 시대 변화에 맞지 않는 헌법의 내용이 있다면 그 내용을 바로잡을 경우가 생기기도 해요. 이로 인해 다툼이 생길 수도 있는데 이때 헌법과 관련된 분쟁을 해결하는 곳이 헌법 재판소예요.

어떤 법이 헌법에 어긋난다고 판단되면 헌법 재판소에서 위법 여부를 심사해요. 또 대통령이나 장관 등이 잘못하여 국회에서 파면을 요구할 때에도 그것을 심판하지요. 그리고 국민이 헌법 소원을 하면 이를 심판하여 헌법에 보장된 국민의 기본적 권리와 자유를 보장해 주기도 합니다.

우리나라 최고의 법인 헌법을 다루는 헌법 재판소

#헌법 재판소   #법령의 위헌 여부 심판

어휘·어법

1~4
다음 뜻풀이에 해당하는 단어를 〈보기〉에서 찾아 써 보자.

> 보기
>
> 초안   심의   공화국   적합

1 심사하고 토의함. (   )
2 애벌로 안(案)을 잡음. 또는 그 안. (   )
3 일이나 조건 따위에 꼭 알맞음. (   )
4 공화 정치를 하는 나라. 주권이 국민에게 있는 나라를 이른다. (   )

5~7
다음에 제시된 초성과 뜻을 참고하여 빈칸에 알맞은 단어를 써 보자.

5 국가의 의사를 최종적으로 결정하는 권력. (   )
　예 일제 강점기에 빼앗겼던 나라의 (ㅈ ㄱ)을 이제야 되찾았다.
6 어떤 목표로 뜻이 쏠리어 향함. 또는 그 방향이나 그쪽으로 쏠리는 의지. (   )
　예 그는 아직도 이상을 (ㅈ ㅎ)하는 이상주의자이다.
7 법률이나 명령 따위를 어김. (   )
　예 (ㅇ ㅂ)한 행위가 나쁜 것이지 사람이 나쁜 것은 아니다.

Tip • 대응(대할 對, 응할 應) 어떤 두 대상이 주어진 어떤 관계에 의하여 서로 짝이 되는 일. 예 대응 관계를 이루는 어구
　　　• 조응(비칠 照, 응할 應) 둘 이상의 사물이나 현상 또는 말과 글의 앞뒤 따위가 서로 일치하게 대응함.
　　　　예 사물과 자아의 조응
　　　• 상응(서로 相, 응할 應) 서로 응하거나 어울림. 예 능력에 상응하는 보수

직접세와 간접세

납세의 의무, 국방의 의무, 교육의 의무, 근로의 의무를 국민의 4대 의무라고 한다. 이 중 납세의 의무는 매우 중요한데, 국가가 국민을 위해 어떤 일을 하려면 돈이 필요하기 때문이다. 이 돈이 바로 국민들이 내는 세금에서 나오는 것이다. 그렇기 때문에 세금은 정부가 국가를 운영하기 위한 자금을 마련하는 데 꼭 필요하다.

그렇다면 이러한 세금은 누가 내는 것일까? 흔히 소득이 없는 학생은 세금을 내지 않는다고 생각하지만 나이나 수입과 무관하게 우리 모두는 세금을 내고 있다. 이처럼 우리가 모르는 사이에 납부하게 되는 세금을 간접세라고 한다. 간접세가 무엇이 길래 돈을 벌지 않는 사람들에게도 요구하는 것일까?

세금은 납부하는 방식에 따라 직접세와 간접세로 나눌 수 있다. 직접세는 납세 의무자와 조세 부담자가 일치하는 세금을 말한다. 즉, 세금을 내야 하는 개인이나 기업에 따로 부과되어 직접 세금을 납부하는 것이다. 대표적으로 누군가에게 재산을 상속받았을 때 정해진 세율에 따라 상속받은 금액의 일부분을 세금으로 내야 하는 상속세가 직접세에 해당한다.

반면 간접세는 실제로 세금을 부담하는 사람과 그 세금을 직접 납부하는 사람이 다르다. 물건을 사고 난 후 영수증을 보면 '부가 가치세'라는 항목을 확인할 수 있는데 이것이 우리가 모르는 사이에 우리가 내고 있는 세금이다. 우리가 물건 구매 시 물건 값에 포함하여 세금을 이미 부담한 것이고, 추후에 상인은 그 세금을 정부에 납부만 하는 것이다. 이처럼 간접세는 물건이나 서비스에 매겨지는 세금으로 부가 가치세가 대표적이다.

직접세는 소득이나 재산에 따라 누진적으로 적용되는 경우가 많다. 부유한 사람은 세금을 많이 내고, 가난한 사람은 세금을 적게 내는 식이다. 이처럼 직접세는 소득 격차를 줄이는 기능을 하여 소득 재분배 효과가 있다. 하지만 납세자의 저항이 강하여 세금을 징수하기가 수월하지 못하다는 단점이 있다. 반면 간접세는 부자든 가난한 사람이든 모두에게 똑같이 적용되는 세금이다. 부자가 음료수를 사 마시는 경우에도 가난한 사람이 음료수를 사 마실 때와 똑같은 세금이 붙는다. 공평성의 원리에서 보면 직접세보다 간접세가 더 옳다고 생각할 수도 있다. 하지만 간접세는 소득이 적은 사람일수록 소득에 비해 내야 할 세금의 비율이 높아져 납세의 부담감이 가중된다는 단점이 있다.

정부의 입장에서는 간접세가 직접세보다 더 좋을 수도 있다. 직접세보다 더 걷기 쉽기 때문이다. 하지만 조세의 형평성을 고려한다면, 사회 여건, 소득 분배 수준 등에 기반하여 직접세와 간접세의 비율이 적절히 조정되어야 할 것이다.

5

10

15

20

25

30

납부 세금이나 공과금 따위를 관계 기관에 냄.
부과 세금이나 부담금 등을 매기어 부담하게 함.
누진적 가격, 수량 따위가 더하여 감에 따라 상대적으로 그에 대한 비율이 점점 높아지는. 또는 그런 것.
가중 부담이나 고통 따위를 더 크게 하거나 어려운 상태를 심해지게 함.

1

윗글에 대한 설명으로 가장 적절한 것은?

① 세금의 납부 방식이 변화해 온 양상을 순차적으로 설명하고 있다.

② 직접세의 개념을 정의한 후 이에 대한 비판적 관점을 소개하고 있다.

③ 직접세와 간접세의 특징을 열거한 후 공통 속성을 도출해 내고 있다.

④ 통념과 다른 새로운 관점에서 세금 납부가 갖는 의미를 탐구하고 있다.

⑤ 납부 방식에 따라 세금을 분류하고 각각의 특징에 대해 설명하고 있다.

양상 사물이나 현상의 모양
이나 상태.
도출 판단이나 결론 등을 이
끌어 냄.

2

윗글의 내용과 일치하지 않는 것은?

① 세금을 내는 것은 국민의 의무이다.

② 직접세에 비해 간접세는 세금을 걷기가 수월하다.

③ 일반적으로 세금은 돈을 버는 사람이 낸다고 생각한다.

④ 직접세를 통해 부자와 가난한 사람의 소득 격차를 줄일 수 있다.

⑤ 상점에서 물건을 사면 가게 주인이 간접세를 실질적으로 부담한다.

문단요약

1 각 문단의 중심 내용을 다음과 같이 정리할 때, 적절한 것은 ○, 적절하지 <u>않은</u> 것은 ×를 표시해 보자.

| 1문단 | 국가를 운영하기 위해 꼭 필요한 세금 | ( ) |

| 2문단 | 소득이 없는 학생이 세금을 내지 않는 이유 | ( ) |

| 3문단 | 직접세의 개념과 예 | ( ) |

| 4문단 | 간접세의 개념과 예 | ( ) |

| 5문단 | 간접세와 대조되는 직접세의 한계 | ( ) |

| 6문단 | 정부의 입장에서 간접세를 많이 걷어야 하는 이유 | ( ) |

정보확인

2 다음 빈칸을 채워 가며, 직접세와 간접세에 대해 정리해 보자.

세금

직접세	간접세

• 세금을 ( )하는 사람과 납부하는 사람이 일치 ( )
• 소득에 따라 ( )으로 적용
  → 소득 ( ) 효과
• 세금을 걷기가 어려움.
	• 세금을 부담하는 사람과 납부하는 사람이 다름. ( )
	• 모두에게 동일하게 적용
	  → 저소득층에 납세의 ( )이 가중됨.
	• 세금을 걷기가 수월함.

배경지식

세금은 어디에 쓰일까?

사회 08

모든 국민은 세금을 내요. 세금은 행복하고 풍요로운 생활을 위해 국민 각자가 나누어 내야 하는 나라의 공통 경비이기 때문이에요. **국민이 세금을 내는 것은 헌법에 정해진 국민의 의무**이기도 합니다.

우리가 납부한 세금으로 **정부는 도로, 공원, 상하수도 시설 등 공공시설을 만들어 제공**해요. 정부가 세금으로 공공사업을 하면 기업에는 사업의 기회를 제공하고 국민에게는 일자리를 만들어 일할 기회를 제공할 수 있어요. 경제가 침체되었을 때는 세금을 활용한 공공사업이 경제를 활성화시키는 역할도 할 수 있지요. 또 **세금의 세율을 조절하여 부유층과 서민층의 간격을 좁힐 수도 있습니다.** 소득이 적은 사람은 세금을 감면해 주고, 사치품이나 고가품에는 특별히 높은 세율로 과세하여 부를 재분배하는 것이지요.

한편 **세금은 의료 보험이나 실업 보험과 같은 사회 보장 제도를 운영하는 일에도 쓰여요.** 아울러 국방, 치안, 교육 등 시장에서 살 수 없는 공공 서비스를 제공하기도 해요. 이처럼 세금은 국민의 행복한 삶과 복지 향상을 위해 다양하게 사용돼요.

#세금   #국민의 의무   #나라의 공통 경비

어휘·어법

1~4

다음 뜻풀이에 해당하는 단어를 〈보기〉에서 찾아 써 보자.

> 보기
>
> 납세   징수   감면   자금

1 행정 기관이 법에 따라서 조세, 수수료, 벌금 따위를 국민에게서 거두어들이는 일. (   )
2 매겨야 할 부담 따위를 덜어 주거나 면제함. (   )
3 사업을 경영하는 데에 쓰는 돈. 또는 특정한 목적에 쓰는 돈. (   )
4 세금을 냄. (   )

5~7

다음 문장에 들어갈 올바른 단어를 찾아 ○를 표시해 보자.

5 전기는 많이 사용할수록 전기료를 비싸게 받는 (간접적 / 누진적) 요금제를 적용하고 있다.
6 산업군별로 임금 (격차 / 틈새)가 벌어지면서 노동 시장의 양극화가 깊어지고 있다.
7 공사로 인해 도로가 일부 통제되어 교통난이 당분간 (가중 / 경감)될 것 같다.

Tip • 추후(따를 追, 뒤 後) 일이 지난 얼마 뒤. ☜ 추후 자세히 알려 드리겠습니다.
　　• 차후(이 此, 뒤 後) 지금부터 이후. ☜ 차후에 또 이런 실수를 저지르면 안 된다.

과학 01

왜 잘 보이지 않을까

문제 풀이
지문 해제
관련 영상
어휘 퀴즈

중심 시력이란 시야에 있는 물체를 상세한 부분까지 구별해 내는 능력을 말한다. 중심 시력은 두 개의 점이 있을 때 눈이 그 두 점을 떨어져 있는 것으로 ㉠지각할 수 있는 최소 간격을 알아보거나 두 점이 떨어져 있는 것을 얼마나 빨리 알아채는지를 확인함으로써 ㉡측정할 수 있다. 망막에 빛이 잘못 투사되는 굴절 장애가 있는 경우 중심 시력이 떨어지게 되며 이러한 장애는 아주 흔하게 나타난다.   5

망막을 지나는 빛의 굴절 장애로 중심 시력이 저하되는 경우로는 근시, 원시, 난시, 노안이 있다. 이 증상들을 통틀어 '비정시안'이라고 한다. 비정시안 장애는 성인뿐만 아니라 아이들에게도 나타날 수 있는데, 시각 기능 습득을 방해할 수도 있는 만큼 교정해 줄 필요가 있다. 정상적인 눈의 경우, 눈에 들어온 빛이 망막에 정확히 투사되어 상이 맺힐 때 선명한 시각을 얻을 수 있다. 하지만 비정시안의 경우, 상이 망   10
막에 정확하게 맺히는 것이 아니라 망막 앞쪽이나 뒤쪽에 맺히게 되어 시각이 흐려지게 된다.

먼저 근시는 상이 망막이 아니라 망막 앞에 맺히는 특징을 보이며, 가까운 것은 잘 보지만 멀리 있는 것을 잘 보지 못한다. 이러한 증상은 안구의 앞뒤 길이가 너무 길거나 안구의 굴절력이 너무 강할 때 생기는 경우가 많다. 망막 앞쪽에서 상이 맺히기   15
때문에 뇌는 멀리 있는 물체를 볼 때처럼 영상을 흐릿하게 인식하게 된다. 다음으로 원시는 근시와 달리 가까운 것보다 멀리 있는 것을 더 잘 보고, 큰 물체보다는 작은 물체를 더 잘 본다. 근시와 반대로, 원시는 안구의 앞뒤 길이가 너무 짧거나, 굴절력이 ㉢충분하지 못할 때 생긴다. 또한 상이 망막 뒤쪽에서 맺히며 이런 경우 역시 뇌에서는 영상을 흐릿하게 지각한다. 그리고 이러한 장애는 안구의 앞뒤 길이가 짧은   20
아이들에게서 더 자주 나타난다.

난시는 빛이 눈의 여러 지점에 고르지 못하게 투사되는 상태이다. 그 결과 난시를 가진 사람은 가까이 있는 물체를 볼 때에도 멀리 볼 때처럼 명확하지 않게 보인다. 대체로 각막이 둥글지 않고 타원에 가까운 모양을 하고 있어서 난시가 되는 경우가 많다. 또 마흔 살이 넘으면 신문에 있는 작은 글자를 읽기가 힘들어지는데, 그 원인   25
은 바로 노안 때문이다. 나이가 들면 수정체가 탄력성을 많이 잃게 된다. 예를 들어, 책을 눈 가까이에 가져갔을 때와 같이, 가까이 있는 물체를 볼 때 수정체를 볼록해지게 ㉣조절해 망막에 초점이 맞추어지도록 하는 능력이 떨어지는 것이다. 노안은 노화와 함께 흔히 나타나며, 이런 경우 책이나 신문 등을 눈에서 멀리 놓고 보게 된다.

이상에서 본 장애들은 망막에 상이 비정상적으로 맺히는 것을 교정해 주고, 다음   30
처리 단계인 뇌에 선명한 영상을 전달해 주는 교정용 안경이나 보정 렌즈를 착용함으로써 완화될 수 있다. 특히 일부 비정시안 장애는 ㉤교정해 주지 않으면 눈에 다

망막 눈알의 가장 안쪽에 있는 맥락막 안에 시각 신경의 세포가 막 모양으로 층을 이룬 부분. 수정체를 지나온 빛이 망막에 상을 맺으면, 시각 신경이 그 자극을 대뇌 겉질의 시각 겉질에 전달한다.
투사 소리 또는 빛의 파동이 한 물질을 통과하여 다른 물질과의 경계면에 도달하는 일.
굴절 광파, 음파, 수파 따위가 한 물질에서 다른 물질로 들어갈 때 경계면에서 그 진행 방향이 바뀌는 현상.

른 장애나 이상을 가져올 수 있으므로 관심을 가지고 눈의 상태를 살피고 적절한 처치를 하는 것이 좋다.

■ 정답과 해설 17쪽

1

윗글의 내용과 일치하지 <u>않는</u> 것은?

① 중심 시력은 물체를 상세한 부분까지 구별해 내는 능력이다.
② 상이 망막에 정확하게 맺혀야만 선명한 시각을 얻을 수 있다.
③ 빛의 굴절 장애로 인한 중심 시력 저하는 흔히 나타날 수 있다.
④ 난시를 가진 사람은 가까이 있는 물체도 명확하지 않게 보인다.
⑤ 수정체의 탄력성이 약화되면 책이나 신문을 가까이 놓고 보게 된다.

2

〈보기〉의 [A], [B]에 대해 보인 반응으로 적절하지 <u>않은</u> 것은?

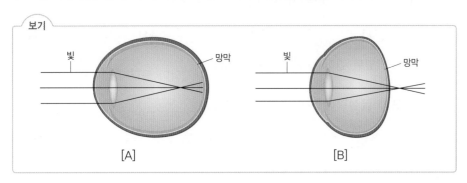

① [A]는 상이 현재보다 뒤쪽으로 맺힌다면 중심 시력이 개선되겠군.
② [A]는 빛에 대한 안구의 굴절력이 강해 멀리 있는 것을 잘 보지 못하겠군.
③ [B]의 비정시안은 안구의 앞뒤 길이가 긴 어린아이들에게 자주 나타나겠군.
④ [B]를 교정하려면 안구로 들어오는 빛이 더 굴절될 수 있도록 조절하여야겠군.
⑤ [A]와 [B]는 모두 망막에 맺힌 상이 뇌에 선명한 영상으로 지각되지 못하겠군.

문단 요약

1

각 문단의 중심 내용을 다음과 같이 정리할 때, 빈칸에 들어갈 내용을 써 보자.

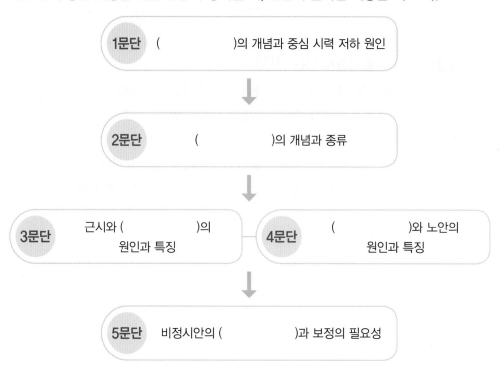

1문단 (   )의 개념과 중심 시력 저하 원인

↓

2문단   (   )의 개념과 종류

↓

3문단 근시와 (   )의 원인과 특징

4문단 (   )와 노안의 원인과 특징

↓

5문단 비정시안의 (   )과 보정의 필요성

정보 확인

2

다음 빈칸을 채워 가며, '비정시안'에 대해 정리해 보자.

	근시	원시	난시	노안
원인	• 안구의 앞뒤 길이가 길다. • 안구의 굴절력이 ( ).	• 안구의 앞뒤 길이가 ( ). • 안구의 굴절력이 약하다.	• 각막이 둥글지 않고 ( )에 가까운 모양이다.	• 나이가 들어 수정체의 ( )이 떨어진다.
상의 위치	• 망막의 ( )	• 망막의 ( )	–	• 망막에 초점이 잘 맞추어지지 않음.
증상	• 먼 거리에 있는 물체를 잘 보지 못함.	• 가까운 거리에 있는 물체를 잘 보지 못함.	• 가까운 거리의 물체도 먼 거리에 있는 물체처럼 명확하게 보지 못함.	• 책이나 신문 등을 ( ) 놓고 보게 됨.
공통점	안구로 들어오는 빛의 ( ) 장애로 인해 발생함.			

배경지식

눈은 어떻게 물체의 모양과 색을 구별할까?

우리는 눈을 통해 어떤 대상을 보고 구별해요. 그렇다면 대상의 모양과 색깔은 어떻게 구별할 수 있는 것일까요?

빛이 각막, 수정체, 유리체를 지나서 망막에 도달하면 망막에 있는 수많은 시세포가 자극을 받게 됩니다. 이 자극이 시세포를 흥분시켜 **시신경을 통해 뇌로 전달**되면 우리는 대상의 **모양과 색깔을 구별**하게 되는 것이지요. 이것은 우리 몸의 여러 감각 중 시각에 해당해요.

빛을 감지하고 시각 정보를 처리하는 망막은 안구 벽의 가장 안쪽에 위치한 얇은 막으로 원추 세포와 간상 세포라고 하는 두 종류의 시세포가 있어요. **원추 세포는 색깔을 구별**하는 역할을 하는데, 이 세포에 이상이 생기면 색각 이상이 나타나게 돼요. 원추 세포가 밀집되어 있는 곳은 빛을 가장 선명하고 정확하게 받아들일 수 있으며 이곳을 황반이라고 해요. 황반 주변부로 갈수록 원추 세포가 줄고 간상 세포의 수가 늘어나요. **간상 세포는 색깔은 구별하지 못하고 물체의 명암과 형태만 구별**할 수 있어요.

#망막   #원추 세포   #간상 세포

어휘 · 어법

1~5
다음 뜻풀이에 해당하는 단어를 〈보기〉에서 찾아 써 보자.

> **보기**
>
> 굴절력   습득   보정   노안   타원

1 늙어 시력이 나빠짐. 또는 그런 눈. (   )
2 빛의 방향을 바꾸는 힘. (   )
3 부족한 부분을 보태어 바르게 함. (   )
4 학문이나 기술 따위를 배워서 자기 것으로 함. (   )
5 평면 위의 두 정점(定點)에서의 거리의 합이 언제나 일정한 점의 자취. (   )

6~8
다음에 제시된 단어의 사전적 의미를 찾아 바르게 연결해 보자.

6 맺히다 •　　　　• ㉠ 병의 증상이 줄어들거나 누그러짐.
7 완화 •　　　　• ㉡ (물체의 상이 망막이나 렌즈에) 똑같이 뜨다.
8 처치 •　　　　• ㉢ 상처나 헌데 따위를 치료함.

Tip • **구별**(구역 區, 다를 別) 성질이나 종류에 따라 차이가 남. 또는 성질이나 종류에 따라 갈라놓음. ⓔ 공과 사를 구별하다.
　　 • **구분**(구역 區, 나눌 分) 일정 기준에 따라 전체를 몇 개로 갈라 나눔. ⓔ 읽을 책을 읽은 책과 구분하다.

큰 차와 작은 차

많은 사람들이 충돌 사고든 추돌 사고든 간에 큰 차가 작은 차에 비해 안전하다고 이야기한다. 이것은 과연 맞는 이야기일까? 안전하다는 것은 정확하게 어떤 의미이며 그 안전함은 어디에서 비롯되는 것일까?

두 대의 자동차가 충돌했을 때 자동차가 찌그러지거나 부서지는 이유는 충돌할 때 자동차가 받게 되는 힘 때문이다. 뉴턴의 작용－반작용의 법칙에 따르면 차의 크기 5 나 무게에 관계없이 두 대의 차가 받는 힘의 크기는 같고 방향만 반대이므로 충돌할 때의 충격량(충돌 시간 동안 받는 힘의 총합)은 두 차 모두 같다. 충격량은 물체 운동량의 변화량과 같은데, 충돌한 두 자동차의 운동량의 변화량 역시 같다.

충격량도 서로 같고, 운동량의 변화량도 서로 같은데 사람들은 왜 큰 차가 작은 차보다 안전하다고 하는 것일까? 그것은 아마도 '안전'이라는 것이 차 안의 사람이 얼 10 마나 큰 가속도를 겪는가에 달려 있기 때문일 것이다. 운동량은 질량×속도이므로 운동량의 변화량은 질량×속도의 변화량이 된다. 큰 차와 작은 차 모두 운동량의 변화량은 같지만 큰 차는 질량이 크기 때문에 속도의 변화량은 작은 차의 경우보다 작아지게 된다. 속도의 변화량은 곧 가속도라고 할 수 있다. 따라서 큰 차와 작은 차가 충돌할 경우 큰 차에 타고 있던 사람은 작은 차에 타고 있던 사람보다 작은 가속도를 15 느끼게 되는 것이다.

충돌 시 큰 차가 작은 차보다 작은 가속도를 겪는다는 것은, 큰 차는 충돌하고 나서도 속도가 별로 변하지 않는다는 것을 의미한다. 실제로 정면충돌을 하는 경우 큰 차는 속도만 좀 줄어든 채 진행 방향으로 운동하는 반면 작은 차는 진행 방향과는 반대로 밀리면서 큰 가속도를 경험하게 되는 일이 많다. 일정 크기 이상의 가속도는 사 20 람에게 치명적일 수 있으므로, 물리학적으로는 이러한 의미에서 작은 차보다는 큰 차가 안전하다고 말할 수 있다.

물론 큰 차와 작은 차가 똑같은 힘을 받는다고 해도 큰 차가 상대적으로 덜 찌그러지는 것은 사실이다. 큰 차의 프레임이나 철판이 일반적으로 더 강하기 때문이다. 그러나 요즘에는 작은 차에도 에어백을 비롯한 여러 가지 안전장치가 장착되어 있어 25 작은 차가 단순히 더 위험하다고 볼 수는 없다. 중요한 것은 차의 크기가 아니라 안전하게 운전하는 습관이다.

1

윗글을 통해 알 수 있는 내용이 <u>아닌</u> 것은?

① 움직이는 물체의 운동량은 질량과 속도에 비례한다.

② 운동량의 변화량을 알면 물체가 받은 충격량을 알 수 있다.

③ 크기가 다른 차가 충돌해도 두 차의 승객은 같은 가속도를 겪게 된다.

④ 차가 충돌할 때 겪게 되는 가속도는 승객의 안전에 치명적일 수도 있다.

⑤ 뉴턴의 작용─반작용의 법칙에 따르면 충돌한 두 차가 받는 충격량은 같다.

2

〈보기〉의 ㉠에 들어갈 말로 가장 적절한 것은?

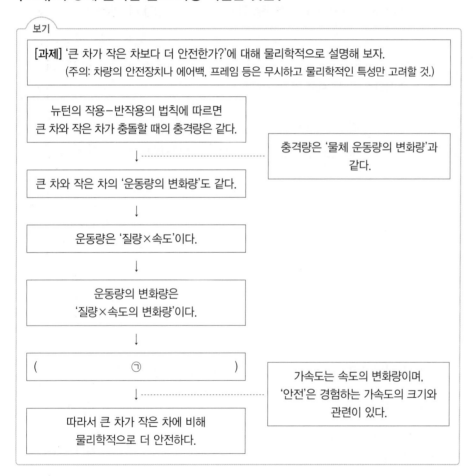

① 작은 차의 충격량이 큰 차의 충격량보다 크다.

② 작은 차와 큰 차가 겪게 되는 속도의 변화량은 같다.

③ 작은 차는 큰 차에 비해 충돌한 후 속도가 더 느려진다.

④ 큰 차가 작은 차에 비해 철판의 강도가 커 가속도가 더 작다.

⑤ 큰 차는 질량이 더 크므로 속도의 변화량이 작은 차보다 작다.

각 문단에 제시된 중요 정보를 다음과 같이 정리할 때, 빈칸에 들어갈 내용을 써 보자.

1문단 큰 차와 작은 차의 사고에서 과연 큰 차가 더 안전한가?

▼

2문단 뉴턴의 (   )에 따르면 두 차의 충격량은 같고, 충격량은 물체 (   )의 변화량과 같으므로 두 차의 운동량의 변화량도 같다.

▼

3문단 운동량은 (   )이고, 운동량의 변화량은 질량×속도의 변화량이다. 두 차의 운동량의 변화량은 같지만, 큰 차가 질량은 더 크다. 따라서 큰 차에 타고 있던 사람이 느끼는 속도의 변화량, 즉 (   )가 더 작다.

▼

4문단 일정 크기 이상의 가속은 사람에게 치명적이다. 그러므로 가속도가 더 (   ) 큰 차가 물리학적으로 더 안전하다.

▼

5문단 큰 차가 상대적으로 덜 찌그러지지만 안전하게 운전하는 습관이 더 중요하다.

다음 빈칸을 채워 가며, 이 글에 제시된 과학적 규명 과정을 정리해 보자.

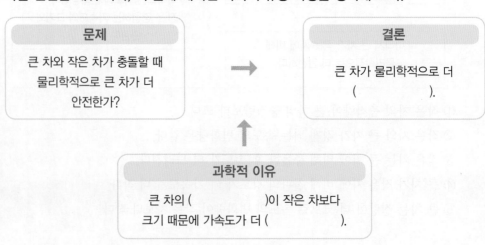

문제		결론
큰 차와 작은 차가 충돌할 때 물리학적으로 큰 차가 더 안전한가?	→	큰 차가 물리학적으로 더 ( ).

과학적 이유

큰 차의 (   )이 작은 차보다 크기 때문에 가속도가 더 (   ).

배경지식

힘도 상호 작용을 한다고?

로켓이 발사될 때 로켓이 연료를 태워 연소 가스를 분출하면 연소 가스는 반대 방향으로 로켓을 밀어내므로 로켓은 추진력을 받아 위로 날아가요. 이처럼 **힘은 어느 한쪽으로 일방적으로 작용하는 것이 아니라 서로 상호 작용**을 해요. 즉, 어떤 물체 A가 어떤 물체 B에 힘을 가하면 A도 B로부터 힘을 받게 되는 것이지요. 뉴턴은 이를 **뉴턴의 제3법칙, 작용-반작용의 법칙**으로 정리했어요.

한 물체가 다른 물체에 힘을 작용하면 다른 물체도 힘을 작용한 물체에 크기가 같고 방향이 반대인 힘을 가한다. 즉, 물체 A가 물체 B에 힘을 가하면 동시에 물체 B도 물체 A에 크기가 같고 방향이 반대인 반작용의 힘을 가하게 된다.

작용-반작용의 사례는 육상 경기에서 확인할 수 있어요. 육상 경기에서 선수들이 출발선에 엎드려 출발할 때 스타팅 블록이라는 기구를 사용하는데, 이 기구는 발을 뒤로 힘차게 밀어 줄수록 앞으로 빠르게 나아갈 수 있도록 하지요. 이 기구는 작용-반작용의 원리를 이용하여 출발 속도를 더욱 빠르게 할 수 있도록 한 것입니다.

#뉴턴의 제3법칙   #작용-반작용의 법칙

어휘·어법

1~4

다음 뜻풀이에 해당하는 단어를 〈보기〉에서 찾아 써 보자.

보기

분출   일방적   추진력   연소

1 물체를 밀어 앞으로 내보내는 힘. (   )
2 어느 한쪽으로 치우친. 또는 그런 것. (   )
3 물질이 산소와 화합할 때에, 많은 빛과 열을 내는 현상. (   )
4 액체나 기체 상태의 물질이 솟구쳐서 뿜어져 나옴. 또는 그렇게 되게 함. (   )

5~7

다음 문장에 들어갈 올바른 단어를 찾아 ○를 표시해 보자.

5 현우와 지민이 사이에 서로 반감이 생기면서 마침내 (충돌 / 추돌)을 일으켰다.
6 시험공부를 할 때에는 적당히 (가속도 / 속도)를 조절할 필요가 있어.
7 중학생이 되었으니 일찍 일어나는 (습관 / 관습)을 가지도록 노력해야지.

Tip 량(量) 분량이나 수량의 뜻을 나타내는 말로 한자어 명사 뒤에 붙어 '가사량, 노동량'과 같이 쓴다. 고유어나 외래어와 결합할 때에는 '量'이 하나의 독립적인 단어로 인식되기 때문에 두음 법칙이 적용되어 '구름양, 에너지양'과 같이 쓴다. '구름양'을 한자어로 바꿔 쓰면 '운량(雲量)'으로 써야 한다.

인체의 생존 전략, 열 순응

여름철 야외 수영장에 가 본 사람이라면 한 번쯤 묘한 경험을 했을 것이다. 뜨거운 햇살을 받으며 준비 운동을 했는데도 수영장 물에 처음 몸을 담그면 순간적으로 소름이 끼치거나 몸이 오그라질 정도로 차가운 느낌을 받게 된다. 그런데 희한한 것은 조금만 있으면 물이 차갑다는 것도, 춥다는 것도 느낄 수 없다는 점이다.

이처럼 우리 몸이 적응하는 것은 인체가 가진 특유의 생존 능력이라고 할 수 있다. 인간은 체온을 늘 일정하게 유지하려고 하는데, 외부 온도가 너무 높거나 낮으면 체온을 유지하기 위해 이런저런 반응이 일어난다. 더운 곳에서는 땀을 많이 배출해서 열기를 식히고 추운 곳에서는 몸을 떨어서 열을 내는 것이 그런 반응의 일종이다. 바로 이런 것을 가리켜 '열 순응(heat acclimation)'이라고 한다. 뜨거운 김이 모락모락 올라오는 열탕에 들어갈 때 처음에는 너무 뜨거워서 도저히 앉아 있을 엄두가 안 나지만, 조금만 있으면 견딜 만해지면서 몸을 푹 담그고 느긋하게 노래까지 흥얼거리게 되는 것도 열 순응의 사례이다.

하지만 열 순응에도 한계가 있다. 웬만큼 덥거나 추워야지 그 이상을 넘어가면 견딜 수가 없다. 이왕이면 천하무적이 되는 것이 좋을 텐데 왜 그럴까? 그 이유 역시 생존을 위해서다. 만약 열 순응에 한계가 없다면 화상을 입을 정도로 뜨거워도 뜨거운 줄 모르고, 동상에 ⊙걸릴 정도로 추워도 추운 줄을 모를 테니까 말이다.

열 순응이 잘 되지 않는 사람이 무더운 날씨에 처음 노출되거나 더운 여름날 갑자기 격렬한 운동을 하면 '열 탈진(heat exhaustion)' 증상이 발생할 수 있다고 한다. 대부분 운동을 할 때 과도하게 땀을 흘리거나 이로 인해 순환계 적응이 비효과적으로 이루어지면 발생하게 되는데, 두통과 현기증, 구역질 등을 동반한다. 따라서 갑작스럽게 날씨가 더워질 때 실내에서 운동을 할 경우에는 창문을 열어 환기를 잘 시켜야 하고 습도와 온도가 높은 곳에서는 집중적인 훈련을 피해야 한다. 또 자주 휴식을 취하면서 수분을 적절하게 보충해 주는 것이 좋다.

5

10

15

20

◆
순응 생물체의 기능, 성질, 상태가 주어진 외부 조건의 지속적인 변화에 적응할 수 있도록 감각 작용이 변화하는 일.
탈진 기운이 다 빠져 없어짐.
순환계(circulatory system) 몸 전체에 피를 순환시켜 골고루 영향을 공급하면서 노폐물을 수용하는 계통의 조직. 심장, 동맥, 정맥, 모세 혈관의 혈관 계통, 림프관 계통으로 이루어진다.

1

윗글의 내용과 일치하지 <u>않는</u> 것은?

① 인간은 체온을 늘 일정하게 유지하려고 한다.

② 열 순응에 한계가 없다면 인간은 위험에 빠질 수도 있다.

③ 수분을 적절하게 보충하면 열 탈진 현상을 어느 정도 예방할 수 있다.

④ 여름날 갑자기 격렬한 운동을 하면 열 탈진 현상으로 구역질이 날 수도 있다.

⑤ 더운 곳에서 몸을 떨어서 열을 내는 현상은 우리 몸의 생존 능력을 보여 준다.

2

윗글의 서술상 특징으로 적절하지 <u>않은</u> 것은?

① 중심 소재의 개념을 분명하게 제시하고 있다.

② 상반된 이론을 언급한 후 새로운 결론을 제시하고 있다.

③ 질문을 던지고 답을 하는 방식으로 내용을 전개하고 있다.

④ 어떠한 현상이 일어나는 원인을 구체적으로 제시하고 있다.

⑤ 중심 소재의 일반적인 사례를 언급하며 내용을 전개하고 있다.

◆
상반되다 서로 반대되거나
어긋나게 되다.

3

㉠과 문맥적 의미가 가장 유사한 것은?

① 멋진 그림이 벽에 걸려 있다.

② 도둑질을 하다 경찰에 걸렸다.

③ 그는 갑자기 맹장염에 걸렸다.

④ 서산에 걸렸던 달이 지고 있다.

⑤ 자동차의 시동이 가볍게 걸렸다.

지문 분석

문단 요약

1

각 문단의 중심 내용을 다음과 같이 정리할 때, 빈칸에 들어갈 내용을 써 보자.

> **1문단** 흔히 경험해 볼 수 있는 열 순응의 (　　　　　)

▼

> **2문단** 열 순응의 (　　　　　)과 사례

▼

> **3문단** 열 순응의 (　　　　　)와 그 이유

▼

> **4문단** 열 (　　　　　) 현상의 발생 이유와 (　　　　　)을 위한 주의 사항

중심 내용

2

이 글을 읽고, '열 순응'의 개념을 정리해 보자.

(　　)

정보 확인

3

다음 빈칸을 채워 가며, '열 순응'의 과정을 정리해 보자.

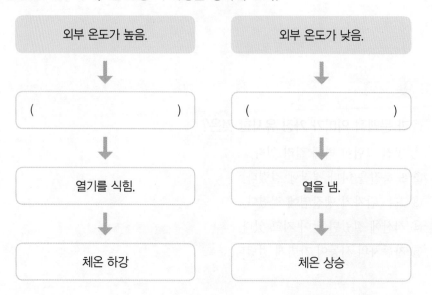

외부 온도가 높음.	외부 온도가 낮음.
↓	↓
(　　　　　)	(　　　　　)
↓	↓
열기를 식힘.	열을 냄.
↓	↓
체온 하강	체온 상승

배 경 지 식

체온 조절에 신경계는 어떻게 작용할까?

사람의 체온은 자율 신경과 호르몬의 상호 작용으로 항상 일정하게 유지돼요. 기온이 내려가면 피부의 감각 신경이 춥다는 자극을 뇌의 한 부분인 간뇌의 시상 하부에 전달하고 시상 하부는 교감 신경을 흥분시켜 피부의 혈관을 수축시키고 땀의 분비를 감소시켜 열의 발산을 막아요. 이때 교감 신경은 신체가 갑작스럽고 심한 운동을 하거나 공포, 분노와 같은 위급한 상황에 놓일 때 반응하는 신경을 말해요. 또한 시상 하부는 뇌하수체 전엽을 자극하여 갑상선 자극 호르몬과 부신 피질 자극 호르몬을 분비하게 하고, 자극을 받은 갑상선과 부신에서는 각각 티록신과 당질 코르티코이드를 분비하여 물질 대사를 촉진함으로써 열을 발생시켜요. 이와 같은 과정을 통해 낮아진 체온은 다시 정상 체온으로 돌아오게 되지요.

반면 기온이 높을 때에는 체온을 낮출 때와 같이 신경계가 작용하여 에너지의 공급을 줄이고 모세 혈관을 확장시켜 체표 면적을 최대로 늘림으로써 열을 많이 발산시켜요. 사람을 비롯한 몇몇 동물들은 피부에서 땀을 흘려 보내어 땀이 마를 때 열이 날아가는 방식으로 체온을 조절해요.

#체온 조절   #자율 신경과 호르몬의 상호 작용

어 휘 · 어 법

1~4 다음에 제시된 단어의 뜻을 참고하여, 빈칸에 알맞은 말을 써 보자.

1 □름: 춥거나 무섭거나 징그러울 때 살갗이 오그라들며 겉에 좁쌀 같은 것이 도톨도톨하게 돋는 것. (   )

2 □유: 일정한 사물만이 특별히 갖추고 있음. (   )

3 □존: 살아 있음. 또는 살아남음. (   )

4 □출: 안에서 밖으로 밀어 내보냄. (   )

5~7 다음 뜻풀이에 해당하는 단어를 〈보기〉에서 찾아 써 보자.

> 보기
>
> 과도하다   희한하다   오그라지다

5 몸이 움츠러져 작게 되다. (   )

6 정도에 지나치다. (   )

7 매우 드물거나 신기하다. (   )

Tip 희한하다(○) / 희안하다(×) '희한하다'는 생활 속에서 '희안하다'로 잘못 표기하는 경우가 많으나, '희한'은 '드물 稀, 드물 罕'을 쓰므로 표현은 '희한하다'가 올바른 표기이다. ◉ 처음 본 희한한 물건

04 축구공의 비밀

19세기 말 영국에서 현대 축구의 기본이 만들어진 이후 사용된 축구공은 지금의 배구공과 비슷하게 생겼다. 1963년 국제축구연맹(FIFA)은 축구공의 재질이나 형태 등을 규정하는 '공인구 제도'를 도입했는데, 지금처럼 정오각형과 정육각형으로 이루어진 축구공이 처음 등장한 것은 1970년 멕시코 월드컵에서였다. 이때 나온 '텔스타'가 지금 우리가 알고 있는 축구공의 원형이고, 이후 2002년 피버노바까지 공인구는 5 단지 표면 디자인이 달라졌을 뿐 기본 골격은 텔스타와 같았다.

텔스타가 나온 이후 축구공의 기본 구조가 변하지 않았던 까닭은 무엇일까? 그것은 텔스타가 너무나 아름다운 기하학적 대칭 구조를 지니고 있기 때문이다. 평면으로 된 가죽 조각으로 축구공을 만드는 가장 좋은 방법은 최대한 구형에 가까운 다면체를 만들어 내부에 공기를 불어넣는 것이다. 그리고 이렇게 구형에 가까운 다면체 10 일수록 여러 사람이 쉬지 않고 발로 차고 머리로 들이받아도 잘 굴러가면서 안정된 구조를 유지할 수 있다.

문제 풀이
지문 해제
관련 영상
어휘 퀴즈

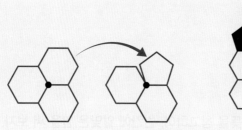
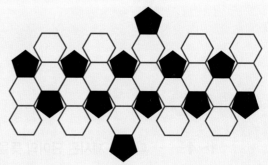

정삼각형, 정사각형, 정오각형으로는 5가지의 정다면체를 만들 수 있지만 구형에 가장 가까운 것은 정육각형으로 만드는 것이다. 하지만 정육각형만 가지고는 정다면체를 만들 수가 없다. 정육각형의 내각 하나의 크기가 120°이므로 한 꼭짓점에 세 개 15 만 모아 놓아도 360°가 되어 평면이 되어 버리기 때문이다. 그러니까 한발 양보해서 정육각형 한 개를 빼고 그 자리에 정오각형 하나를 대치하는 것이 최선의 방법이다. 다시 말해 각 꼭짓점마다 정육각형 두 개와 ⓐ정오각형 한 개가 모여 있는 다면체를 만들면 그 다면체가 구형에 가장 가까울 것이라는 얘기다.

이렇게 만들어진 ⓑ축구공이 바로 텔스타이다. 12개의 정오각형과 20개의 정육각 20 형으로 이루어진 다면체는 축구공으로서 최선의 선택이었다. 이처럼 우리에게 너무나 익숙한 축구공을 만드는 기본 원리가 바로 수학이다. 우리 주변 곳곳에는 물이나 공기처럼 수학의 숨결이 스며 있다. 그리고 지금 이 순간에도 '축구공의 비밀'처럼 수학의 숨결과 손길이 필요한 부분을 우리 주위에서 수도 없이 발견할 수 있다.

원형 같거나 비슷한 여러 개가 만들어져 나온 본바탕.
기하학 도형 및 공간의 성질에 대하여 연구하는 학문.
다면체 평면 다각형으로 둘러싸인 입체 도형.
대치하다 다른 것으로 바꾸어 놓다.

1

윗글을 통해 답할 수 있는 질문으로 적절하지 <u>않은</u> 것은?

① 축구공을 구형에 가까운 다면체로 만든 이유는 무엇일까?

② 우리의 생활과 인류 문명에서 수학의 역할과 가치는 무엇일까?

③ 국제축구연맹(FIFA)에서 공인구 제도를 도입한 이유가 무엇일까?

④ 축구공을 정육각형으로만 구성된 다면체로 만들지 못한 이유는 무엇일까?

⑤ 1970년 이후 2002년까지 월드컵 공인구의 기본 구조가 바뀌지 않았던 이유는 무엇일까?

2

다음 중, ⓐ : ⓑ의 관계와 <u>다른</u> 것은?

① 팔 : 몸

② 바퀴 : 자전거

③ 분침 : 시계

④ 미끄럼틀 : 그네

⑤ 흰 건반 : 피아노

1 각 문단의 중심 내용을 다음과 같이 정리할 때, 빈칸에 들어갈 내용을 써 보자.

1문단 | 1970년 월드컵 공인구인 ( )는 지금 우리가 알고 있는 축구공의 원형이 되었다.

▼

2문단 | ( )으로 된 조각들을 이어 붙여서 축구공을 만드는 최선의 방법은 최대한 ( )에 가까운 다면체를 만들어 내부에 공기를 불어넣는 것이다.

▼

3문단 | 한 꼭짓점에 ( ) 2개와 ( ) 1개를 붙여서 만든 다면체가 가장 구형에 가까운 다면체가 된다.

▼

4문단 | 텔스타는 ( )개의 정오각형과 ( )개의 정육각형으로 이루어진 다면체로 축구공으로서는 최선의 선택이었다.

2 다음 빈칸을 채워 가며, 최초의 공인구 '텔스타'에 대해 정리해 보자.

텔스타	
형태	정오각형 12개와 정육각형 20개로 된 32면 ( )
구조	각 꼭짓점마다 정육각형 2개와 정오각형 1개가 모여 있음. – 이유: 정육각형만으로는 ( )
특징	• 가장 ( )에 가까운 다면체 • 1970년에 선보인 이래 2002년까지 월드컵 공인구의 ( )이 됨.

과학
04

배 경 지 식

축구공은 어떻게 진화해 왔을까?

'텔스타'는 기하학적으로 안정된 구조를 갖추고 있어 36년 동안 공인구의 기본 골격으로 쓰였어요. 그러다 2006년부터 다른 형태로 제작되면서 조금 더 원형에 가까운 모습으로 변화하게 돼요.

2006년 독일 월드컵의 공인구인 '팀 가이스트(Team Geist)'는 14개의 조각으로 만들어졌어요. 이전 공들보다 조각 수를 줄여 더욱 구형에 가깝게 만들었고 탄성과 슈팅의 정확도를 높였어요. 이러한 노력은 계속되어 2010년 남아프리카 공화국 월드컵의 공인구인 '자블라니(Jabulani)'는 8개의 조각으로, 2014년 브라질 월드컵의 공인구인 '브라주카(Brazuca)'는 6개의 조각으로 제작되었습니다.

또 2018년 러시아 월드컵에서는 브라주카에 정보통신기술(ICT)을 도입하여 공의 속도와 위치 측정까지 가능한 '텔스타 18'을 선보였어요. 2022년 카타르 월드컵의 공인구인 '알 릴라(Al Rihla)'는 공의 중심부에 'CRT-코어'라는 기술이 적용되어 공기의 압력과 공의 모양을 유지시키고 정확성과 일관성을 향상시켰어요. 이처럼 축구공은 수학적 원리뿐만 아니라 첨단 과학 기술까지 더해져 보다 완벽하게 진화하고 있답니다.

#월드컵 공인구 #더 둥글게 #더 빠르게

어 휘 · 어 법

1~5

다음 빈칸에 들어갈 알맞은 단어를 〈보기〉에서 찾아 기호를 써 보자.

> **보기**
> ㉠ 골격: 어떤 사물이나 일에서 계획의 기본이 되는 틀이나 줄거리.
> ㉡ 기하학: 도형 및 공간의 성질에 대하여 연구하는 학문.
> ㉢ 다면체: 평면 다각형으로 둘러싸인 입체 도형.
> ㉣ 한발: 어떤 동작이나 행동이 다른 동작이나 행동보다 시간·위치상으로 약간의 간격을 두고 일어남을 나타내는 말.
> ㉤ 숨결: 사물 현상의 어떤 기운이나 느낌을 생명체에 비유하여 이르는 말.

1 논문의 (   )이/가 어느 정도 잡혀 가고 있다.

2 요즘은 주사위 장난감이 다양한 (   )(으)로 구성되어 있어서 선택의 폭이 넓다.

3 이 베개는 자연의 (   )이/가 느껴진다는 광고로 어머니의 마음을 사로잡았다.

4 먼저 출발했던 2반이 우리보다 (   ) 늦게 숙소에 도착했다.

5 어머니는 농담처럼 나에게 대수학보다는 (   )이/가 약한 걸 보면 운전할 때 주차가 쉽지 않겠다고 하신다.

Tip • 꼭짓점 ① 각을 이루고 있는 두 변이 만나는 점. ② 다면체에서 셋 이상의 면이 만나는 점.
• '꼭짓점'은 순우리말과 한자어가 결합된 합성어로, 한글 맞춤법 제30항 사이시옷 규정에 따라, 앞말이 모음으로 끝나고, 뒷말의 첫소리가 된소리로 나는 '최댓값, 절댓값, 근삿값, 대푯값, 함숫값'과 같이 사이시옷을 받치어 적어야 한다.

자연의 무법자, 태풍

문제 풀이
지문 해제
관련 영상
어휘 퀴즈

우리나라에 영향을 주는 태풍은 주로 6~12월에 북위 5~25°, 동경 120~160°의 북태평양 서쪽의 광범위한 열대 바다에서 만들어진다. 태풍이 만들어지려면 우선 수분이 가득한 뜨거운 공기가 급상승 기류를 만들면서 열대성 저기압을 형성해야 하는데, 공기가 더욱 상승하여 구름을 만들면 숨어 있던 열이 방출된다. 그리고 이 에너지가 상승 기류를 더욱 빠르게 밀어 올리면서 거대한 태풍으로 발전한다. 그리고 이 5
렇게 형성된 태풍은 지구 자전의 영향을 받아 시계 반대 방향으로 회전하면서 서서히 움직이기 시작한다.

태풍의 중심에는 바람이 약하고 구름이 적은 구역이 존재하는데, 이를 '태풍의 눈'이라고 한다. 태풍의 눈을 중심으로 나선 모양의 구름대가 줄지어 따라다니는 모습은 장관이 따로 없다. 태풍의 눈은 보통 지름이 20~50km 정도이고 큰 것은 100km 10
나 된다. 태풍의 풍속은 중심으로 갈수록 증가하고 중심 주변 400km 이내에서는 많은 비가 내리지만, 정작 중심인 태풍의 눈은 맑게 개어 있고 고요하다.

25m/s 이상의 풍속이 나타나는 범위를 폭풍권이라고 하는데, 태풍의 크기는 이 폭풍권의 반지름으로 구분되고, 태풍의 강도는 중심 기압과 최대 풍속으로 구분된다. 예컨대 폭풍권의 반지름이 400km 이상이고, 중심 기압이 900hPa(헥토파스칼) 15
이하에 최대 풍속이 55m/s 이상일 때 '초대형'으로 분류된다. 이런 태풍이 싣고 다니는 물은 수억 톤에 달하고, 에너지는 수소 폭탄의 위력에 맞먹는다. 이렇게 엄청난 에너지를 지표면에 쏟아붓는다면 지구 전체를 초토화시키고도 남겠지만, 다행히 거의 대부분의 에너지는 이동하는 데 쓰고 아주 적은 양만이 지면에 영향을 미친다.

㉠지구 전체적인 차원에서 태풍은 에너지의 순환에 중요한 역할을 한다. 열대 지 20
방에서는 에너지가 남아돌지만 극지방에서는 턱없이 부족하다. 따라서 지구는 열대 지방에 과잉 축적된 에너지를 분산시켜야 하는데, 이를 위해 태풍이 필요하다. 열대 지방에서 엄청난 에너지를 축적한 태풍은 고위도 지방으로 이동하고 소멸되면서 에너지를 내놓게 된다. 즉, 태풍은 저위도와 고위도의 에너지 차이를 줄여 주는 역할을 하는 것이다. 25

◆ 기류 온도나 지형의 차이로 말미암아 일어나는 공기의 흐름.
장관 훌륭하고 장대한 광경.
기압(氣壓) 대기의 압력. 북위 45도의 바다 면과 0℃의 온도에서, 수은 기둥을 높이 760mm까지 올리는 데 작용하는 압력을 1기압이라 하며, 1기압은 1,013.25hPa과 같음.
위력 상대를 압도할 만큼 강력함. 또는 그런 힘.
초토화 불에 탄 것처럼 황폐해지고 못 쓰게 됨.

윗글의 내용과 일치하는 것은?

① 태풍은 주로 북태평양 서쪽의 일부 열대 해역에서 발생한다.

② 태풍은 지구 자전의 영향을 받아 시계 방향으로 회전하면서 이동한다.

③ 태풍은 상승 기류로 인한 열대성 저기압이 더욱 발달하면서 만들어진다.

④ 태풍의 크기는 중심 기압이 높고 최대 풍속이 클수록 대형으로 분류된다.

⑤ 태풍의 눈은 태풍의 가장 중심부로 비바람이 매우 거세게 몰아치는 구역이다.

㉠과 관련하여 태풍에 대해 설명한 내용으로 적절하지 않은 것은?

① 태풍은 열대 지방과 극지방의 에너지 차이를 줄여 주는 역할을 한다.

② 태풍은 열대 지방에 너무 많이 쌓인 에너지를 다른 곳으로 분산시킨다.

③ 태풍은 저위도에서 싣고 온 에너지의 대부분을 고위도로 이동하면서 사용한다.

④ 태풍은 에너지를 실어 나름으로써 전 지구적 차원에서의 균형을 맞춰 주는 역할을 한다.

⑤ 선진국과 개발 도상국 사이의 에너지 불균형 문제를 해결하기 위해서 태풍을 적절히 활용해야 한다.

1 문단과 문단의 핵심 내용을 바르게 연결해 보자.

1문단	•		•	ⓐ	태풍의 눈의 개념과 특징
2문단	•		•	ⓑ	태풍의 크기와 강도
3문단	•		•	ⓒ	태풍의 형성 과정
4문단	•		•	ⓓ	전 지구적 차원에서의 태풍의 역할

2 다음 빈칸을 채워 가며, 글 전체의 내용을 정리해 보자.

태풍	
형성 과정	• 시기: 주로 6∼12월 • 장소: (　　　　　　　　　　　　　　　) • 과정: 수분이 가득한 뜨거운 공기가 (　　　　　　　　)를 만들면서 열대성 저기압 형성 → 더욱 커지면서 태풍으로 발전함.
구조	• 태풍의 눈: 태풍의 중심으로 (　　　　)이 약하고 (　　　　)이 적음. 지름 20∼50km 정도 • 모습: 눈을 중심으로 나선 모양의 구름대가 형성됨.
크기와 강도	• 크기: (　　　　　　　)으로 구분함. • 강도: 중심 기압과 최대 풍속으로 구분함.
역할	• 지구 전체적인 차원에서의 (　　　　　　　)과 균형에 중요한 역할을 함. • 저위도 지방의 에너지를 고위도 지방으로 이동시켜 에너지 격차를 줄임.

과학
05

배경지식

태풍은 어떻게 발달하고 언제 소멸할까?

태풍은 발생 지역에 따라 다른 이름으로 불려요. 태평양 남서부에서 발생하여 우리나라 쪽으로 불어오는 것은 **태풍**, 대서양 서부에서 발생하는 것은 **허리케인**, 인도양에서 발생하는 것은 **사이클론**이라고 해요. 오스트레일리아 북동부에서 발생하는 것은 윌리윌리라고 불렀으나 현재는 이 이름은 사용하지 않고 사이클론으로 통합하여 사용해요.

태풍은 열대 해상에서 수분을 머금은 뜨거운 공기가 급상승 기류를 만들면서 형성돼요. 수증기를 포함한 공기는 상승하며 구름을 만들고 이때 숨은열이 방출되면서 더욱 빠르게 기류를 만들어 거대한 태풍으로 발전하지요. 지구의 자전에 따라 태풍은 시계 반대 방향으로 회전하고, 그 크기는 폭풍을 동반하는 최대 크기의 원 형태가 됩니다.

태풍은 육지에 상륙하면 급격히 쇠약해져요. 태풍이 이동할 때 얻는 에너지는 수증기가 응결할 때 방출되는 숨은열이기 때문에 **해상에서 수증기를 공급받지 못하면 그 세력이 약해지고 지면 마찰 등으로 에너지 손실이 더욱 커지기 때문**이에요. 결국 태풍은 쇠약기에 접어들어 온대 저기압으로 바뀌거나 소멸됩니다. 이와 같이 태풍이 발생하고 소멸하는 데까지는 약 1주일에서 1개월 정도가 걸려요.

#태풍의 발생과 소멸   #태풍의 일생

어휘·어법

1~3
다음 뜻풀이에 해당하는 단어를 〈보기〉에서 찾아 써 보자.

보기
| 기류 | 방출 | 장관 |

1 비축하여 놓은 것을 내놓음. (   )
2 온도나 지형의 차이로 말미암아 일어나는 공기의 흐름. (   )
3 훌륭하고 장대한 광경. (   )

4~6
다음 문장의 빈칸에 들어갈 단어를 초성자를 참고하여 써 보자.

4 대자연의 (ㅇ ㄹ) 앞에서 인간은 연약한 갈대만도 못한 존재이다. (   )
5 사람들의 이기심으로 생태계가 (ㅊ ㅌ ㅎ)되었다. (   )
6 그 가게의 점원은 과일값을 (ㅌ ㅇ ㅇ) 많이 올렸다. (   )

Tip 역할(○) / 역활(×) '역활'은 '역할'의 잘못된 표기이다. '역할(부릴 役. 나눌 割)'은 '① 자기가 마땅히 하여야 할 맡은 바 직책이나 임무. ② 영화나 연극 따위에서 배우가 맡아서 하는 소임.'을 뜻하는 말로 '역할'이 표준어이다. ⓔ 자신의 역할에 충실하다. / 동생은 드라마에서 할아버지 역할을 맡았다.

탄소와 다이아몬드

문제 풀이
지문 해제
관련 영상
어휘 퀴즈

물질의 성질은 그 물질을 구성하는 원자의 종류와 수에 따라 크게 달라진다. 그러나 같은 원자로 이루어진 물질이라도 원자의 배열에 따라 물질의 성질이 달라질 수 있다. 대표적인 예가 같은 탄소 원자로 이루어진 다이아몬드와 흑연이다. 다이아몬드는 '영원한 사랑'을 약속하는 보석으로 유명하며 그 가격도 매우 비싸다. 반면에 흑연은 우리가 흔히 볼 수 있는 연필심, 샤프심을 구성하는 성분으로 매우 저렴하다. 무엇이 이 둘의 차이를 만든 것일까? 5

1개의 탄소 원자는 최대 4개의 다른 원자와 결합할 수 있다. 다이아몬드 내의 모든 탄소 원자는 다른 4개의 탄소 원자들과 결합하여 아래 그림과 같이 치밀한 그물 구조를 이룬다. 이러한 탄소와 탄소 사이의 결합은 매우 단단하여 잘 끊어지지 않기 때문에 단단한 다이아몬드 결정을 이루는 것이다. 10

반면에 흑연은 모든 탄소 원자가 다른 3개의 탄소 원자와 결합하여 육각형 모양이 계속 이어져 얇은 판 모양의 결합 구조를 만든다. 그리고 판과 판 사이에 탄소 원자끼리 또 다른 약한 결합을 이룬다. 이때 흑연을 구성하는 육각형의 탄소 결합은 잘 깨지지 않으나 판과 판 사이의 탄소 결합은 쉽게 깨진다.

다이아몬드와 흑연이 연관이 있다는 사실은 1772년 라부아지에에 의해 밝혀졌다. 15 라부아지에는 실험 도중 다이아몬드를 진공 상태에서 가열하게 되었는데, 그 결과 다이아몬드가 순수한 흑연으로 변해 버렸다. 라부아지에와 많은 사람들은 이 과정을 반대로 실행해 흑연으로 다이아몬드를 만드는 방법을 찾으려 했다. ㉠하지만 1953 년이 되어서야 흑연을 다이아몬드로 만드는 데 성공하기 시작했다. 흑연의 에너지가 다이아몬드의 에너지보다 낮아 에너지 면에서 더 안정하므로 흑연을 다이아몬드로 20 바꾸는 과정에는 큰 에너지가 필요했기 때문이다. 이렇게 만든 인공 다이아몬드는 보석으로서의 가치가 떨어져 드릴 코팅과 같이 산업 용도로 제한적으로 쓰이고 있다.

◆ **원자** 물질의 기본적 구성 단위. 하나의 핵과 이를 둘러싼 여러 개의 전자로 구성되어 있고, 한 개 또는 여러 개가 모여 분자를 이룬다.
치밀하다 아주 곱고 촘촘하다.
진공 물질이 전혀 존재하지 아니하는 공간. 인위적으로 만들어 낼 수는 없고, 실제로는 극히 저압의 상태를 이른다.

1

윗글을 통해 알 수 있는 내용이 <u>아닌</u> 것은?

① 다이아몬드와 흑연은 모두 탄소 원자로 이루어져 있다.

② 인공적으로 만든 다이아몬드는 보석으로 사용되지 않는다.

③ 같은 원자로 구성되어 있어도 그 배열이 다르면 성질이 달라진다.

④ 다이아몬드는 흑연보다 에너지가 낮아 에너지 면에서 더 안정적이다.

⑤ 흑연은 다이아몬드에 비해 하나의 탄소 원자에 결합되어 있는 다른 탄소 원자의 수가 적다.

2

〈보기〉의 내용을 바탕으로 ㉠의 이유를 추론한 것으로 가장 적절한 것은?

> **보기**
>
> 다이아몬드가 생성되는 근원암은 감람석의 일종인 킴벌라이트이다. 이 킴벌라이트는 지하 160~320km에 위치한 화산암체의 일부를 구성하고 있는데, 이곳의 높은 온도와 압력 조건하에서 생성된 다이아몬드는 마그마의 급격한 상승 운동에 의해 지표 부근으로 이동한다. 인공적으로 다이아몬드를 만드는 방법에는 몇 가지가 있는데 모두 천연 다이아몬드가 만들어지는 환경과 비슷하게 고온·고압 상태에서 합성한다.

① 다이아몬드는 탄소 원자끼리의 결합이 약하기 때문이다.

② 다이아몬드를 만들고 나서 오랜 시간을 기다려야 하기 때문이다.

③ 다이아몬드를 만들기 위해서는 많은 양의 흑연이 필요하기 때문이다.

④ 다이아몬드를 만들기 위해서는 높은 온도와 압력이 필요하기 때문이다.

⑤ 다이아몬드와 같은 개수의 탄소 원자를 결합시키는 것이 불가능하기 때문이다.

1 각 문단의 중심 내용을 다음과 같이 정리할 때, 빈칸에 들어갈 내용을 써 보자.

1문단 같은 (　　　　　　)로 이루어진 물질이라도 원자의 배열에 따라 물질의 성질이 달라질 수 있다.

▼

2문단 다이아몬드의 탄소 원자 결합은 치밀한 (　　　　　　) 구조로 매우 단단하여 잘 끊어지지 않는다.

▼

3문단 흑연의 탄소 원자 결합은 얇은 (　　　　　　) 모양의 구조로 판 사이의 결합이 쉽게 깨진다.

▼

4문단 (　　　　　　)을 다이아몬드로 바꾸는 과정에는 큰 에너지가 필요하고, 이렇게 만든 인공 다이아몬드는 보석으로서의 가치가 떨어져 산업 용도로 쓰인다.

2 다음 빈칸을 채워 가며, 글 전체의 내용을 정리해 보자.

흑연	다이아몬드
• 하나의 탄소 원자가 (　　　　　) 의 탄소 원자와 결합함. • 얇은 (　　　　　) 모양의 구조로 판 사이의 결합이 약함.	• 하나의 탄소 원자가 (　　　　　) 의 탄소 원자와 결합함. • 치밀한 (　　　　　) 구조로 단단함.

• (　　　　　)가 다이아몬드와 흑연의 연관성을 발견함.
• 흑연을 다이아몬드로 바꾸는 과정에 큰 (　　　　　)가 필요함.
• 인공 다이아몬드는 (　　　　　)로 제한적으로 쓰임.

과학
06

배 경 지 식

원자와 원소는 어떻게 다를까?

물질을 이루는 입자 하나하나를 원자라 하고, 원자를 분류하는 기준을 원소라고 해요. 즉, 원자란 직접적이고 구체적인 대상을 이르는 말이고 원소는 원자의 종류를 말하는 분류 개념으로 추상적인 개념인 것이지요.

원소에는 수소, 헬륨, 산소 등의 이름이 있고 각 원소를 특정 알파벳으로 표기해요. 이를 우리는 원소 기호라고 부릅니다. 현재까지 알려진 원소는 약 110여 종이며, 이를 정리해 놓은 것이 원소 주기율표예요.

한편 원자들도 원소처럼 번호가 있어요. 원자는 양성자의 개수에 따라 번호를 붙이는데, 양성자가 1개인 수소는 1번이 되고 2개인 헬륨은 2번이 돼요.

우리 주변에는 홑원소 물질보다 다른 종류의 원소가 결합하여 이루어진 화합물이 훨씬 많아요. 우리가 사용하는 생활용품, 화장품 등은 둘 이상의 원소가 포함된 물질이에요.

#물질의 구성   #원자와 원소

어 휘 · 어 법

1~5

다음 뜻풀이에 해당하는 단어를 〈보기〉에서 찾아 써 보자.

> 보기
>
> 구성   가열   배열   추상적   실행

1 일정한 차례나 간격에 따라 벌여 놓음. (   )
2 어떤 사물이 직접 경험하거나 지각할 수 있는 일정한 형태와 성질을 갖추고 있지 않은 것.
(   )
3 몇 가지 부분이나 요소들을 모아서 일정한 전체를 짜 이룸. 또는 그 이룬 결과. (   )
4 어떤 물질에 열을 가함. (   )
5 실제로 행함. (   )

6~7

다음 문장에 들어갈 올바른 단어를 찾아 ○를 표시해 보자.

6 야채를 오래 보관하기 위해 (가열 / 진공) 상태로 포장해 달라고 부탁했다.
7 집 앞의 상수도관 교체로 당분간 급수를 (제한적 / 제도적)으로 할 예정이다.

Tip • 안정(편안할 安, 정할 定) 바뀌어 달라지지 아니하고 일정한 상태를 유지함. ⓔ 물가 안정, 증시 안정
• 안전(편안할 安, 온전할 全) 위험이 생기거나 사고가 날 염려가 없음. 또는 그런 상태. ⓔ 안전 교육, 안전 수칙

생물 다양성

1992년 우리나라를 포함한 여러 나라는 생물 다양성을 보전하기 위해 브라질의 리우에서 생물 다양성 협약을 맺었다. 협약에서는 생물 다양성을 "육상·해상 및 그밖의 수중 생태계와 이들이 부분을 이루는 복합 생태계 등 모든 분야의 생물체 간 변이성을 말하며, 이는 종 간 다양성, 생태계 다양성, 종 내 유전자 다양성을 포함한다."라고 정의하였다. 즉, 생물 다양성은 생물 종 다양성, 생태계 다양성, 유전자 다양성을 총칭하는 말이다.

생물 종 다양성은 하나의 생태계 안에 사는 식물, 동물, 미생물 등 생물 종류의 다양성을 말하고, 생태계 다양성은 산, 바다, 강, 사막, 늪지 등 생태계의 다양성을 말한다. 그리고 유전자 다양성은 같은 종류의 생물 간의 유전자 다양성을 말한다. 예를 들어 벼가 자라는 논에 실잠자리, 거머리, 우렁이가 함께 산다면 생물 종 다양성이 있다고 할 수 있고, 벼가 평야나 산속 등 다양한 장소에서 자라는 모습을 보고 생태계 다양성이 있다고 할 수 있으며, 유전적 변이를 통해 개발한 다양한 품종의 벼를 보고 유전자 다양성을 갖추고 있다고 할 수 있다.

이러한 생물 다양성이 점차 사라진다면 어떤 현상이 벌어질까? 만약 음식이나 음악, 영화 등이 사라져 몇 가지 종류밖에 남지 않는다고 상상해 보자. 계속해서 같은 음식을 먹는 일이 고역이 될 것이고, 음악을 듣거나 영화를 보는 즐거움은 크게 줄어들 것이다. 이처럼 생물 다양성이 사라지면 새로움을 추구하는 존재인 인간뿐만 아니라 지구에 사는 모든 생명의 삶은 단조롭고 음울하게 될 것이다.

생물의 멸종은 생명체가 변화하는 자연에 적응하는 과정에서 일어나는, 당연하고도 자연스러운 일이었다. 하지만 인간이 개입한 멸종은 자연적인 멸종과는 다르다. 생물학자인 에드워드 윌슨은 인간이 자연적인 멸종 속도보다 적어도 100배는 빠르게 생명체들을 멸종시키고 있다고 말하면서 이대로라면 금세기 안에 지구에 있는 종의 절반이 멸종될 것이라고 경고한다.

과학자들은 생물이 멸종될 것에 대비하여 멸종 위기에 있는 생명체들을 위한 공간을 마련했다. 국제 종자 저장고라고 불리는 이 공간은 100여 미터 땅 아래 암반층에 만들어 지진이나 핵전쟁, 심지어 소행성의 충돌에도 안전하다. 또한 북극 근처에 위치해 저온 상태를 유지할 수 있어서 세계 각국에서 보낸 씨앗을 보관하기에 적합하다. 씨앗을 보관하는 식물과 달리 동물은 유전자 표본을 수집해 냉동고에 저장한다. 세포 하나만 있어도 충분하기 때문에 씨앗보다 작은 케이스에 보관할 수 있다.

이처럼 생물의 멸종에 대비하고 있지만 생물 다양성이 줄어드는 것은 여전히 큰 문제이다. 멸종된 생물을 복원할 경우 그 생물이 생태계에 어떤 영향을 줄지 알 수 없고, 동물 복원의 경우 윤리적인 문제가 제기될 수 있다. 또 아직은 생물을 복원할 수

◆ **협약** 국가와 국가 사이에 문서를 교환하여 계약을 맺음.
총칭 전부를 한데 모아 두루 일컬음. 또는 그런 이름.
고역 몹시 힘들고 고되어 견디기 어려운 일.
금세기 지금의 세기.
종자 식물에서 나온 씨 또는 씨앗.
암반 다른 바위 속으로 돌입하여 불규칙하게 굳어진 큰 바위.

있는 생명 공학 기술도 부족한 상태이다. 따라서 생물이 멸종된 후 복원을 하는 것보다 생물이 멸종되지 않도록 노력하는 것이 우선이고, 그것이 생물 다양성 문제를 해결하는 근본적인 방법이다.

1

윗글에서 확인할 수 있는 내용으로 적절한 것은?

① 자연적인 멸종은 인간이 개입한 멸종에 비해 속도가 빠르다.

② 생물 다양성은 생물 종, 생태계, 유전자 등 다양한 측면을 포함한다.

③ 멸종 위기 동물을 보존하는 데 필요한 공간은 식물을 보존하는 데 필요한 공간보다 넓다.

④ 생물 다양성 협약에서 말하는 생물 다양성은 수중 생태계의 생물체만을 한정적으로 포함한다.

⑤ 생물 다양성 문제를 해결하는 가장 바람직한 방법은 멸종 생물을 복원하기 위한 준비를 하는 것이다.

2

윗글을 읽은 후 〈보기〉에 대해 보인 반응으로 적절하지 않은 것은?

> **보기**
>
> 추운 시베리아 지역에 묻혀 있던 매머드의 사체에서 매머드의 유전자를 추출하여 복원하는 방식으로 멸종된 매머드를 복원하려는 시도가 계속되고 있다. 이에 대해 일부 과학자들은 오래전 죽은 매머드에서 유전자를 추출하는 것이 쉽지 않고, 추출에 성공을 한다고 하더라도 태아의 상태를 오랜 시간 유지해야 하는 등 현실적인 문제가 많다고 지적하고 있다. 나아가 매머드를 복원하는 일 자체를 부정적으로 보는 사람들도 있다. 실험실에서 생명체를 만드는 것은 바람직하지 않으며 복원 과정에서 다른 생명체가 희생될 수 있다는 것이다.

① 실험실에서 멸종된 매머드를 복원하는 것은 윤리적 측면에서 비판받을 수 있겠군.

② 매머드의 유전자가 보존된 것은 시베리아 지역의 땅이 냉동고의 역할을 했기 때문이겠군.

③ 복원된 매머드의 수가 많아지면 매머드의 먹이가 되는 생물의 개체수가 줄어들 수 있겠군.

④ 매머드 복원에 찬성하는 사람은 동물의 유전자 표본을 보관하는 것을 중요한 일로 여기겠군.

⑤ 매머드 복원에 회의적인 태도를 갖는 가장 큰 이유는 생명 공학 기술이 부족하다는 점이겠군.

회의적 어떤 일에 의심을 품는. 또는 그런 것.

다음에 제시된 질문의 답을 찾을 수 있는 문단을 찾아 연결해 보자.

생물 다양성의 개념은 무엇인가? ●	● 1문단
자연적인 멸종과 인간이 개입한 멸종은 어떻게 다른가? ●	● 2문단
생물 다양성에 포함되는 다양성의 종류와 개념은 무엇인가? ●	● 3문단
생물 다양성이 중요한 이유는 무엇인가? ●	● 4문단
생물 다양성 문제를 해결하는 근본적인 방법은 무엇인가? ●	● 5문단
과학자들은 멸종 위기에 있는 생명체를 위해 어떤 일을 하고 있는가? ●	● 6문단

다음 빈칸을 채워 가며, 생물 다양성에 대해 정리해 보자.

생물 다양성의 개념	육상 · 해상 및 그밖의 수중 생태계와 이들이 부분을 이루는 복합 생태계 등 모든 분야의 생물체 간 ( )을 말하며, 이는 종 간 다양성, 생태계 다양성, 종 내 유전자 다양성을 포함함.	
	생물 종 다양성	하나의 생태계 안에 사는 식물, 동물, 미생물 등 ( )의 다양성
	생태계 다양성	산, 바다, 강, 사막, 늪지 등 생태계의 다양성
	유전자 다양성	같은 종류의 생물 간의 ( ) 다양성
생물 다양성 문제를 해결하는 방법	• 멸종에 대비하여 멸종 위기에 놓인 식물의 ( )과 동물의 유전자 ( )을 ( )에 보관함. → 생태계 문제, 윤리적 문제, 기술적 문제 등 한계가 있음. • 근본적으로는 생물이 멸종되지 않도록 노력해야 함.	

배 경 지 식

지구에는 얼마나 다양한 생물이 존재할까?

18세기에 스웨덴의 박물학자 칼 폰 린네가 생물 종의 이름을 표시하는 방법을 만든 후, 이에 따른 과학적 이름을 가진 생물만 약 200만 종이나 된다고 해요. 곤충이나 꽃게와 새우 같은 갑각류는 유난히 구별이 힘들었는지, 같은 종인데도 다른 이름이 붙은 것들이 많다고 해요. 그런 것들을 제외하면 우리가 알고 있는 생물은 약 150만 종이라고 합니다. 지구의 모든 생물을 다 알기는 어렵지만 통계학을 이용하면 **지구에는 약 1,000만 종의 생물이 있다고 추측**할 수 있어요.

이렇게 수많은 생물 중에는 인간의 욕심 때문에 이미 멸종했거나, 멸종해 가고 있는 생물들이 많아요. 그래서 **국제 자연 보전 연맹(IUCN)**은 멸종 위험이 큰 생물을 '멸종 위급, 멸종 위기, 취약, 위협, 관심 대상' 등으로 분류하여 이를 보호하기 위해 노력하고 있어요. 또한 많은 국가에서도 생태계 보호를 위해 숲과 늪지, 산과 갯벌 등을 보호 구역으로 지정하여 관리하고 있어요.

#지구의 생물 종   #국제 자연 보전 연맹   #생물 종 보호

어 휘 · 어 법

1~4

다음 문장에 들어갈 알맞은 단어를 찾아 O를 표시해 보자.

1 (기반 / 암반)을 뚫고 지하수를 퍼 올렸다.
2 할 일 없이 빈둥거리는 것도 (고역 / 사역)이다.
3 병충해에 강한 농작물 (범종 / 품종) 개량이 필요하다.
4 다양한 실험을 통해 유전자 (변용 / 변이)의 원인을 찾아냈다.

5~8

다음 뜻풀이에 알맞은 단어를 〈보기〉에서 찾아 빈칸에 써 보자.

> 보기
>
> 단조롭다   금세기   표본   음울하다

5 지금의 세기. (   )
6 단순하고 변화가 없어 새로운 느낌이 없다. (   )
7 기분이나 분위기 따위가 음침하고 우울하다. (   )
8 생물의 몸 전체나 그 일부에 적당한 처리를 가하여 보존할 수 있게 한 것. (   )

Tip • 종(種) 생물 분류의 기초 단위. 속(屬)의 아래이며 상호 정상적인 유성 생식을 할 수 있는 개체군이다. 예 종의 기원
  • -종(種) (동식물의 품종을 나타내는 대다수 고유 명사 또는 몇몇 명사 뒤에 붙어) '품종' 또는 '갈래'의 뜻을 더하는 접미사. 예 개량종/뉴햄프셔종/재래종

바다에 가지 않고 파도를 즐긴다?

문제 풀이
지문 해제
관련 영상
어휘 퀴즈

해마다 여름이면 누구나 파도가 출렁거리는 바다를 꿈꾼다. 사람들은 광고를 보며 서프보드를 타고 파도를 즐기는 모습을 부러워한다. 하지만 파도를 즐기기 위해 실제 바다로 향하기란 쉬운 일이 아니다. 바닷가까지 이동하는 시간이 아까운 사람들도 있고, 소금기 때문에 바다에 뛰어들기를 싫어하는 사람들도 있기 때문이다. 이런 고민을 해결하며 최근 들어 인기를 끌고 있는 것이 바로 '워터 파크'의 '인공 파도'이다. 굳이 바다로 가지 않아도 파도를 즐길 수 있게 된 것이다. 그렇다면 워터 파크에서는 어떻게 인공 파도를 만들 수 있을까?

바다에서 파도가 만들어지는 원리를 생각해 보자. 잔잔한 바다에 파도를 만드는 것은 바람이다. 공기가 해수면을 빠르게 지나가면서 바닷물에 압력을 주면 해수면의 물이 밀려 일렁이는 파도가 형성되는 것이다. 워터 파크에서 만들어지는 1m 정도의 작은 인공 파도는 이와 비슷한 원리로 만들어진다. 공기를 고압으로 압축해서 순간적으로 물 표면에 뿜어내면 고압의 공기 때문에 물이 밀려나 파도가 형성된다.

2m 이상의 큰 파도를 만들 때에는 다른 방법이 이용된다. 국내의 대표적인 워터 파크의 인공 파도 수영장 전면은 약 10m 높이의 벽이다. 이 벽은 파도를 만드는 장치가 있는 건물의 일부이다. 이 건물에는 거대한 물통 10개가 있는데, 각각의 물통에는 약 95t(톤)의 물을 담을 수 있다. 물통의 수문이 닫히면 약 1분 만에 총 950t의 물이 10개의 물통에 가득 채워지는데, 이 물통의 수문을 일시에 열면 그 물이 일시에 수영장 안으로 유입되면서 큰 파도가 형성되는 것이다. 그리고 이렇게 유입된 물은 수영장 곳곳에 설치된 인공 조형물이나 가장자리에 있는 배수 시설을 통해 빠져나간다.

워터 파크의 인공 파도는 이처럼 실제 바다에서 즐기는 파도타기를 만끽할 수 있는 기회를 준다. 그러나 인공 파도와 바다의 파도는 움직이는 원리가 좀 다르다. 바다의 파도는 물 자체가 언덕을 이루고 서프보드를 타는 사람들은 그 언덕을 타고 내려오는데, 파도의 언덕은 바닷물이 밀려오는 것이 아니라 파도의 언덕만 상하로 움직이는 것이다. 즉, 물은 가만히 있는데 파도의 언덕을 이루는 파동 현상으로 물이 밀려오는 것처럼 보이는 것이다. 하지만 인공 파도는 파도의 언덕이 움직이는 것이 아니라 파도의 언덕 표면을 따라 10cm 정도의 물층이 빠르게 흐른다. 즉 파도는 고정되어 있고 실제로는 물이 이동하는 것이다. 이처럼 인공 파도가 움직이는 원리는 실제 바다와 과학적으로 차이가 있지만, 사람들은 이러한 물의 흐름을 실제 파도처럼 인식하며 파도타기를 즐기는 것이다.

◆ 워터 파크(water park) 물놀이 따위를 하며 즐기거나 휴양할 수 있도록, 물놀이 기구 및 제반 시설을 대규모로 갖춘 곳.
유입 액체나 기체, 열 따위가 어떤 곳으로 흘러듦.
만끽 욕망을 마음껏 충족함.

1

윗글의 내용과 일치하지 <u>않는</u> 것은?

① 바다에 있는 물은 파도를 통해 지속적으로 해안가로 밀려 나가게 된다.

② 인공 파도를 일으킨 물은 수영장 가장자리의 배수 시설을 통해 빠져나간다.

③ 수영장 수면에 압축된 공기를 뿜는 방식으로는 작은 파도밖에 생성할 수 없다.

④ 바다의 파도와 달리 인공 파도의 표면에서는 물이 층을 이루며 빠르게 흘러간다.

⑤ 2m 이상의 큰 파도를 생성하려면 일시에 많은 양의 물을 수영장에 유입시켜야 한다.

2

윗글의 서술상 특징으로 가장 적절한 것은?

① 특정 현상이 나타나게 된 다양한 원인을 나열하고 있다.

② 묻고 답하는 방식을 활용하여 중심 내용을 전달하고 있다.

③ 대상의 구성 요소를 분석한 후 각각의 기능을 밝히고 있다.

④ 시간의 경과에 따라 대상이 변화하는 과정을 설명하고 있다.

⑤ 대상의 구체적인 종류를 밝히고 각각의 장단점을 비교하고 있다.

경과 시간이 지나감.

지문 분석

단락 요약

1 각 문단의 중심 내용을 다음과 같이 정리할 때, 빈칸에 들어갈 말을 써 보자.

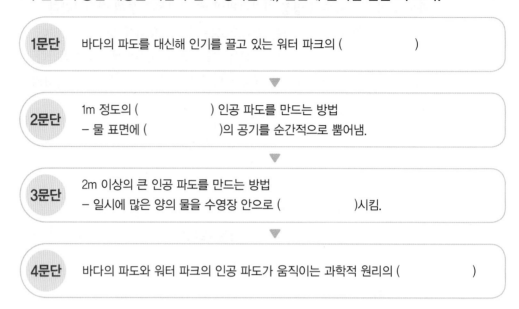

1문단 바다의 파도를 대신해 인기를 끌고 있는 워터 파크의 (   )

▼

2문단 1m 정도의 (   ) 인공 파도를 만드는 방법
– 물 표면에 (   )의 공기를 순간적으로 뿜어냄.

▼

3문단 2m 이상의 큰 인공 파도를 만드는 방법
– 일시에 많은 양의 물을 수영장 안으로 (   )시킴.

▼

4문단 바다의 파도와 워터 파크의 인공 파도가 움직이는 과학적 원리의 (   )

정보 확인

2 다음 빈칸을 채워 가며, 바다의 파도와 워터 파크의 인공 파도의 차이를 정리해 보자.

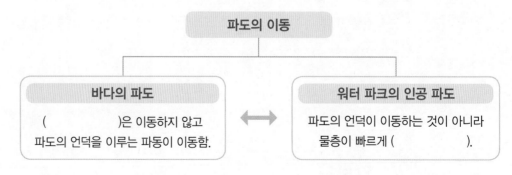

파도의 이동

바다의 파도
(   )은 이동하지 않고
파도의 언덕을 이루는 파동이 이동함.

↔

워터 파크의 인공 파도
파도의 언덕이 이동하는 것이 아니라
물층이 빠르게 (   ).

배 경 지 식

파동은 어떻게 이동할까?

파동은 진동이 주변에 전달되면서 퍼져 나가는 현상을 말해요. 이때 파동을 전달해 주는 물질을 매질이라고 하며 파도의 경우 바닷물이 매질에 해당돼요.

바닷물에 바람, 지진, 조석력 등의 에너지가 가해져 파동이 만들어지고 물이 매질이 되어 파동을 전달하는 것이지요. 이때 매질인 물은 위아래로 진동만 할 뿐 이동하지 않아요. 그런데 해안가에서는 바닷물이 밀려와 부서지는 모습을 볼 수 있습니다. 그렇다면 물이 제자리에서 진동만 할 뿐 움직이지 않는다는 것을 어떻게 이해해야 할까요?

해안가의 파도는 수심이 얕아서 바다 밑바닥의 영향을 받아요. 파도가 해안가에 이르면 파동이 밑바닥과 마찰을 일으키며 물결의 높이가 수심보다 클 때에는 위로 솟지 못하고 파도가 부서지게 돼요. 이때 파도가 앞으로 쏠리며 전후로 운동하게 되는 것입니다.

#파동   #진동 전달   #매질은 부동

어 휘 · 어 법

1~4

다음 뜻풀이에 해당하는 단어를 〈보기〉에서 찾아 써 보자.

보기

조형물   만끽   해수면   유입

1 바닷물의 표면. (   )
2 액체나 기체, 열 따위가 어떤 곳으로 흘러듦. (   )
3 여러 가지 재료를 이용하여 구체적인 형태나 형상으로 만든 물체. (   )
4 욕망을 마음껏 충족함. (   )

5~7

다음 밑줄 친 단어 중 파생어에는 '파', 합성어에는 '합'이라고 써 보자.

5 바다에서 놀고 나면 <u>소금기</u> 때문에 깨끗하게 샤워를 해야 합니다. (   )
6 이모는 회사 일이 많아서인지 이번 모임에는 <u>화장기</u> 없는 얼굴로 나타났다. (   )
7 소녀는 그간 많이 앓았는지 얼굴에 <u>핏기</u>가 없어 보였어. (   )

Tip 사이시옷 사이시옷은 사잇소리 현상이 나타났을 때 쓰는 'ㅅ'의 이름으로 합성어에서 나타난다. 사이시옷은 결합한 단어 중 하나 이상이 고유어이고 앞말이 모음으로 끝날 때 표기한다. 예 아랫방(房)[아래빵/아랟빵], 콧날[콘날], 나뭇잎[나문닙]

비행기 블랙박스

문제 풀이
지문 해제
관련 영상
어휘 퀴즈

　일어나서는 안 될 일이지만 이따금 비행기가 사고로 추락하는 경우에는 블랙박스를 찾았는지의 여부가 관심의 대상이 된다. 블랙박스는 비행기의 상태와 관련한 각종 정보를 기록하는 장치로 비행기 사고의 원인과 관련된 핵심 정보를 제공해 준다. 블랙박스는 비행기 사고 후 발견하기 쉽도록 형광 물질을 입힌 주황색을 띠고 있으며, 정글이나 바다에서도 빠른 시간 내에 ㉠회수될 수 있도록 전파 발신 장치가 장착되어 있다.

　일반적으로 비행기의 블랙박스는 ⓐ조종실 음성 기록 장치[CVR]와 ⓑ비행 정보 기록 장치[FDR]로 구성되어 있는데, 비행기 사고가 큰 충격과 화재를 ㉡동반하는 경우가 많아 사고 발생 시 가장 손상이 적은 비행기 꼬리 부분에 장착하며, CVR과 FDR이 모두 손상되거나 실종되는 것을 피하기 위해 꼬리 부분의 서로 다른 위치에 장착한다. 또 블랙박스는 열과 충격을 견디기 위한 캡슐 형태로 제작되며, 1,100℃의 온도에서 30분 이상, 수심 6,000m의 수압에서 약 30일간 견딜 수 있도록 제작된다.

　블랙박스를 ㉢구성하는 CVR은 조종석 내의 대화를 녹음하는 장치로, 이 장치는 비행기 조종사와 항공 교통 관제 센터와의 대화는 물론, 조종석 내의 대화, 객실 안내 방송, 객실 승무원과의 연락, 지상에서 정비사와 나눈 대화도 녹음된다. 녹음 시간은 30분으로, 그 이전의 기록은 덧씌워지기 때문에 항상 최근 30분의 대화가 녹음된다. 과거의 CVR은 자기 테이프♦ 방식이었지만 현재는 대부분 반도체 메모리가 사용되고 있으며, 덕분에 내구성♦과 신뢰성이 향상되었다. CVR은 사고로 인해 강한 충격을 받으면 10분 후에 자동으로 녹음이 중지되며, 녹음된 내용의 삭제가 불가능하다.

　FDR은 비행기의 속도, 고도, 자세, 방위, 엔진 ㉣운용 상태, 통신 장비 상태, 조종 장치 등의 비행 상황을 기록하는 장치로, 기록 시간은 25시간이다. 현재는 CVR과 마찬가지로 자기 테이프가 아니라 반도체 메모리가 사용되고 있으며, 비행기 사고나 이상의 원인을 보다 정확하게 파악하기 위해 비행기와 관련한 19가지의 정보를 디지털 방식으로 저장한다. 이때 기록되는 디지털 정보는 정보에 따라 별도의 채널로 기록되며, 연속적으로 저장되는 것이 아니라 1~4초 간격으로 저장된다.

　CVR과 FDR은 엔진을 작동하면 기록이 자동으로 시작되며, 착륙하여 엔진을 정지하면 5분 후에 자동으로 기록이 중지된다. 그리고 기록된 내용은 비행 중에는 지울수 없으며, 지상에서만 삭제가 가능하다. 이처럼 비행기의 블랙박스는 비행기의 움직임과 관련된 다양한 정보를 기록함으로써 비행기 사고의 원인을 규명♦하고 유사한 사고를 ㉤미연에 방지하는 데 중요한 역할을 하고 있다.

♦ **자기 테이프** 표면에 산화 철 따위의 자성 물질을 칠하고 띠 모양으로 가공한 보조 기억 매체. 간단하게 조작할 수 있고 상대적으로 가격이 싸서 많은 양의 데이터를 취급할 수 있으나 순차적 접근 방식이므로 속도가 느리고 데이터의 추가, 삭제, 변경 따위에 어려움이 있음.
내구성 물질이 원래의 상태에서 변질되거나 변형됨이 없이 오래 견디는 성질.
규명 어떤 사실을 자세히 따져서 바로 밝힘.

1

윗글의 서술상 특징으로 가장 적절한 것은?

① 대상이 발전해 온 과정을 시간적 순서에 따라 제시하고 있다.

② 대상의 다양한 종류를 제시하고 각각의 장단점을 비교하고 있다.

③ 대상의 활용 분야를 나열한 후 가치와 의의에 대해 밝히고 있다.

④ 대상의 구성 요소를 제시한 후 각각의 기능에 대해 설명하고 있다.

⑤ 구체적 사례를 제시한 후 이를 통해 대상의 특성을 도출하고 있다.

2

ⓐ, ⓑ에 대한 설명으로 적절하지 <u>않은</u> 것은?

① ⓐ는 ⓑ와 달리 조종석 내의 대화가 녹음되는 장치이다.

② ⓐ는 ⓑ와 달리 비행 정보가 디지털 방식으로 저장된다.

③ ⓑ는 ⓐ에 비해 장치에 기록할 수 있는 시간이 더 길다.

④ ⓐ와 ⓑ는 모두 엔진이 작동하면 자동으로 기록이 시작된다.

⑤ ⓐ와 ⓑ는 비행기 꼬리 부분에 장착되지만 각각의 위치는 다르다.

3 어휘

㉠～㉢의 사전적 의미로 적절하지 <u>않은</u> 것은?

① ㉠: 도로 거두어들임.

② ㉡: 어떤 사물이나 현상이 함께 생김.

③ ㉢: 몇 가지 부분이나 요소들을 모아서 일정한 전체를 짜 이룸.

④ ㉣: 무엇을 움직이게 하거나 부리어 씀.

⑤ ㉤: 속속들이 꿰뚫어 미치어 밑바닥까지 빈틈이나 부족함이 없음.

지문 분석

문단 요약

1 각 문단의 중심 내용을 다음과 같이 정리할 때, 빈칸에 들어갈 알맞은 말을 써 보자.

1문단 비행기 블랙박스의 ( )과 기능

▼

2문단 비행기 블랙박스의 ( ) 요소와 특성

▼

3문단 ( ) 음성 기록 장치[CVR]의 기능과 기록 방식

▼

4문단 ( ) 기록 장치[FDR]의 기능과 기록 방식

▼

5문단 CVR과 FDR의 작동 방식과 비행기 블랙박스의 ( )

정보 확인

 2 이 글의 중심 소재인 비행기 블랙박스에 대한 설명이 맞으면 ○, 틀리면 ×를 표시해 보자.

1) 비행기 블랙박스는 주황색을 띠고 있으며 전파 발신 장치가 장착되어 있다. —— ( )
2) 비행기 블랙박스는 고온과 고압의 환경에 견딜 수 있도록 제작된다. .... ( )
3) 비행기 블랙박스의 CVR은 비행기 머리 부분에, FDR은 꼬리 부분에 장착된다.· ( )

글의 구조

 3 CVR과 FDR에 대해 다음과 같이 정리해 보자.

	( )	FDR
기록 내용	항공 교통 관제 센터와의 대화, 조종석 내의 대화, 안내 방송, 승무원과의 연락, 정비사와의 대화 등	비행기 속도, 고도, 자세, 방위, 엔진 운용 상태, 통신 장비 상태, 조종 장치 등
기록 시간	( )	( )
저장 매체	과거: 자기 테이프 / 현재: ( ) 메모리	
기록 방식	( ) 작동 시 기록이 시작, 착륙 후 엔진 정지 5분 후에 기록이 중지됨.	

배경지식

블랙박스는 블랙이 아니라고?

블랙박스는 어렸을 때 비행기 사고로 아버지를 잃은 데이비드 워런이 처음 만들었어요. **비행기의 블랙박스는 이름에 걸맞지 않게 밝은 주황색**을 띠고 있어요. 사고가 나면 대개 산이나 바다에서 블랙박스를 찾아야 하는 경우가 많은데, 어두운 색이면 블랙박스를 찾기가 어렵기 때문이에요.

블랙박스라는 이름은 물리학에서 '작동 원리를 몰라도 결과는 알 수 있게 만든 장치'를 블랙박스라고 부른 데서 가지고 왔어요. 워런의 비행 기록 장치도 작동 원리를 모르는 사람들이 비행 기록 결과는 볼 수 있도록 만들어졌어요.

우리가 흔히 보는 **자동차의 블랙박스**는 비행기의 블랙박스와는 기록 유형이 조금 달라요. 자동차용 블랙박스는 **영상 기록기**로 충돌 전후의 상황을 영상으로 저장해 사고 정황 파악에 필요한 정보를 제공하지요. 또 비행기의 블랙박스와 같은 기능을 하는 **사고 기록 장치[EDR]**는 사고 전후의 운행 정보나 충돌 정보를 저장해요.

#블랙박스   #이름의 유래

비행기의 블랙박스

어휘·어법

1~4

다음 뜻풀이에 해당하는 단어를 〈보기〉의 글자를 조합하여 써 보자.

보기

조	규	관	형	종	명	제	광

1 비행기나 선박, 자동차 따위의 기계를 다루어 부림. (   )

2 어떤 사실을 자세히 따져서 바로 밝힘. (   )

3 관리하여 통제함. 특히 국가나 공항에서 필요에 따라 강제적으로 관리·통제하는 일. (   )

4 어떤 종류의 물체가 엑스선이나 전자 빔 따위를 받았을 때에 내는 고유한 빛. (   )

5~6

다음 밑줄 친 말과 바꾸어 쓸 수 있는 말을 괄호 안의 초성을 참고하여 써 보자.

5 이 제품은 좋은 자재로 만들어 변형 없이 오래 견디는 성질이 강하다.

(ㄴ ㄱ ㅅ → 　　　　　)

6 게시 기간이 끝나면 게시물을 도로 거두어들여야 한다. (ㅎ ㅅ → 　　　　　)

Tip • **띠다** 빛깔이나 색채 따위를 가지다. / 감정이나 기운 따위를 나타내다. **예** 붉은 빛을 띤 장미 / 얼굴에 미소를 띠다.
　　 • **띄다** '뜨이다'의 준말. 눈에 보이다. / 남보다 훨씬 두드러지다. **예** 원고에 오자가 눈에 띈다. / 빨간 지붕이 눈에 띄는 집

공기 청정 기술

문제 풀이
지문 해제
관련 영상
어휘 퀴즈

최근 들어 미세 먼지가 대기 오염 문제의 중심으로 떠오르고 있다. 미세 먼지는 지름이 $10\mu m$(마이크로미터, $1\mu m$=1000분의 1mm) 이하인 미세 먼지(PM 10)와 지름이 $2.5\mu m$ 이하인 초미세 먼지(PM 2.5)로 나뉜다. 이때 PM(Particulate Matter)이란 '입자상 물질(대기 중에 떠다니는 고체 또는 액체 상태의 미세 입자)'이라는 뜻으로 PM 10은 입자의 크기가 지름 $10\mu m$ 이하, PM 2.5는 지름 $2.5\mu m$ 이하의 먼지이다. 5
미세 먼지는 대기 흐름을 타고 다른 나라에까지 영향을 미치는데, 한 연구 결과에 따르면 우리나라의 경우 장소나 시기에 따라 다르지만 약 30~40%가량이 외국에서 유입된 것으로 추정하고 있다. 이러한 미세 먼지의 정도와 그 폐해가 점점 심해지면서 최근에는 공기 청정기의 수요가 급속히 증가하고 있다.

공기 청정기에 사용되는 일반적인 공기 청정 방식 중 가장 대표적인 방식은 필터식 10
이다. 이는 선풍기나 에어컨과 같이 팬을 이용해 공기를 흡입한 후, 필터로 정화하여 정화된 공기를 다시 배출하는 방식이다. 이 방식을 이용한 공기 청정기는 보통 가장 바깥쪽에 위치한 프리 필터를 통해 머리카락이나 굵은 먼지 등을 거르고, 헤파(HEPA) 필터라는 세세한♦ 부직포 필터로 미세 입자를 집진하고 여과하며, 냄새는 활성탄을 이용해 흡착하여 제거한다. 필터식 공기 청정기는 주기적으로 필터를 교체해 주어야 15
하므로 추가 비용이 발생한다는 단점이 있지만 오염물을 흡착하는 능력이 뛰어나다는 장점이 있다.

이온식 공기 청정 방식은 음이온을 만들어 주변에 퍼뜨리면 음이온이 공기 중에 떠다니는 세균이나 악취를 내는 물질과 결합해 오염 물질을 제거하는 원리를 이용한다. 이온식 공기 청정기는 주로 방전을 일으켜 공기를 분해하여 음이온을 만드는데, 20
공기를 빨아들여야 하는 필터식 공기 청정기와 달리 음이온을 내보내기만 하면 되므로 부피가 훨씬 작고 소비 전력도 낮으며 조용하다는 장점이 있다. 다만 팬이 없기 때문에 정화될 때까지 다소 시간이 걸리고, 방이 넓을수록 효과가 떨어진다는 단점이 있다.

필터식과 이온식 외에도 전기 집진식 공기 청정기나 워터 필터식 공기 청정기도 있 25
다. 또한 여러 공기 청정 방식의 장점을 조합한 공기 청정기도 출시되고 있다. 미세 먼지의 재앙이 커질수록 다양한 공기 청정 방식을 활용하여 더 뛰어난 공기 청정기를 개발하려는 노력이 지속적으로 이루어지고 있다.

♦ **세세하다** 사물의 굵기가 매우 가늘다.
집진 먼지나 쓰레기 등을 한 곳에 모으는 일.
여과 거름종이나 여과기를 써서 액체 속에 들어 있는 침전물이나 입자를 걸러 내는 일.
흡착 어떤 물질이 달라붙음.
방전 전지나 축전기 또는 전기를 띤 물체에서 전기가 외부로 흘러나오는 현상.

1

윗글의 내용을 반영한 표제와 부제로 가장 적절한 것은?

① 대기 오염
- 미세 먼지의 재앙
② 미세 먼지의 원인
- 국외 영향 최고 40%
③ 미세 먼지와 오존
- 공기 청정기 개발의 역사
④ 미세 먼지의 극복
- 공기 청정기의 다양한 원리
⑤ 공기 청정기의 발달
- 필터식 공기 청정기의 과학성

2

윗글을 바탕으로 〈보기〉를 이해한 내용으로 적절하지 <u>않은</u> 것은?

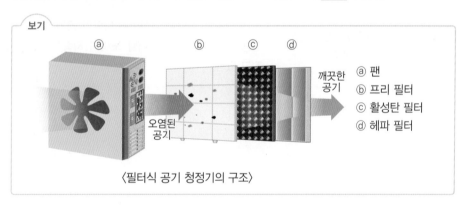

ⓐ 팬
ⓑ 프리 필터
ⓒ 활성탄 필터
ⓓ 헤파 필터

오염된 공기 / 깨끗한 공기

〈필터식 공기 청정기의 구조〉

① ⓐ를 통해 공기가 들어오겠군.
② ⓑ와 ⓒ를 지난 공기에는 미세 먼지가 남아 있겠군.
③ ⓑ는 냄새를 없애는 기능을 하겠군.
④ ⓓ를 통해 미세 먼지까지 여과되겠군.
⑤ 〈보기〉의 공기 청정기는 이온식에 비해 공기 정화 효율이 우수하겠군.

각 문단의 중심 내용을 다음과 같이 정리할 때, 빈칸에 들어갈 내용을 써 보자.

1문단

(   )와 공기 청정기

- 미세 먼지: 지름에 따라 미세 먼지와 (   )로 나뉨.
- 미세 먼지의 폐해가 심해짐에 따라 (   )의 수요가 늘고 있음.

▼

2문단

필터식 공기 청정기

- (   )을 이용해 공기를 흡입한 후 (   )로 공기를 정화하여 배출하는 방식
- 장점: 오염물을 흡착하는 능력이 뛰어남.
- 단점: 주기적으로 필터를 (   )해야 함.

▼

3문단

이온식 공기 청정기

- (   )이 공기 중의 오염 물질과 결합해 오염 물질을 제거하는 방식
- 장점: 부피가 작고, 소비 전력이 낮으며 조용함.
- 단점: 정화 시간이 (   ), 넓은 공간에서는 효과가 떨어짐.

▼

4문단

다양한 공기 청정 기술의 개발

- 미세 먼지의 재앙이 커질수록 다양한 공기 청정 기술을 활용한 공기 청정기의 개발 노력이 지속적으로 이루어지고 있음.

이 글의 내용으로 맞으면 ○, 틀리면 ×를 표시해 보자.

1) 우리나라의 미세 먼지는 장소나 시기에 관계없이 국외 유입이 절반을 넘는다. ⋯ (   )

2) 필터식 공기 청정기는 주기적으로 필터를 교체해 주어야 한다. ⋯⋯⋯⋯⋯⋯⋯⋯ (   )

3) 헤파(HEPA) 필터는 냄새를 흡착하여 제거한다. ⋯⋯⋯⋯⋯⋯⋯⋯⋯⋯⋯⋯⋯⋯⋯ (   )

4) 이온식 공기 청정 방식은 좁은 공간에서 효율적이다. ⋯⋯⋯⋯⋯⋯⋯⋯⋯⋯⋯⋯ (   )

5) 공기 청정기의 원리 중에서 가장 보편적인 방식은 워터 필터식이다. ⋯⋯⋯⋯⋯ (   )

배경지식

전기와 물로 공기를 정화한다고?

전기 집진식 공기 청정기는 공기 속의 오염 물질을 전하를 띤 이온으로 만든 후, 먼지를 모으는 전기판에 붙이는 방식을 활용해요. 공기 중 오염 물질 입자들을 높은 전압으로 (+)전하를 띠게 만들고, 이 (+)전하를 띤 입자들을 (+), (−) 전기를 띠고 있는 판들을 지나게 하여 미세 입자는 음극판에 달라붙게 만들어요. 이러한 전기 집진식 공기 청정기는 미세 먼지, 진드기, 꽃가루 등 입자 형태의 오염 물질을 제거하는 데 효과적이에요. 정기적으로 오염 물질 입자가 붙은 판을 꺼내 물로 세척해 주면 반복해서 사용이 가능하다는 장점이 있어요.

워터 필터식 공기 청정기는 물을 필터처럼 사용하는 방식이에요. 물의 흡착력을 이용해 오염 물질을 제거하지요. 빨아들인 공기를 물에 닿게 하면 공기 중의 오염 물질은 물속에 가라앉게 돼요. 이때 물만 사용하는 것이 아니라 전기적 방식이나 별도의 첨가제를 활용하여 정화 효율을 높일 수 있어요. 워터 필터식 공기 청정기는 실내가 건조하고 먼지가 많은 곳에서 사용하면 적정 습도를 유지하면서 먼지를 효과적으로 제거할 수 있어요. 그러나 나쁜 냄새를 없애거나 유해 가스를 없애는 기능은 다소 떨어지며, 세균이 쉽게 번식할 수 있다는 단점이 있어요.

#전기 집진식 공기 청정기   #워터 필터식 공기 청정기

어휘·어법

1~3
다음 문장에 들어갈 올바른 단어를 찾아 ○를 표시해 보자.

1 공장 지대에는 폐수 (집진 / 정화) 시설이 반드시 필요하다.
2 앞으로 치를 대회의 걸림돌이 어느 정도 (제거 / 삭제)된 것 같다.
3 자동차 점검을 소홀히 했더니 자동차 배터리가 (방전 / 충전)되어서 차가 길 한복판에서 멈췄다.

4~7
다음 뜻풀이에 해당하는 단어를 〈보기〉에서 찾아 써 보자.

보기

| 조합 | 출시 | 청정 | 분해 |

4 맑고 깨끗하게 함. (   )
5 여럿을 한데 모아 한 덩어리로 짬. (   )
6 상품이 시중에 나옴. 또는 상품을 시중에 내보냄. (   )
7 여러 부분이 결합되어 이루어진 것을 그 낱낱으로 나눔. (   )

Tip '퍼뜨리다'와 '퍼트리다'는 유의어로 사용된다. 여기서 '-뜨리다'는 강조의 뜻을 더하는 접미사로 '-트리다'와 동일한 의미를 가지고 있다.

04 기술

생명을 지키는 순간의 기술

문제 풀이
지문 해제
관련 영상
어휘 퀴즈

누구나 한번쯤은 자동차의 운전석이나 조수석에서 'AIR BAG(에어백)'이라는 표시를 본 적이 있을 것이다. 자동차의 에어백은 처음에는 '안전벨트 보조용 구속 장치'로 불렸다. 이 말은 안전벨트를 착용한 상태에서 승객을 가장 효과적으로 보호할 수 있다는 의미였다. 에어백이 등장하기 이전에는 운전자가 안전벨트를 하고 있어도 핸들이나 계기판 등에 부딪히면서 여전히 머리와 목 부위를 다치는 문제가 있었기 때문 5
이다.

에어백은 크게 충격 감지 시스템과 에어백이 터지도록 하는 기체 팽창 장치, 그리고 공기 자루 부분으로 구성되어 있다. 자동차가 일정 속도 이상으로 달리다가 충돌하면 순간적으로 충돌 감지 센서의 롤러가 관성의 법칙에 따라 앞쪽으로 구르면서 가스 발생 장치에 연결된 전기 회로를 활성화시킨다. 이때 회로에 전류가 흐르면서 10
㉠가스 발생 장치에 폭발이 일어나게 되고 질소 가스가 발생하면서 약 60리터의 기체가 순식간에 공기 자루를 채우게 된다.

이렇게 에어백을 순간적으로 부풀리는 데 사용하는 물질은 나트륨과 질소로 이루어진 아지드화 나트륨(NaN_3)이다. 이것은 350℃ 정도의 높은 온도에서도 불이 붙지 않으며, 충돌이 일어날 때 폭발하지 않을 만큼 안정적이어서 차내에 저장해 두기에 15
도 매우 ㉡적합하다. 그리고 아지드화 나트륨에 산화 철(Fe_2O_3)을 섞으면 이 두 물질이 격렬히 반응하며 질소를 생성하는데, 이를 이용한 것이 바로 에어백이다.

하지만 에어백이 승객의 상태와 관계없이 일정한 충돌 상황에서 무조건 작동한다면 도리어 승객의 목숨을 앗아 가거나 다치게 하는 일이 발생할 수 있다. 이런 문제점을 해결하기 위해 최근에는 승객의 다양한 착석 상황(안전벨트 착용 유무, 탑승자 20
의 무게, 소아 유무, 측면과 정면 충돌 구분 등)을 감지하는 센서들과 상황에 따라 에어백에 적절한 시간 동안 적절한 양의 가스를 발생시키는 장치가 달린 스마트 에어백이 개발되고 있다.

◆ **구속** 행동이나 의사의 자유를 제한하거나 속박함.
관성의 법칙 밖에서부터 힘을 받지 않으면 물체는 정지 또는 등속도 운동 상태를 계속한다는 법칙. 뉴턴의 제1법칙이다.
산화 철 철의 산화물. 삼산화 이철, 사산화 삼철 따위가 있다.
착석 자리에 앉음.

■ 정답과 해설 27쪽

윗글을 읽은 독자의 반응으로 적절하지 <u>않은</u> 것은?

① 운전자가 안전벨트를 하고 있어도 머리나 목을 다칠 수 있군.

② 에어백은 안전벨트를 착용한 상태에서의 사고에 대비하기 위한 장치였군.

③ 자동차가 일정 속도 이하로 달리다가 부딪힌다면 에어백이 터지지 않겠군.

④ 스마트 에어백은 탑승자의 상태와 충돌 상황에 따라 적절히 작동할 수 있겠군.

⑤ 사고가 나면 에어백 안에 가스가 최대한 빠른 시간에 많이 주입될수록 더 안 전하겠군.

◆ **주입** 흘러가도록 부어 넣음.

2

〈보기〉는 ㉠의 과정을 정리한 것이다. ⓐ~ⓒ에 대한 설명으로 적절하지 <u>않은</u> 것은?

보기

ⓐ 아지드화 나트륨 (NaN₃) + ⓑ 산화 철 (Fe₂O₃) → ⓒ 질소 가스

① ⓐ는 350℃의 고온에서도 불이 붙지 않는다.

② ⓐ는 안정적이어서 차 안에 저장해 둘 수 있다.

③ ⓑ는 ⓐ의 화학 반응을 억제해 주는 역할을 한다.

④ 에어백이 터지지 않았을 때 ⓐ와 ⓑ는 분리되어 있다.

⑤ ⓒ는 에어백의 공기 자루를 채워 주는 충전재 역할을 한다.

◆ **억제** 정도나 한도를 넘어서 나아가려는 것을 억눌러 그 치게 함.

3

㉡의 사전적 의미로 적절한 것은?

① 화목하게 어울리다.

② 서로 응하거나 어울리다.

③ 일이나 조건 따위에 꼭 알맞다.

④ 이치에 맞아 올바르고 마땅하다.

⑤ 어떤 사실을 자세히 따져서 바로 밝히다.

1 각 문단의 중심 내용을 다음과 같이 정리할 때, 빈칸에 들어갈 내용을 써 보자.

1문단 에어백은 (   )의 부족한 점을 보완하기 위한 보조용 안전장치로 개발되었다.

▼

2문단 에어백은 충격을 감지하면 가스 발생 장치에서 질소 가스가 발생하여 (   )를 채우도록 설계되어 있다.

▼

3문단 에어백에 사용되는 (   )는 아지드화 나트륨과 산화 철을 반응시켜서 만들어 낸다.

▼

4문단 최근에는 승객의 다양한 착석 상황에 맞게 작동하는 (   ) 에어백이 개발되고 있다.

2 1의 내용을 바탕으로 이 글 전체의 내용을 정리해 보자.

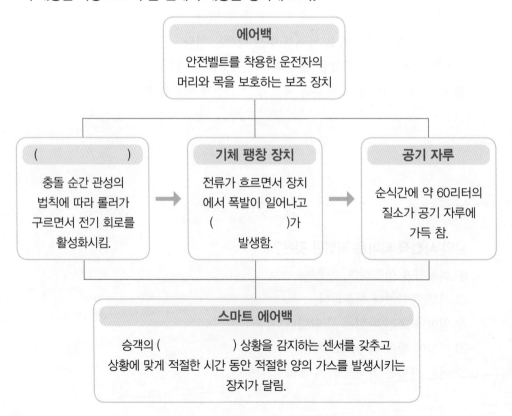

에어백
안전벨트를 착용한 운전자의 머리와 목을 보호하는 보조 장치

( )	기체 팽창 장치	공기 자루
충돌 순간 관성의 법칙에 따라 롤러가 구르면서 전기 회로를 활성화시킴.	전류가 흐르면서 장치에서 폭발이 일어나고 ( )가 발생함.	순식간에 약 60리터의 질소가 공기 자루에 가득 참.

스마트 에어백
승객의 (   ) 상황을 감지하는 센서를 갖추고 상황에 맞게 적절한 시간 동안 적절한 양의 가스를 발생시키는 장치가 달림.

기술 04

배 경 지 식

에어백은 어떻게 충격을 줄일까?

운동하는 물체는 운동량을 가지고 있어요. 이 운동량은 물체의 질량과 속도를 곱하면 알 수 있지요. 일반적으로 물체에 힘이 작용하면 물체의 속도가 변하므로 운동량도 변해요. 그런데 물체의 운동량을 변화시키는 데는 힘뿐만 아니라 힘이 작용한 시간도 관련이 있습니다.

물체에 작용한 힘과 그 힘이 작용한 시간(충돌 시간)의 곱을 충격량이라고 하는데, 물체에 힘이 작용하여 운동량이 변할 때 운동량의 변화량은 그 물체가 받은 충격량과 같아요.

만약 달리던 자동차가 다른 물체와 충돌하여 정지하게 되면, 탑승자는 차체에 충돌하며 충격을 받아요. 탑승자의 운동량 변화량(충격량)이 일정한 경우, **탑승자가 충격을 적게 받기 위해서는 충돌 시간을 길게 하여 탑승자가 충돌하는 동안 받는 힘의 크기를 줄여야 해요.** 이처럼 충격량이 같을 때 힘과 충돌 시간은 반비례합니다.

에어백은 자동차가 충격을 받으면 부풀어 올라 탑승자와 차체의 충돌 시간을 길게 만들어요. 그 결과 탑승자가 받는 충격이 줄어들게 되는 것입니다.

#에어백   #충돌 시간 연장   #충격 감소

어 휘 · 어 법

1~4

다음에 제시된 단어의 사전적 의미를 찾아 바르게 연결해 보자.

1 구속 •
2 착용 •
3 계기판 •
4 팽창 •

• ㉠ 행동이나 의사의 자유를 제한하거나 속박함.
• ㉡ 의복, 모자, 신발, 액세서리 따위를 입거나, 쓰거나, 신거나 차거나 함.
• ㉢ 부풀어서 부피가 커짐.
• ㉣ 기계 장치들의 작동 상태를 알리거나 재는 기계의 눈금을 새긴 판.

5~8

다음 뜻풀이에 해당하는 단어를 〈보기〉에서 찾아 써 보자.

> 보기
>
> 자루   활성화   앗다   감지

5 속에 물건을 담을 수 있도록 헝겊 따위로 길고 크게 만든 주머니. (   )
6 느끼어 앎. (   )
7 사회나 조직 등의 기능이 활발함. 또는 그러한 기능을 활발하게 함. (   )
8 빼앗거나 가로채다. (   )

Tip • 개발(열 開, 드러날 發) 새로운 물건을 만들거나 새로운 생각을 내어놓음. ⓔ 프로그램 개발 / 신제품 개발
• 계발(일깨울 啓, 밝힐 發) 슬기나 재능, 사상 따위를 일깨워 줌. ⓔ 상상력 계발 / 외국어 능력의 계발

진동이 만들어 내는 소리, 스피커

기술
05

문제 풀이
지문 해제
관련 영상
어휘 퀴즈

북을 치면 소리가 난다. 북을 세게 칠수록 북의 가죽이 크게 진동하고, 주변에 있는 공기의 진동도 커져 소리의 세기가 커진다. 즉, 북의 가죽에서 진동이 일어나 소리를 낸 것이다. 스피커도 이와 마찬가지로 진동을 통해서 소리를 낸다. 스피커는 전기적인 신호를 공기의 진동으로 바꾸어 사람의 귀에서 소리를 느낄 수 있도록 하는 장치이다.

스피커의 주요 부품은 영구 자석◆, 진동판, 보이스 코일(Voice Coil)이다. 스피커는 전류가 자기장을 통과할 때 힘이 발생하는 원리를 이용한 것인데 영구 자석은 자기장을 형성하는 역할을 한다. 진동판은 소리를 재생하는 역할을 하는데, 이러한 진동판의 재료로는 종이, 펄프◆, 활석, 운모, 폴리프로필렌, 흑연, 유리 섬유, 탄소, 알루미늄 등이 사용된다. 그리고 이 진동판에 에나멜선을 감은 것과 같은 얇은 코일을 붙이는데, 이것을 보이스 코일(Voice Coil)이라고 한다. '보이스'라는 말이 붙은 것은 바로 이 코일에 소리 정보를 가진 전류를 흘려보내기 때문이다.

[A] 여러 종류의 스피커 중 가장 널리 사용되고 있는 다이내믹 스피커를 예로 스피커의 작동 원리를 살펴보자. 우선 원형의 영구 자석이 주변에 자기장을 형성한다. 그리고 보이스 코일에 크기와 방향이 주기적으로 바뀌는 교류 전류를 흘려보낸다. 그러면 플레밍 왼손 법칙◆에 따라 보이스 코일에 흐르는 전류의 방향이 정반대로 바뀔 때마다 코일이 받는 힘의 방향도 정반대로 바뀌면서 코일이 위아래로 움직이게 된다. 그 결과 보이스 코일과 붙어 있는 스피커의 진동판 역시 움직이게 되고, 이것이 공기를 진동시켜 소리가 나게 된다.

이때 진동판이 빠르게 진동하면 높은 음이, 느리게 진동하면 낮은 음이 재생된다. 또한 진동판의 진폭◆이 크면 강한 소리가, 진폭이 작으면 약한 소리가 재생되는 것이다. 우리가 평소에 오디오 기기에 연결하여 사용하는 이어폰도 이와 같은 원리로 작동한다.

5

10

15

20

◆ **영구 자석** 일단 자기화된 다음에는 자기(磁氣)를 영구히 보존하는 자석.
코일 나사 모양이나 원통 꼴로 여러 번 감은 도선. 이것에 전류를 통하여 강한 전자기장을 만든다.
펄프 기계적·화학적 처리에 의하여 식물체의 섬유를 추출한 것. 섬유나 종이 따위의 원료로 쓴다.
플레밍 왼손 법칙 왼손의 엄지손가락은 위 방향으로, 집게손가락은 앞 방향으로, 그리고 가운뎃손가락은 옆으로 펼쳐 서로 직각이 되도록 하자. 이때 엄지손가락은 힘(F)의 방향, 집게손가락은 영구 자석에서 나오는 자기장(B)의 방향, 가운뎃손가락은 보이스 코일에 흐르는 전류(I)의 방향이 된다.
진폭 진동하고 있는 물체가 정지 또는 평형 위치에서 최대 변위까지 이동하는 거리. 진동하는 폭의 절반이다.

윗글을 읽은 독자의 반응으로 적절하지 <u>않은</u> 것은?

① 보이스 코일을 움직이려면 자기장과 전류가 필요하겠군.

② 북을 세게 치면 주변 공기의 진동이 커져서 큰 소리가 나겠군.

③ 전류의 방향이 바뀌면 보이스 코일이 받는 힘의 방향도 바뀌는군.

④ 진동판이 빠르게 진동하고 진폭이 크면 저음의 약한 소리가 나겠군.

⑤ 오디오 기기에 연결하여 사용하는 이어폰에도 진동을 하는 진동판이 있겠군.

2

[A]의 서술 방법에 대한 설명으로 가장 적절한 것은?

① 순서에 따라 스피커의 작동 원리를 설명하고 있다.

② 열거를 통해 스피커가 지닌 특징을 설명하고 있다.

③ 비유적 표현을 통해 스피커의 구조를 설명하고 있다.

④ 시간의 경과에 따른 소리의 변화 양상을 설명하고 있다.

⑤ 의문에 대한 답을 제시하면서 스피커의 특성을 설명하고 있다.

1 각 문단의 중심 내용을 다음과 같이 정리할 때, 빈칸에 들어갈 내용을 써 보자.

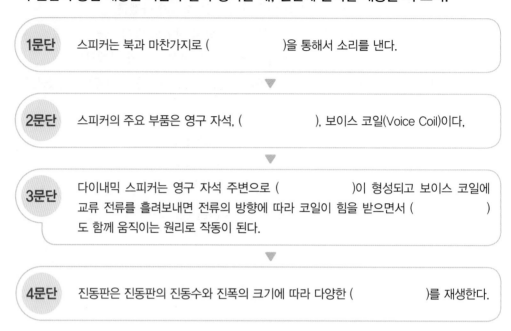

1문단 스피커는 북과 마찬가지로 (   )을 통해서 소리를 낸다.

▼

2문단 스피커의 주요 부품은 영구 자석, (   ), 보이스 코일(Voice Coil)이다.

▼

3문단 다이내믹 스피커는 영구 자석 주변으로 (   )이 형성되고 보이스 코일에 교류 전류를 흘려보내면 전류의 방향에 따라 코일이 힘을 받으면서 (   )도 함께 움직이는 원리로 작동이 된다.

▼

4문단 진동판은 진동판의 진동수와 진폭의 크기에 따라 다양한 (   )를 재생한다.

2 다음 빈칸을 채워 가며, 스피커의 작동 원리를 정리해 보자.

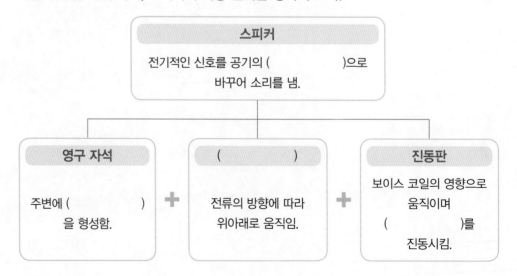

스피커

전기적인 신호를 공기의 (   )으로 바꾸어 소리를 냄.

영구 자석

주변에 (   )을 형성함.

➕

(   )

전류의 방향에 따라 위아래로 움직임.

➕

진동판

보이스 코일의 영향으로 움직이며 (   )를 진동시킴.

배경지식

소리가 파동과 관련이 있다고?

큰 소리가 날 때 스피커에 손을 대어 보면 스피커의 울림판이 떨리는 것을 확인할 수 있어요. 좀 더 정확하게 확인하려면 스피커 앞에 촛불을 놓았을 때 촛불이 앞뒤로 흔들리는 것을 볼 수 있지요. **소리는 물체의 진동에 의해 발생하고 매질의 진동으로 전달되는 파동**으로, **음파**라고 해요. 이 파동이 우리 귀에 전달되어 소리로 전해지는 것이에요.

소리의 세기, 소리의 높이, 소리의 맵시는 모두 음파와 연관이 있어요. 먼저 **소리의 세기**는 음파의 진폭과 관련이 있습니다. 스피커에서 소리가 크게 나는 것은 울림판이 세게 진동하여 주변 공기를 세게 압축시키고 이것이 우리 귀에 큰 소리로 들리기 때문이에요. 그 다음 **소리의 높이**는 음파의 진동수와 관련이 있어요. 악기 중 바이올린은 첼로보다 높은 소리가 나는데, 이는 바이올린의 현이 첼로의 현보다 짧고 가늘어 더 빠르게 진동하기 때문이에요. 마지막으로 **소리의 맵시**는 소리의 파형에 따라 달라져요. 물체마다 진동하는 부분이나 진동하는 모양이 달라서 소리가 다르게 들린답니다. 같은 '도' 음이라도 피아노, 오보에 등 악기에 따라 다른 소리로 들리는 것이 그 예에 해당해요.

SOUND WAVE

#소리와 파동   #매질로 전달

어휘·어법

1~3

다음 뜻풀이에 해당하는 단어를 〈보기〉에서 찾아 써 보자.

> **보기**
>
> 재생   진폭   코일

1 나사 모양이나 원통 꼴로 여러 번 감은 도선. (   )

2 녹음·녹화한 테이프나 필름 따위로 본래의 소리나 모습을 다시 들려주거나 보여 줌.
(   )

3 진동하고 있는 물체가 정지 또는 평형 위치에서 최대 변위까지 이동하는 거리. (   )

4~6

다음에 제시된 단어의 사전적 의미를 찾아 바르게 연결해 보자.

4 펄프 •   • ㉠ 아름답고 보기 좋은 모양새.

5 영구 •   • ㉡ 기계적·화학적 처리에 의하여 식물체의 섬유를 추출한 것.

6 맵시 •   • ㉢ 어떤 상태가 시간상으로 무한히 이어짐.

Tip 하다, 되다, 있다 '하다'와 '되다'가 동사로 쓰이는 경우에는 띄어 쓰며, 접미사인 경우에는 어근에 붙여 적는다. '있다'는 동사와 형용사로 쓰일 때에는 띄어 쓰지만 명사와 합쳐져 한 단어가 되면 '뜻있다. 맛있다'와 같이 붙여 쓴다.

내비게이션과 텔레매틱스

내비게이션은 주로 자동차에 장착되어 길을 안내하는 장치로, 자동차의 현재 위치부터 목적지까지의 거리나 방향, 경로 안내, 정체 구간 정보 등을 표시한다. 그런데 내비게이션은 어떻게 자동차의 위치를 파악하고 정보를 제공할 수 있을까?

내비게이션은 자동차의 위치를 파악하기 위해 인공위성의 전파 신호를 이용하는 방법을 쓴다. 세 개 이상의 인공위성을 이용해 위치 정보를 산출하고 여기에 지상 기 5 지국으로부터 받은 위치 정보를 더함으로써 현재 위치를 정확하게 파악하는 것이다. 터널처럼 전파 수신이 불가능한 곳에서는 자이로 센서나 가속도 센서로 자동차의 움직임이 얼마나 변하는지를 알아내고, 속도 센서와 해당 정보를 결합해 계산함으로써 자동차의 위치를 추측한다. 이러한 위치 정보를 바탕으로 목적지를 설정하면 주행 경로를 검색할 수 있다. 지도 데이터에는 고속 도로나 상점 등의 위치 정보도 전부 10 포함되어 있기 때문에 정확한 안내가 가능하다. 이때 내비게이션의 주행 화면은 미리 준비되어 있는 지도 데이터 위에 자동차의 주행 상태가 반영돼 보여지는 것이다.

기존의 내비게이션이 외부 신호를 수신해 내장된 정보에 반영하는, 즉 정보를 받기만 하는 일방통행형 수신기였다면, 최근의 내비게이션은 자동차의 정보를 발신해서 정보의 정확성과 안전성을 추구하고 있다. 이와 같은 자동차와 이동 정보 통신의 15 결합을 텔레매틱스라고 한다. 텔레매틱스를 이용한 내비게이션은 해당 시스템이 탑재된 자동차의 주행 상태와 정체 구간 정보를 수집해 교통 상황을 판단한다. 즉, 자동차가 정체 구간의 정보를 받을 뿐만 아니라 주변 정체 구간의 정보도 제공하는 것이다.

텔레매틱스의 이점은 네트워크의 방대한 데이터를 이용할 수 있다는 것이다. 기존 20 의 내비게이션은 본체에 기록되어 있는 데이터만으로 경로 안내나 운전 정보를 표시했다. 그러나 텔레매틱스는 통신 기능을 통해 데이터 센터의 고성능 컴퓨터와 그 안의 풍부한 정보를 활용해 경로 외에도 다양한 운전 정보를 충실하게 제공한다. 그리고 텔레매틱스를 이용하는 내비게이션은 지도 데이터를 통신으로 자동 수정하기 때문에 항상 최신 도로 정보를 ⓐ바탕으로 주행할 수 있다. 25

◆산출 계산하여 냄.
자이로 센서 물체의 방위 변화를 측정하는 센서. 위치 측정과 방향 설정 등에 활용된다.
가속도 센서 이동하는 물체의 가속도나 충격의 세기를 측정하는 감지기.
텔레매틱스 자동차와 무선 통신을 결합한 차량 무선 인터넷 서비스. 인터넷 검색, 내비게이션, 차량 관리 등이 가능하다. 데이터를 수집·전송하여 운전자에게 필요한 정보를 제공하며, 자율 주행차 등의 필수 기술이다.

1

윗글의 중심 소재로 가장 적절한 것은?

① 내비게이션의 개발 이유
② 내비게이션의 발전 과정
③ 내비게이션의 시장 현황
④ 내비게이션의 위치 파악 방법
⑤ 내비게이션과 텔레매틱스의 원리

◆
현황 현재의 상황.

2

윗글의 내용과 일치하지 <u>않는</u> 것은?

① 내비게이션은 목적지까지 가는 경로를 안내하는 장치이다.
② 텔레매틱스를 이용한 내비게이션은 정체 구간 정보를 제공할 수 있다.
③ 내비게이션은 인공위성의 전파 신호를 통해 차량의 현재 위치를 파악한다.
④ 기존의 일방통행형 내비게이션은 외부 정보의 반영이 불가능하다는 한계가
   있다.
⑤ 텔레매틱스를 이용한 내비게이션은 경로 안내 외에도 다양한 운전 정보를 제
   공할 수 있다.

3

㉠의 문맥적 의미와 가장 유사하게 활용된 것은?

① 사람의 타고난 바탕을 고치는 일은 쉽지 않다.
② 흰 바탕에 붉은 글씨의 안내문이 우리 앞에 있었다.
③ 우리 모임은 평등이라는 가치에 바탕을 두고 있었다.
④ 그는 바탕이 좋은 집안의 사람이라는 느낌을 주었다.
⑤ 나는 일부러 바탕이 거친 옷감을 골라 옷을 만들었다.

지문
분석

1

각 문단의 중심 내용을 다음과 같이 정리할 때, 빈칸에 들어갈 내용을 써 보자.

1문단 (   )은 자동차에 장착되어 길을 안내하는 장치이다.

▼

2문단 내비게이션은 (   )의 전파 신호를 이용하여 자동차의 위치를 파악하고 미리 준비된 지도 데이터 위에 자동차의 주행 상태를 반영하여 주행 화면에 나타낸다.

▼

3문단 (   )는 자동차와 이동 정보 통신이 결합된 것으로 관련 정보의 수신과 발신을 통해 정보의 정확성과 안전성을 추구한다.

▼

4문단 텔레매틱스는 (   )의 방대한 정보를 이용하여 다양한 운전 정보와 최신 도로 정보를 바탕으로 주행할 수 있도록 한다.

2

1의 내용을 바탕으로 이 글 전체의 내용을 정리해 보자.

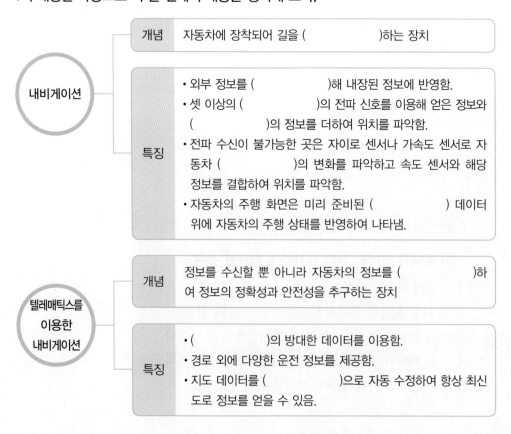

내비게이션

| 개념 | 자동차에 장착되어 길을 (   )하는 장치 |

특징
- 외부 정보를 (   )해 내장된 정보에 반영함.
- 셋 이상의 (   )의 전파 신호를 이용해 얻은 정보와 (   )의 정보를 더하여 위치를 파악함.
- 전파 수신이 불가능한 곳은 자이로 센서나 가속도 센서로 자동차 (   )의 변화를 파악하고 속도 센서와 해당 정보를 결합하여 위치를 파악함.
- 자동차의 주행 화면은 미리 준비된 (   ) 데이터 위에 자동차의 주행 상태를 반영하여 나타냄.

텔레매틱스를 이용한 내비게이션

개념 정보를 수신할 뿐 아니라 자동차의 정보를 (   )하여 정보의 정확성과 안전성을 추구하는 장치

특징
- (   )의 방대한 데이터를 이용함.
- 경로 외에 다양한 운전 정보를 제공함.
- 지도 데이터를 (   )으로 자동 수정하여 항상 최신 도로 정보를 얻을 수 있음.

배경지식 ## 인공위성이 내 위치를 알아내는 방법은?

자동차의 내비게이션 길 안내는 지피에스(GPS: Global Positioning System) 기술을 기반으로 해요. GPS는 인공위성을 이용하여 세계 어디에서든지 위치와 속도, 시간을 알려 줍니다. 따라서 개인의 위치 확인뿐만 아니라 비행기·선박·자동차의 항법 장치, 측량, 지도 제작 등에 활용돼요.

GPS는 인공위성과 인공위성을 관제하는 관제소, 사용자가 연결된 시스템이에요. 먼저 인공위성에서 지구를 공전하며 위성의 정확한 **위치와 시간 정보를 제공**합니다. 그러면 관제소에서는 위성의 궤도를 수정하기도 하고 예비 위성의 작동을 결정하기도 하면서 받은 정보를 바탕으로 GPS 위성의 신호를 추적하여 오차를 보정하지요. 이렇게 수정된 정보는 사용자가 지상의 수신기를 통해 자신의 경도, 위도, 고도, 속도, 시간 등을 확인할 수 있게 되는 것입니다.

GPS로 수신된 위치가 완벽히 일치하는 것은 아니에요. 인공위성의 시간과 위치가 완벽하지 않고 지구 대기권이 전파를 굴절시키기 때문이에요. 또한 수신기의 상태에 따라서 오차가 발생할 수도 있어요.

#내비게이션   #GPS   #인공위성

어휘·어법

1~3 ### 다음 뜻풀이에 해당하는 단어를 괄호 안의 초성을 참고하여 써 보자.

1 의복, 기구, 장비 따위에 장치를 부착함. (ㅈ ㅊ ➡   )
2 전파를 주고받는 기능을 하는 작은 통신 기관. (ㄱ ㅈ ㄱ ➡   )
3 밖으로 드러나지 않게 안에 간직함. (ㄴ ㅈ ➡   )

4~6 ### 다음 뜻풀이에 해당하는 단어를 〈보기〉에서 찾아 써 보자.

> 보기
>
> 방대하다   추구하다   주행하다

4 목적을 이룰 때까지 뒤쫓아 구하다. (   )
5 규모나 양이 매우 크거나 많다. (   )
6 주로 동력으로 움직이는 자동차나 열차 따위가 달리다. (   )

Tip ・이점(이로울 利, 점 點) 이로운 점. ⑩ 서울은 문화 공간과 많이 접할 수 있는 이점이 있다.
・'이점'을 '잇점'으로 표기하는 경우가 종종 있으나 올바른 표기는 '이점'이다.

냉장고의 원리

문제 풀이
지문 해제
관련 영상
어휘 퀴즈

우리 조상들은 겨울에 보관한 얼음을 봄, 여름에 이용하기 위해 석빙고를 만들어 얼음을 저장했다. 하지만 오늘날에는 집집마다 냉장고가 있어 일 년 내내 음식이나 식재료를 차갑게 보관하고 시원한 음료를 마실 수 있다. 이러한 이유로 냉장고는 현대인의 삶에서 빼놓을 수 없는 필수적인 가전제품이 되었다. 그렇다면 이러한 냉장고의 원리는 무엇일까?

우리가 일반적으로 사용하는 전기냉장고에는 냉매가 사용되는데, 냉장고는 이러한 냉매의 압력과 온도를 조절하여 냉매의 상태를 액체 또는 기체로 변화시킴으로써 냉장고 내부를 냉각하거나 내부 온도를 조절한다. 일반적으로 물질은 고체, 액체, 기체의 상태로 존재하는데, 물질의 상태가 변화하는 과정에서 열을 흡수하거나 방출한다. 즉, 물질이 고체에서 액체로 변하거나, 액체가 기체로 변할 때에는 열을 흡수하며, 반대로 기체가 액체로, 액체가 고체로 변할 때에는 열을 방출한다.

전기냉장고에는 압축기, 응축기, 모세관, 증발기와 같은 장치가 있는데, 냉매가 이러한 장치를 순환하며 상태 변화를 일으키게 된다. 먼저 압축기에서는 냉매를 고온, 고압의 기체 상태로 압축하여 냉매가 다른 장치를 거쳐 순환하게 하는 역할을 한다. 그리고 이러한 고온, 고압의 기체 상태인 냉매가 응축기를 통과하며 저온, 고압의 액체가 되면서 열이 방출된다.

그런데 냉장고는 온도를 낮추는 장치이므로 액체에서 기체가 되는 냉매의 상태 변화가 나타나야 한다. 그러므로 응축기를 통과한 저온, 고압의 액체 상태인 냉매가 기체로 변화하기 쉽도록 압력을 낮추어야 한다. 이를 위해 응축기를 통과한 냉매가 모세관을 통과하도록 한다. 모세관을 통과한 냉매는 저온, 저압의 액체 상태가 되고, 이것이 증발기를 통과하며 기체로 변하게 된다. 이 과정에서 냉장고 내부의 열이 흡수되며 온도가 급격히 내려간다. 그리고 증발기를 통과한 냉매는 다시 압축기로 공급되어 냉매의 순환이 계속된다.

이처럼 전기냉장고는 냉매의 상태 변화를 통해 냉장고 내부의 온도를 낮추는데, 초기에는 암모니아, 이산화 황 등이 냉매로 사용되었다. 하지만 암모니아와 이산화 황은 악취가 날뿐만 아니라 부식성이 높아 곧 여러 가지 문제가 발생했다. 그래서 개발된 냉매가 프레온(CFC)이다. 하지만 프레온이 지구 대기의 오존층을 파괴하는 물질로 밝혀지면서, 전 세계적으로 사용이 금지되었으며 현재는 주로 수소 염화 불화 탄소(HCFC)가 냉매로 사용되고 있다.

냉매 냉동기 따위에서, 저온 물체로부터 고온 물체로 열을 끌어가는 매체.
응축 기체가 액체로 변함. 또는 그런 현상.
모세관 털과 같이 가느다란 관.
부식 금속이 산화 따위의 화학 작용에 의하여 금속 화합물로 변화되는 일. 또는 그런 현상.

1

윗글에 대한 설명으로 가장 적절한 것은?

① 냉장고의 기술적 특성과 발전 전망을 제시하고 있다.
② 냉장 보관의 다양한 방법을 소개한 후 이를 비교하고 있다.
③ 냉장고가 온도를 낮추는 과정을 순차적으로 설명하고 있다.
④ 냉장고에서 열을 발생시키는 다양한 기관에 대해 설명하고 있다.
⑤ 냉매의 문제점들을 열거하며 새로운 냉매의 필요성을 제시하고 있다.

전망 앞날을 헤아려 내다봄. 또는 내다보이는 장래의 상황.

기술 07

2

윗글을 읽고, 〈보기〉의 ⓐ~ⓓ를 이해한 내용으로 적절하지 <u>않은</u> 것은?

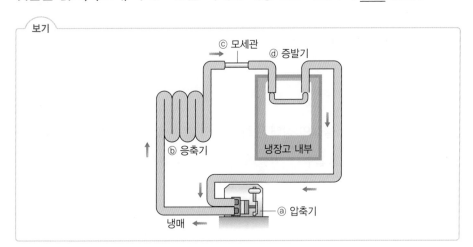

① ⓐ에서 냉매는 고온, 고압의 기체 상태로 압축된다.
② ⓑ를 통과하며 냉매는 온도가 낮아지고 액체 상태로 변화한다.
③ ⓒ에서 냉매는 압력이 높아지면서 기체로 변화하기 쉬운 상태가 된다.
④ ⓓ를 통과하며 냉매가 열을 흡수하여 냉장고 내부가 냉각된다.
⑤ ⓐ~ⓓ를 순환하는 냉매는 액체 또는 기체 상태로만 존재한다.

문단 요약

1

각 문단의 중심 내용을 다음과 같이 정리할 때, 빈칸에 들어갈 내용을 써 보자.

> **1문단**   현대인의 필수적인 가전제품, 냉장고

▼

> **2문단**   냉매의 (   ) 변화를 통해 온도를 조절하는 전기냉장고

▼

> **3문단**   냉매의 순환 과정 ①: (   )와 응축기

▼

> **4문단**   냉매의 순환 과정 ②: 모세관과 (   )

▼

> **5문단**   전기냉장고에 사용되는 (   ) 원료의 변천 과정

정보 확인

2

다음 빈칸을 채워 가며, 물질의 상태 변화와 열의 흡수 및 방출을 정리해 보자.

| 고체 | 열 흡수 → / 열 (   ) ← | 액체 | 열 (   ) → / 열 방출 ← | 기체 |

정보 확인

3

1과 2를 바탕으로 전기냉장고의 원리를 정리해 보자.

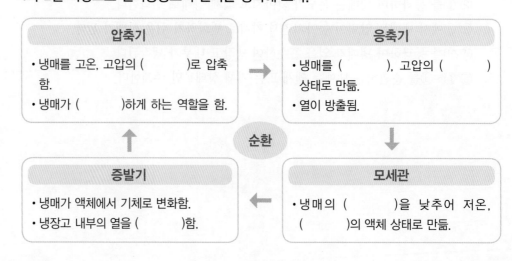

압축기
• 냉매를 고온, 고압의 (   )로 압축함. • 냉매가 (   )하게 하는 역할을 함.

→

응축기
• 냉매를 (   ), 고압의 (   ) 상태로 만듦. • 열이 방출됨.

순환

증발기
• 냉매가 액체에서 기체로 변화함. • 냉장고 내부의 열을 (   )함.

←

모세관
• 냉매의 (   )을 낮추어 저온, (   )의 액체 상태로 만듦.

배 경 지 식

석빙고는 어떤 원리로 얼음을 보관했을까?

석빙고는 우리 조상들이 겨울에 보관해 두었던 얼음을 봄·여름·가을까지 녹지 않게 효과적으로 보관하던 냉동 창고

예요. 이 석빙고에는 네 가지 저장 원리가 숨어 있어요.

첫째, **전도**입니다. 석빙고 외부는 열을 차단하는 흙으로 되어 있고 내부는 열전도율이 높은 화강암으로 만들어져 있

어요. 만약 내부의 온도가 올라가면 화강암에 열이 전달되어 밖으로 빠질 수 있게 했어요.

둘째, **대류**입니다. 온도가 높은 공기는 위로 올라가고 낮은 공기는 아래로 내려오는 대류 현상을 활용했어요. 찬 공

기가 잘 들어오는 아래쪽에 입구를 만들었고 위쪽에는 아치형 홈을 만들어 더운 공기가 환기구로 빠져나가게 했어요.

셋째, **배수로**입니다. 물이 많아지면 얼음이 녹을 수 있으므로 배수로를 만들어 녹은 물이 빠져나갈 수 있게 했어요.

마지막으로 **태양열의 차단**이에요. 태양열이 내부에 전달되지 않

도록 열전도율이 낮은 석회와 진흙으로 천장을 만들고 지붕 위에 잔

디를 심어 열이 분산되도록 했어요.

이처럼 석빙고에는 과학 원리를 적절히 이용한 조상들의 지혜가

담겨 있습니다.

#석빙고   #얼음 보관소   #과학적 원리

어 휘 · 어 법

1~4

다음 뜻풀이에 해당하는 단어를 〈보기〉의 글자를 조합하여 써 보자.

> **보기**
>
> 응   냉   축   매   출   식   방   부

1 기체가 액체로 변함. 또는 그런 현상. (   )

2 냉동기 따위에서, 저온 물체로부터 고온 물체로 열을 끌어가는 매체. 프레온, 암모니아, 이산화
황, 염화 메틸 따위가 있다. (   )

3 비축하여 놓은 것을 내놓음. (   )

4 금속이 산화 따위의 화학 작용에 의하여 금속 화합물로 변화되는 일. 또는 그런 현상.

(   )

5~6

다음에 제시된 단어의 사전적 의미를 찾아 바르게 연결해 보자.

5 순환 •   • ㉠ 빨아서 거두어들임.

6 흡수 •   • ㉡ 주기적으로 자꾸 되풀이하여 돎. 또는 그런 과정.

Tip '전기냉장고가 온도를 낮추다'에서 '낮추다'는 '낮다'의 사동사이다. '낮다'의 주체는 '온도'이고 온도를 낮게 하는 주체는 '전
기냉장고'이므로 주동인 '낮다'에 대해 '낮추다'는 사동이 되는 것이다. 이는 형용사에 사동 접사가 붙어 사동사가 되는 경
우에 해당한다.

민화

민화란 민중의 고유한 신앙과 생활 풍속, 미적인 정서를 담은 그림으로, 서민들의 기쁨과 슬픔, 신앙과 전설 등이 아로새겨져 있다. 한국의 민화가 서민들 사이에서 큰 인기를 누렸던 시기는 조선 후기 영조 무렵이다. 조선 시대 지배 계층은 유교를 절대적으로 숭상했으며 그 사상을 실천하는 방법으로 백성들에게 근엄한 도덕 생활을 요구했다. 그러나 민중은 유교적 인생관보다 도교의 자연관이나 불교의 내세관에 더 마음이 끌렸다. 이러한 사회 분위기는 미술에도 영향을 끼쳤다. 계급이나 성장 환경, 사상적 배경이 다른 민중들은 정식 회화 수업을 받은 화원이나 사대부 화가들의 그림을 이해하지 못했다. 서민들은 자연히 자신들이 공감할 수 있는 그림을 원하게 되었다. 민화는 이런 민중의 필연적 욕구를 반영하며 큰 인기를 누렸다.

「까치와 호랑이」는 민화의 상징처럼 여겨지는 대표작이다. 사람들은 신년 초에 대문이나 벽에 호랑이가 그려진 '호표도'를 붙이면 액을 막을 수 있다고 생각했다. 「까치와 호랑이」는 이러한 액막이용 그림의 일종으로, 아무리 못된 귀신도 용맹한 호랑이를 보고 놀라 도망치기를 바라는 민중의 심정이 반영되어 있다. 재미있는 것은 무서운 호랑이를 귀엽고 익살스럽게 그린 점이다. 이는 한국인들이 그만큼 호랑이를 친근하게 여겼다는 증거이다. 액막이용 호랑이 그림은 다양한 형태로 그려졌는데 그 중 소나무에 까치가 앉아 있고 나무 밑에 호랑이가 있는 그림을 '작호도'라고 부른다. 작호도는 호랑이 그림 중 가장 인기가 좋았다. 민중들은 액을 쫓는 호랑이와 좋은 소식을 가져다주는 까치를 가장 궁합이 잘 맞는 동물로 생각했다.

민화에 자주 등장하는 또 다른 주제는 책거리 그림이다. 책거리 그림에는 책과 '문방사우'에 해당하는 물건인 종이, 붓, 벼루, 먹이 등장한다. 이는 선비가 되기 위해 늘 곁에 둬야 할 물건들이다. 그런데 책과 담을 쌓고 살았던 서민들이 책거리 그림을 좋아한 까닭은 무엇일까? 조선 시대 서민들의 간절한 소망은 선비가 되는 것이다. 양반과 서민계급이 엄격하게 구분된 조선 시대에 선비가 되는 것은 양반 계층으로 신분이 수직 상승하는 것을 의미한다. 서민들은 양반에 대한 부러움과 언젠가 선비가 되어 출세할 수 있다는 희망을 책거리 그림을 보며 달랬다고 볼 수 있다.

이처럼 18세기와 19세기에 걸쳐 민중의 사랑을 받았던 민화는 조선 왕조의 몰락과 함께 쇠퇴의 길을 걷는다. 지금은 민화를 자유롭고 독창적인 그림으로 높이 평가하지만 한때는 민화를 천박한 그림으로 멸시하기도 했다. 전문적인 화가의 그림도 아니고, 낙관도 없으며, 언제 그렸는지조차 알 수 없는 싸구려 그림으로 얕잡아 보았다. 그러나 민중의 애환과 익살이 담긴 민화는 현대 미술가들에게 한국 미술의 맥을 잇는 교과서와 같은 역할을 한다. 민중의 고유한 정서가 담긴 민화의 예술성이 한국 현대 미술에 이르러 그 가치를 재평가받고 있는 것이다.

5

10

15

20

25

30

숭상 높여 소중히 여김.
근엄하다 점잖고 엄숙하다.
액 모질고 사나운 운수.
멸시 업신여기거나 하찮게 여겨 깔봄.
낙관 글씨나 그림 따위에 작가가 자신의 이름이나 호(號)를 쓰고 도장을 찍는 일. 또는 그 도장이나 그 도장이 찍힌 것.

윗글에 대한 설명으로 가장 적절한 것은?

① 민화에 대한 상반된 평가를 중심으로 민화가 지니는 한계를 설명하고 있다.

② 민화의 소재가 변하는 과정을 시간의 흐름에 따라 순서대로 제시하고 있다.

③ 민화의 두 작품을 대비하여 민화에 담긴 민중의 상반된 욕구에 대해 설명하고 있다.

④ 민화의 대표적인 작품을 중심으로 민화를 감상할 때 주의할 점에 대해 제시하고 있다.

⑤ 민화의 특성을 구체적인 작품을 예를 들어 설명하고 민화에 대한 평가를 제시하고 있다.

2

윗글을 바탕으로 〈보기〉의 ㉮, ㉯를 감상한 내용으로 적절하지 않은 것은?

보기

㉮

㉯

(출처: 국립 민속 박물관)

① ㉮에서 호랑이를 익살스럽게 그린 것을 보니 당시 민중이 호랑이를 친근하게 여겼음을 알 수 있군.

② ㉮에서 호랑이와 까치를 함께 그린 것은 액을 쫓고 복이 들어오길 바라는 민중의 심정을 반영한 것이군.

③ ㉯에서 책거리를 그림의 소재로 삼은 것은 지배 계층이 백성들에게도 유교 사상의 실천을 강요했기 때문이군.

④ ㉮와 ㉯ 모두 낙관이 없는 점으로 미루어 보아 전문적인 화가의 그림은 아님을 알 수 있군.

⑤ ㉮와 ㉯ 모두 민중의 삶과 소망을 반영한다는 점에서 한국 미술의 맥을 잇는 역할을 한다고 볼 수 있군.

지문 분석

1 각 문단의 중심 내용을 다음과 같이 정리할 때, 빈칸에 들어갈 내용을 써 보자.

1문단 민화는 (　　　　　　)의 고유한 신앙과 생활 풍속, 미적 정서를 담은 그림으로, 조선 후기 (　　　　　　)의 자연관이나 (　　　　　)의 내세관 등 민중의 욕구를 반영하며 큰 인기를 누렸다.

▼

2문단 (　　　　　　　　)는 액을 쫓고 좋은 소식이 오기를 바라는 민중의 심정이 담겨 있는 액막이용 그림의 일종이다.

▼

3문단 민화의 주요 주제 중 하나인 (　　　　　) 그림은 서민들의 (　　　　　) 상승에 대한 희망이 반영되어 있다.

▼

4문단 조선 시대 민중의 사랑을 받았던 민화는 한때 (　　　　　)를 받기도 했지만 지금은 자유롭고 (　　　　　)인 그림으로 가치를 재평가받고 있다.

2 다음 빈칸을 채워 가며, 글 전체의 내용을 정리해 보자.

민화	
개념	민중의 고유한 신앙과 (　　　　　　), 미적인 정서를 담은 그림
유행	• 유행 시기: (　　　　　) 영조 무렵 • 유행 배경: 민중은 유교적 인생관보다 도교의 자연관이나 불교의 내세관에 더 마음이 끌렸으며, 자신들이 (　　　　　)할 수 있는 그림을 원함.
특성	• (　　　　　)을 쫓고 좋은 소식을 바라는 등 민중의 심정이 반영됨. • (　　　　　) 계층에 대한 부러움과 신분 상승에 대한 (　　　　　)이 반영됨.
쇠퇴	• (　　　　　)의 몰락과 함께 쇠퇴함. • 천박한 그림으로 멸시당함.
의의	민중의 고유한 정서가 담긴 민화의 예술성은 한국 미술의 맥을 잇는 역할을 하며 한국 현대 미술에 이르러 그 (　　　　　)를 재평가받고 있음.

배 경 지 식

예술이 된 글자에는 무엇이 담겨 있을까?

조선 후기에 사람들은 방마다 각각 다른 민화로 집안을 장식하는 것이 유행이었어요. 예를 들어 사랑방에는 책거리와 평생도, 안방에는 화조도와 산수화가 그려진 병풍들을 세웠어요. 결혼식에는 화목한 가정을 의미하는 모란과 연꽃 병풍을, 환갑 잔치에는 도교 사상에서 나온 열 가지 장수 동물인 십장생 병풍을 세워 오래오래 살기를 기원했지요.

이외에 유교 사상이 반영된 그림도 있었어요. 이 그림은 **유교의 핵심 사상을 담은 효, 제, 충, 신, 예, 의, 염, 치 등 여덟 글자를 여러 형태로 변형하거나 글자의 뜻과 획에 맞춘 그림으로 '문자도'**라고 해요. 여덟 글자의 뜻은 부모에게 효도하고, 형제와 이웃 사이에 우애하며, 나라에 충성하고, 부끄러움을 알며, 도리를 지키라는 유교의 윤리관을 반영하고 있어요. 즉, 문자도란 군자가 행해야 할 일종의 행동 지침서와 같은 것이지요. 이처럼 유학의 근본 이념이 민화의 주제가 되었다는 것은 **양반층의 윤리 의식이 서민들의 생활에 깊숙이 뿌리내렸다는 것을 의미**해요.

문자도는 글자와 그림을 배합한 독특한 형태, 자유분방한 상상력을 담고 있어요. 문자와 관련된 이야기를 재치있게 표현한 것이나 뛰어난 디자인 감각을 발휘해 문자를 변형시킨 점은 문자도의 독창성을 증명하고 있어요. 이렇게 문자도는 다양한 주제와 자유로운 표현 기법, 강렬한 채색으로 한국 민화의 한 장을 차지하고 있답니다.

#민화   #문자도   #유교 사상 반영

어 휘 · 어 법

1~4

다음 뜻풀이에 해당하는 단어를 〈보기〉에서 찾아 써 보자.

> 보기
>
> 멸시   숭상   액운   익살

1 높여 소중히 여김. (   )
2 업신여기거나 하찮게 여겨 깔봄. (   )
3 액을 당할 운수. (   )
4 남을 웃기려고 일부러 하는 말이나 몸짓. (   )

5~7

다음 뜻풀이에 해당하는 단어를 찾아 바르게 연결해 보자.

5 점잖고 엄숙하다.   • ㉠ 필연적
6 사회적으로 높은 지위에 오르거나 유명하게 됨.   • ㉡ 근엄하다
7 사물의 관련이나 일의 결과가 반드시 그렇게 될 수밖에 없는. •   • ㉢ 출세

Tip ―관 (일부 명사 뒤에 붙어) '관점' 또는 '견해'의 뜻을 더하는 접미사. 예 가치관/세계관/인생관/역사관/교육관

음악의 대중화

지금은 누구나 좋아하는 음악을 자유롭게 들을 수 있는 시대이다. 하지만 예전에는 그렇지 못했다. 예술 음악은 원칙적으로 왕과 귀족 혹은 교회를 위한 음악이었을 뿐 시민이 음악을 들을 기회는 매우 한정되어 있었다. 예를 들어 오페라는 18세기까지 왕후가 개최하는 축전의 일환인 경우가 많아 일반인이 오페라 극장에 가는 것은 매우 어려운 일이었다. 또 기악곡은 대부분 궁정의 살롱에서 연주되었으며, 그곳에서 왕후 귀족들이 담소를 나누며 듣는 사교 음악이었으니 시민에게는 그림의 떡이었을 것이다.

그에 반해 계몽주의 시대에는 특권 계급의 독점물이었던 예술 음악이 조금씩 시민에게 개방되었다. 누구나 연주회 표를 사면 좋아하는 음악을 들을 수 있는 민주적 제도가 조금씩 확대되었고, 악보 인쇄업이 발달하면서 누구나 돈을 내면 좋아하는 악보를 사서 자신의 집에서 즐길 수 있게 되었다.

일반 청중을 대상으로 하는 공개 연주회의 보급이 앞섰던 나라는 영국이었다. 이것은 시민 혁명과 그에 따르는 귀족 계급의 몰락이 다른 나라보다 빨랐던 것과 연관이 있다. 18세기 후반 오스트리아 빈에서는 오페라가 상영되지 않는 기간에 궁정 극장을 작곡가에게 빌려주기 시작했다. 이것이 이른바 예약 연주회이다. 이를 통해 작곡가는 자주적으로 연주회를 주최하여 이익을 얻을 수 있게 되었고 시민들은 표를 사서 음악을 즐길 수 있게 되었다.

연주회의 성립만큼 음악의 대중화에 중요한 의미를 갖는 것이 악보의 출판이다. 녹음의 발달로 '연주가=프로', '듣는 사람=아마추어'라는 이분법이 정착해 버린 오늘날에는 상상하기 어렵겠지만, 당시 음악을 사랑하는 일반 시민들은 스스로 음악을 연주하며 즐기고 싶어 했다. 이처럼 아마추어가 집에서 직접 연주하는 음악을 '가정 음악'이라고 부른다. 가정 음악은 악보 출판을 일대 산업으로 끌어 올렸으며 작곡가들에게 경제적 자립을 위한 더할 나위 없는 기회를 제공했다.

궁정 귀족들은 자신의 권위를 장식하기 위해 음악을 필요로 했다. 그들은 음악을 향한 사심 없는 애정보다는 음악에 의한 통치라는 정치적 목적으로 음악을 이용하였다. 하지만 새로 등장한 청중은 음악 그 자체에 귀를 기울이고 음악을 사랑하는 음악 애호가였다. 작곡가들은 호화로운 생활의 연출로 음악은 흘려듣는 귀족 후원자들이 아닌, 음악 그 자체에 빠져서 악보를 사 주는 시민들을 향해 메시지를 보낼 수 있게 되었다. 그렇게 생겨난 음악에 대한 사랑으로 작곡가와 대중은 하나의 공동체로 묶일 수 있었다.

문제 풀이
지문 해제
관련 영상
어휘 퀴즈

일환 서로 밀접한 관계로 연결되어 있는 여러 것 가운데 한 부분.
담소 웃고 즐기면서 이야기함. 또는 그런 이야기.
계몽주의 16~18세기에 유럽 전역에 일어난 혁신적 사상. 교회의 권위에 바탕을 둔 구시대의 정신적 권위와 사상적 특권과 제도에 반대하여 인간적이고 합리적인 사유(思惟)를 제창하고, 이성의 계몽을 통하여 인간 생활의 진보와 개선을 꾀하려 하였다.
몰락 재물이나 세력 따위가 쇠하여 보잘것없이 됨.
일대 아주 굉장한.

1

윗글을 이해한 내용으로 적절하지 <u>않은</u> 것은?

① 공개 연주회의 보급은 순수하게 음악을 사랑하는 새로운 청중 등장에 영향을 미쳤다.

② 가정 음악은 전문 음악가가 아닌 일반 시민들이 가정에서 직접 연주하는 음악을 일컫는다.

③ 왕후 귀족들이 작곡가들을 후원했던 것은 자신의 권위를 장식하기 위해 음악이 필요했기 때문이다.

④ 18세기 궁정의 살롱에서 연주된 기악곡은 왕후 귀족들이 담소를 나누며 듣는 일종의 배경 음악이었다.

⑤ 악보의 출판이 활발해지면서 연주가는 프로이고 청중은 아마추어라는 이분법적 사고가 정착하게 되었다.

2

윗글을 바탕으로 〈보기〉를 이해한 내용으로 적절하지 <u>않은</u> 것은?

> **보기**
> 1790년대에 하이든은 살로몬이라는 흥행사의 초대로 영국에 건너가 두 번에 걸쳐 공개 연주회를 열어 대성공을 거두었다. 이는 당시 영국에서는 대중에게 표를 팔고 그 이익으로 연주회를 운영하는 제도가 성숙해 있었다는 것을 의미한다.

① 작곡가와 대중이 하나의 공동체로 묶이며 음악의 대중화가 이루어졌겠군.

② 공개 연주회의 표를 사고팔면서 음악은 순수한 가치를 잃고 산업의 수단으로 전락했겠군.

③ 공개 연주회는 표를 사면 누구나 음악을 들을 수 있다는 점에서 민주적 제도의 확대로 볼 수 있겠군.

④ 시민 혁명과 그에 따른 귀족 계급의 몰락이 일찍부터 영국에서 음악이 대중화되는 데 영향을 미쳤겠군.

⑤ 연주회를 열어 대중에게 표를 팔고 이익을 얻음으로써 작곡가들은 경제적으로 자립할 기회를 얻었겠군.

1 각 문단의 중심 내용을 다음과 같이 정리할 때, 빈칸에 들어갈 내용을 써 보자.

1문단 예전에는 예술 음악이 원칙적으로 왕과 귀족 혹은 ( )를 위한 음악이었으며, ( )이 음악을 들을 기회는 매우 한정되어 있었다.

▼

2문단 ( ) 시대에는 특권 계층의 독점물이었던 예술 음악이 조금씩 시민에게 개방되었다.

▼

3문단 ( )가 보급되면서 작곡가는 자주적으로 연주회를 주최하여 이익을 얻고, 시민들은 표를 사서 음악을 즐길 수 있게 되었다.

▼

4문단 ( )은 가정 음악의 발달과 작곡가들의 경제적 자립의 기회를 제공하였다.

▼

5문단 음악에 대한 사랑으로 작곡가와 대중은 하나의 ( )로 묶이며 음악이 대중화되었다.

2 다음 빈칸을 채우며, 음악이 대중화되는 과정을 정리해 보자.

18세기까지 예술 음악	• 오페라, ( ), 종교 음악 등 • 특권 계층의 독점물 • 음악에 의한 통치라는 ( ) 목적으로 음악을 이용함. • 호화로운 생활 연출을 위해 작곡가들을 후원함.

( )를 통한 음악 개방   ⬇   악보 출판을 통한 ( )의 유통

계몽주의 시대 이후 음악의 대중화	• 음악 자체를 사랑하는 일반 시민이 새로운 청중으로 등장함. • 아마추어가 집에서 직접 연주하는 ( )이 유행함. • 음악에 대한 사랑으로 ( )와 대중이 하나의 공동체로 묶임.

배경지식

하이든이 교향곡으로 성공할 수 있었던 이유는?

연주회와 악보 출판과 함께 작곡가가 자립할 수 있는 기회를 재빠르게 잡은 사람은 하이든이었어요. 그는 공개 연주회에서 교향곡으로 대성공한 최초의 작곡가예요. **교향곡은 연주회라는 음악의 근대적 공공 공간의 성립과 함께 생겨나 그 정신을 가장 전형적인 형태로 구현한 장르**입니다. 초기에는 아리아나 서곡, 협주곡, 실내악을 함께 연주하는 형태였고, 19세기 후반에 들어서면서 연주회의 후반에 하이라이트로 두는 방식이 확립돼요.

연주회뿐만이 아니라 악보 출판계에서도 하이든은 그 시대에 가장 성공한 작곡가였어요. 하이든이 헝가리 벽촌의 에스테르하지 가문의 궁정 사관이었을 때부터 그의 교향곡 악보는 대량으로 인쇄되고 있었어요. 많은 사람들이 알고 있듯이 **하이든은 '교향곡의 아버지'이면서 '현악 3중주의 아버지'**였지요. 그리고 1781년에 근대 현악 4중주곡의 초석이 되는 그의 작품 33 '러시아 4중주곡'을 출판해요. 이 곡은 궁정의 주문 없이 처음부터 출판을 목적으로 썼다는 점에서 의미가 있어요. 즉, 분명하게 '악보 출판을 통해 스스로 널리 대중에게 묻는다.'라는 목적을 가지고 작곡되었으며 그 대상은 음악을 사랑하고 스스로 연주하는 시민이었다는 것을 의미해요.

#하이든   #교향곡   #연주회   #악보 출판

하이든

어휘·어법

1~4

다음 뜻풀이에 해당하는 단어를 〈보기〉의 글자를 조합하여 써 보자.

> **보기**
>
> | 개 | 권 | 대 | 일 | 전 | 최 | 축 | 특 |

1 특별한 권리. (   )
2 아주 굉장한. (   )
3 모임이나 회의 따위를 주최하여 엶. (   )
4 축하하는 뜻으로 행하는 의식이나 행사. (   )

5~7

다음 단어와 뜻풀이에 맞게 빈칸에 알맞은 말을 써 보자.

5 (   ): 재물이나 세력 따위가 쇠하여 보잘것없이 됨.
6 담소: 웃고 즐기면서 이야기함. 또는 그런 (   ).
7 (   ): 서로 밀접한 관계로 연결되어 있는 여러 것 가운데 한 부분.

Tip 나위 '더 할 수 있는 여유나 더 해야 할 필요.'를 뜻하는 의존 명사로, 주로 '-을 나위 없다' 구성으로 쓰인다. 의존 명사는 자립적으로 쓰일 수 없으나 관형어의 수식을 받으며 조사와 결합이 가능하다는 점에서 명사로 분류한다.
   예 그 일로 사장의 위신이 땅에 떨어졌음은 더 이야기할 나위가 없다.
                                       관형어   조사

블록버스터 영화와 독립 영화

예술

03

문제 풀이
지문 해제
관련 영상
어휘 퀴즈

    2011년 제작된 「해리 포터와 죽음의 성물 2」는 전 세계적으로 13억 달러 이상의 흥행 수익을 올렸다. 이렇게 영화계에서 엄청난 흥행으로 큰 수익을 남긴 영화를 가리켜 '블록버스터 영화'라고 한다. 미국이나 캐나다를 기준으로 연 1억 달러 이상의 흥행 수익을 올린 영화를 가리킬 때, 혹은 제작비 규모가 크거나 유명한 배우가 출연한 영화를 말할 때 블록버스터라는 말을 쓴다. 이 말은 원래 제2차 세계 대전 때 영국 5
공군이 사용했던 폭탄의 이름이었다. 무려 4~5톤이나 되는 무게로 한 구역[block]을 날려 버릴 정도로 엄청난 위력을 가진 폭탄[buster]이라고 해서 블록버스터(blockbuster)라고 불렸다.

    블록버스터 영화들은 돈이 많이 드는 특수 효과가 사용된 SF 영화나 액션 영화가 대부분인데, 1975년 스티븐 스필버그 감독이 만든 영화 「죠스」가 흥행하면서 그 역 10
사가 시작되었다. 블록버스터 영화는 거대 자본과 유통망을 바탕으로 제작, 배급되어 세계 주요 도시에서 동시에 즐길 수 있다는 점에서 대중성이 크다. 또한 영화 속 캐릭터나 소품들이 장난감, 의상, 책 등으로 생산되면서 새로운 시장에서 시너지 효과를 낼 수도 있다는 점에서 상품 가치가 크다.

    이와 반대로 '인디 영화'라고도 불리는 '독립 영화'는 이윤 추구를 최우선으로 하는 15
일반 상업 영화와는 달리 자본을 대는 제작사로부터 독립하여 창작자의 의도를 중시하여 만든 영화이다. 독립 영화는 기존 영화와 주제, 형식, 제작 방법 등에서 차이를 보이는 경우가 많으며, 대체로 저예산의 단편 영화로 만들어지는 경향이 있다.

    독립 영화는 상업적 요구에서 벗어나 다양한 소재나 주제, 실험적인 형식을 다룰 수 있다. 또한 사회에서 주목받지 못한 문제나 현상을 다룸으로써 사회적 관심을 이 20
끌어 낸다는 면에서 가치가 있으며, 이를 통해 관객들에게 생각할 거리를 던져 준다. 그러나 블록버스터 영화에 비해 재미없을 것이라는 선입견은 독립 영화가 극복해야 할 과제이기도 하다.

◆ **시너지(synergy) 효과** 여러 경제 요인이 함께 작용하여 하나씩 작용할 때보다 더 커지는 효과.
선입견 어떤 대상에 대하여 이미 마음속에 가지고 있는 고정적인 관념이나 관점. 선입관.

1

윗글의 서술상 특징으로 적절하지 <u>않은</u> 것은?

① 두 가지 대상의 대립적 특성을 드러내고 있다.

② 시간의 흐름에 따른 대상의 변화를 제시하고 있다.

③ 중심 소재와 관련된 적절한 사례를 제시하고 있다.

④ 중심 소재의 개념을 정의하고 그 특징을 제시하고 있다.

⑤ 독자의 이해를 돕기 위해 구체적인 수치를 활용하고 있다.

◆
대립적 의견이나 처지, 속성 따위가 서로 반대되거나 모순되는.

예술
03

2

윗글을 통해 해결할 수 있는 질문으로 적절하지 <u>않은</u> 것은?

① 독립 영화의 의미는 무엇일까?

② 한국 최초의 독립 영화는 무엇일까?

③ 블록버스터라는 말은 어디서 유래했을까?

④ 독립 영화를 부르는 또 다른 명칭은 무엇일까?

⑤ 블록버스터 영화의 시작점으로 볼 수 있는 작품은 무엇일까?

각 문단의 중심 내용을 다음과 같이 정리할 때, 빈칸에 들어갈 내용을 써 보자.

1문단 블록버스터 영화의 개념과 유래
- 개념: 영화계에서 엄청난 (　　　　　　　)으로 큰 수익을 남긴 영화
- 유래: 영국 공군이 사용한 (　　　　　　)의 이름

▼

2문단 블록버스터 영화의 특징
- 돈이 많이 드는 (　　　　　　)를 많이 씀.
- 세계 주요 도시에서 동시 상영되어 (　　　　　　)이 큼.
- 영화 속 캐릭터나 소품들이 상품으로 생산되면서 새로운 시장에서 (　　　　　　)를 내 상품 가치가 큼.

▼

3문단 독립 영화의 개념과 특징
- 개념: 상업 영화와 달리 자본을 대는 제작사로부터 독립하여 (　　　　　　)의 의도를 중시하여 만든 영화
- 특징: 기존 영화와 주제, 형식, 제작 방법 등에서 차이를 보이며 저예산의 (　　　　　　) 영화가 많음.

▼

4문단 독립 영화의 가치
- 다양한 소재와 주제, 실험적 형식을 다룸.
- 주목받지 못한 사회 문제나 현상을 다루어 사회적 관심을 이끌어 냄으로써 관객들에게 생각할 거리를 줌.

다음에 제시된 내용 중, 글의 내용과 일치하는 것은 ○, 일치하지 않는 것은 ×를 표시해 보자.

1) 최초의 블록버스터 영화는 「해리 포터 시리즈」이다. ────────────── (　　)

2) 독립 영화는 대중의 흥미로부터 독립되었다는 의미에서 독립 영화라고 불린다.

　　────────────────────────────────── (　　)

3) 블록버스터 영화 속 캐릭터는 장난감으로 만들어지기도 한다. ────── (　　)

4) 블록버스터 영화 중에는 거대한 자본이 투입된 SF 영화가 주를 이룬다. ─────── (　　)

배 경 지 식

영화의 배급과 상영은 어떻게 이루어질까?

영화는 창작자의 예술 작품이자 한 시대의 문화에 대한 소통의 매개체라고 할 수 있어요. 한편으로 영화는 산업으로서 유통되는 상품이기도 해요. 영화를 제작하고 나면 배급과 상영이 이루어져야 합니다. **영화 배급은 영화를 관객 및 시청자에게 전달하는 일**이에요. 다시 말해 영화를 극장에서 상영할 수 있도록 만드는 것으로 극장과 배급사가 계약을 맺고 영화를 관객에게 제공하는 것이지요. 아무리 좋은 영화라고 할지라도 상영이 되지 못하면 세상과 소통할 수 없어요. **영화의 배급은 영화를 상영하기 위한 기본적인 방법**이에요.

독립 영화의 경우는 제작자와 감독이 직접 개봉하는 아트 하우스 개봉이나 영화제를 통한 개봉이 있을 수 있으나 배급의 과정이 매우 열악해요. **독립 영화는 자본과 배급망으로부터 '독립'하여 제작된 것**으로 소수이지만 마니아층 관객이 뒷받침되고 있으며, 주로 독자적인 배급망을 통해 상영되고 있어요.

#영화   #배급과 상영

어 휘 · 어 법

1~4

다음에 제시된 초성과 뜻을 참고하여 빈칸에 알맞은 단어를 써 보자.

1 공연 상영 따위가 상업적으로 큰 수익을 거둠. (ㅎㅎ → _____)

2 어떤 행동을 하는 데 쓰이는 대상이나 소재. (ㄱㄹ → _____)

3 상품 따위를 생산자에서 소비자에게 옮김. 또는 그런 유통 과정. (ㅂㄱ → _____)

4 여러 경제 요인이 함께 작용하여 하나씩 작용할 때보다 더 커지는 효과.

(ㅅㄴㅈㅎㄱ → _____)

5~7

다음 뜻풀이에 해당하는 단어를 〈보기〉에서 찾아 써 보자.

> 보기
>
> 수익   이윤   자본

5 장사 따위를 하여 남은 돈. (_____)

6 기업이 경제 활동의 대가로서 얻은 경제 가치. (_____)

7 상품을 만드는 데 필요한 생산 수단이나 노동력을 통틀어 이르는 말. (_____)

Tip **이끌어 내다** 실질적 의미를 나타내는 본용언 '이끌다'와 이 뒤에 붙어서 의미를 더해 주는 보조 용언 '내다'로 구성된 서술어이다. 용언이 2개 이상 연결된 경우 보통 선행하는 용언이 본용언이 된다. 보조 용언은 실질적 의미가 없으므로 단독으로 서술어로 기능하지 못한다. ⑳ 관심을 이끌어 내다.(○) 관심을 내다.(×)

웹툰의 발전과 잠재력

1,400만 관객을 동원한 영화 「신과 함께」, 직장인들의 애환을 사실적으로 그려 많은 사랑을 받은 드라마 「미생」의 공통점은 웹툰을 원작으로 한다는 것이다. 웹(web)을 통해 보는 만화를 뜻하는 웹툰은 대중문화의 여러 영역 중 가장 관심을 끄는 분야이다.

웹툰은 1990년대 후반 IMF 경제 위기 이후 출판 만화 시장이 침체되고 인터넷이 5
발달하자 만화가들이 자신의 작품을 개인 블로그나 누리집에 연재하면서 시작되었다. 초기 웹툰은 보통 무료로 볼 수 있고 다른 홈페이지나 블로그에 손쉽게 공유할수 있었다. 이러한 웹툰이 인터넷 창작물의 대표적인 장르로 자리 잡게 된 것은 대형포털 사이트들의 지원을 받으면서부터이다. 더욱이 모바일 환경이 일반화되면서 스마트폰에서 구현되는 웹툰을 가리키는 스마툰(smartoon: smart + cartoon)이라는 10
신조어가 생겨날 정도로 웹툰은 호황을 누리게 되었다.

웹툰은 이동 중에도 즐길 수 있는 모바일 문화에 최적화되어 있어 접근이 용이하며독자와의 소통이 활발하다. 즉, 웹툰은 웹과 앱을 기반으로 하여 생산자와 수용자가즉각적인 상호 작용을 할 수 있다는 점과 세계 정반대 편에서도 쉽고 빠르게 접근 가능하다는 특징이 있다. 이러한 장점을 바탕으로 인기 있는 웹툰은 애니메이션으로 15
만들어지기도 하며 컴퓨터 게임의 배경이 되기도 한다. 또한 각종 캐릭터 산업의㉠원천이 될 뿐만 아니라 영화, 드라마, 연극, 뮤지컬로 재탄생하는 등 산업적 잠재력이 크다.

웹툰이 지속적인 성장을 하기 위해서는 가장 기본적으로 작품성이 높은 웹툰을 창작하는 작가들이 끊임없이 ㉡충원되어야 한다. 그러나 ㉢심혈을 기울여 발표한 작 20
품이 불법 복제되어 작가들의 창작 활동을 위축시키는 현실은 웹툰의 전망을 무작정밝게 볼 수만은 없게 한다. 하지만 작가들이 신이 나서 작품 활동을 할 수 있도록 관련 정책이 ㉣정비된다면 웹툰의 영향력은 지속적으로 ㉤증대될 것이다.

애환 슬픔과 기쁨을 아울러 이르는 말.
대중문화 대중이 형성하는 문화. 생활 수준의 향상, 교육의 보급, 매스컴의 발달 따위를 기반으로 이루어지며, 대량 생산과 대량 소비를 전제로 하기 때문에 문화의 상품화·획일화·저속화 경향이 생기는 경우가 많다.
침체 어떤 현상이나 사물이 진전하지 못하고 제자리에 머무름.
호황 경기(景氣)가 좋음. 또는 그런 상황.
최적 가장 알맞음.

1

윗글을 통해 해결할 수 있는 질문이 <u>아닌</u> 것은?

① 웹툰의 개념은 무엇인가?

② 웹툰의 특징은 무엇인가?

③ 웹툰의 주요 독자층은 누구인가?

④ 웹툰이 등장한 배경은 무엇인가?

⑤ 웹툰이 갖는 산업적 잠재력은 어떠한가?

2

윗글의 서술 방식으로 적절하지 <u>않은</u> 것은?

① 중심 소재의 개념을 명확하게 규정하고 있다.

② 중심 소재와 관련된 구체적인 예를 제시하고 있다.

③ 중심 소재가 영향을 미치는 산업들을 나열하고 있다.

④ 중심 소재가 호황을 누리게 된 원인을 설명하고 있다.

⑤ 중심 소재와 유사한 속성을 가진 익숙한 대상을 활용하고 있다.

◆ **규정** 내용이나 성격, 의미 따위를 밝혀 정함. 또는 그 정하여 놓은 것.

3 어휘

㉠~㉤의 사전적 의미로 적절하지 <u>않은</u> 것은?

① ㉠: 사물의 근원.

② ㉡: 인원수를 채움.

③ ㉢: 마음과 힘을 아울러 이르는 말.

④ ㉣: 미리 마련하여 갖춤.

⑤ ㉤: 양이 많아지거나 규모가 커짐.

1

다음에 제시된 질문의 답을 찾을 수 있는 문단을 찾아 연결해 보자.

웹툰의 지속적인 성장을 위해 필요한 것은 무엇인가? •	• 1문단
웹툰은 무엇이고 웹툰의 위상은 어떠한가? •	• 2문단
웹툰의 장점과 산업적 잠재력은 무엇인가? •	• 3문단
웹툰은 어떻게 시작되었는가? •	• 4문단

2

'웹툰'과 '스마툰'의 개념을 정리해 보자.

(   )

3

다음 빈칸을 채워 가며, 웹툰에 대해 정리해 보자.

웹툰의 등장	( ) 만화 시장의 침체와 ( )의 발달

▼

웹툰의 호황	• 대형 포털 사이트들의 지원 • ( ) 환경의 일반화

▼

웹툰의 특징	• ( )과 ( ) 기반으로 독자와의 소통이 활발함. • ( ) 잠재력이 매우 큼.

배 경 지 식

만화의 종류에는 무엇이 있을까?

만화는 그림을 나열하여 이야기를 쉽고 재미있게 표현하는 것을 말해요. 만화의 종류에는 캐리커처, 카툰, 코믹 스트립 등이 있는데, 최근에는 웹으로 보는 웹툰이 많이 그려지고 있어요.

캐리커처(Caricature)는 '과장된 것', '왜곡된 것'이라는 뜻의 이탈리아어 'caricatura'에서 유래된 말로, 외모나 성격 등 인물의 특징을 과장되게 강조하여 우스꽝스럽게 표현해요. **카툰(Cartoon)**은 최소한의 선과 언어로만 메시지를 전달하는 한 컷짜리 만화로 주로 정치나 사회를 풍자적으로 드러내지요. **코믹 스트립(Comic strip)**은 가늘고 긴 조각이나 길게 늘어선 끈을 스트립(strip)이라 하는 데서 온 것으로 만화를 여러 칸으로 길게 늘려서 짧게는 한 페이지, 길게는 수십 권으로 이야기를 전개하는 만화예요. 특별한 장르와 대상의 제한이 없어 학습, 교양 등 다양하게 활용되고 있어요. 마지막으로 **웹툰(디지털 만화)**은 웹(Web)과 카툰(Cartoon)의 합성어로 웹에 출판되는 형식의 만화를 말해요. 웹툰은 언제 어디서나 볼 수 있으며, 전파가 빠르고 댓글 등을 통해 독자와의 소통이 매우 활발한 것이 특징이에요. 요즘은 웹툰의 기발한 소재가 출판, 연극, 영화, 드라마 등으로 새롭게 재탄생되고 있어요.

#캐리커처   #카툰   #코믹 스트립   #웹툰

어 휘 · 어 법

1~4

다음 문장에 들어갈 올바른 단어를 찾아 ○를 표시해 보자.

1 이 그림에는 이산가족의 (애환 / 애증)과 염원이 담겨 있다.
2 이번 장마로 피해액이 역대 최고가 될 것이라고 정부는 (추산 / 추리)했다.
3 감독은 선수들의 사기가 (침체 / 침해)되지 않도록 선수들을 격려하였다.
4 정의를 (구조 / 구현)하기 위해 경찰 대학에 진학하기로 마음먹었다.

5~8

다음 뜻풀이에 해당하는 단어를 〈보기〉에서 찾아 써 보자.

> **보기**
>
> 호황   심혈   잠재력   상호 작용

5 경기가 좋음. 또는 그런 상황. (   )
6 둘 이상의 사물이나 현상이 서로 원인과 결과가 되는 작용. (   )
7 겉으로 드러나지 않고 속에 숨어 있는 힘. (   )
8 마음과 힘을 아울러 이르는 말. (   )

Tip 더욱이(○) 더우기(×) '더욱이'는 '그러한 데다가 더.'라는 의미의 부사로 '더욱 + 이'와 같이 형태소 분석을 할 수 있다. 이는 부사에 접사 '이'가 붙어서 부사가 된 경우로, '이'가 결합해도 원래의 부사와 의미와 기능이 다르지 않으므로 관련성이 드러나도록 원형을 밝혀 '더욱이'로 적는다(한글 맞춤법 제25항). 이처럼 서로 관련이 있는 말들의 형태를 '더욱/더욱이', '일찌/일찍이', '곰곰/곰곰이'와 같이 일관되게 적으면 이해하기 쉽다는 장점이 있다.

예술 05

모나리자

문제 풀이
지문 해제
관련 영상
어휘 퀴즈

화가 레오나르도 다빈치가 그린 「모나리자」는 가로 77cm, 세로 53cm밖에 되지 않는 작은 그림이지만 세계 최고의 초상화로 손꼽힌다. 이 작품은 작품이 그려진 르네상스 시대에도 이미 걸작으로 인정받았으며 많은 화가들은 앞다투어 이 초상화를 흉내냈다. 16세기 『이탈리아 르네상스 미술가 열전』을 썼던 바사리도 「모나리자」를 두고 미술의 기적이 일어났다고 칭찬했다.

「모나리자」가 그토록 극찬을 받은 것은 모델의 그윽한 미소 때문이다. 화가는 어떻게 신비한 미소를 그릴 수 있었을까? 그것은 바로 스푸마토를 사용했기 때문이다. 스푸마토란 이탈리아어로 '흐릿한', '자욱한'이라는 뜻으로, 색채를 밝은 톤에서 어두운 톤으로 칠하면서 대기와 맞닿은 부분의 윤곽선을 문질러 배경과의 경계를 희미하게 만드는 기법을 말한다. 이 기법을 쓰면 대상의 윤곽선이 흐려지고 먼 곳으로 물러난 듯한 느낌을 주어 공간에 거리감을 나타내는 효과를 얻을 수 있다. 웃는 듯 우는 듯 수수께끼 같은 모나리자의 미소도 눈이나 입 주변의 예리한 경계선을 스푸마토를 이용해 안개처럼 흐릿하게 처리했기 때문에 가능했다.

'모나리자'라는 작품의 이름은 '리자 부인'이라는 의미로, '리자' 앞에 붙은 '모나'는 이탈리아어로 부인을 뜻한다. 「모나리자」의 모델은 피렌체의 상인 조콘다의 부인 리자 게라르디니로 알려져 있다. 상인인 조콘다가 아내의 초상화를 의뢰했다는 것은 상인들도 미술품을 주문했다는 사실을 의미한다. 중세에는 교회와 왕족, 귀족들이 독점적으로 예술품을 주문했으며 내용도 대부분 종교적인 것이었다. 그러나 르네상스 시대는 상황이 달라져 부유한 상인, 은행가들도 값비싼 미술품을 주문할 수 있었다.

「모나리자」가 인물화의 역사에서 중요한 위치를 차지하는 것은 정면 초상화의 아름다움을 잘 보여 주기 때문이다. 르네상스 이전에는 초상화를 그릴 때 고대 미술의 전통을 따라 옆모습을 그렸다. 인물의 옆모습을 그리면 근엄하고 의젓하게 보이는 효과를 얻을 수 있기 때문이었다. 그러나 옆면 초상화는 인물의 다양한 표정을 전달하기 어렵다는 단점이 있다. 인간을 중시했던 르네상스 화가들은 인물의 생생한 표정 변화를 담기 위해 옆면 초상화 대신 정면 초상화를 그렸다. 레오나르도 다빈치는 인물의 자세가 자연스럽고 편안하게 느껴지도록 몸을 약간 비튼 포즈로 모나리자를 그렸다. 이 포즈는 옆면 초상과 정면 초상의 장점이 하나로 결합된 것으로, 덕분에 「모나리자」는 우아하면서도 생동감이 넘치는 초상화로 평가받았다.

이처럼 인물화의 대가였던 레오나르도 다빈치는 평소 제자들에게 "뛰어난 화가는 먼저 사람을 제대로 묘사할 줄 알아야 한다. 그다음 영혼의 모습이 행동을 통해 나타난 것을 그릴 줄 알아야 한다."라고 말했다. 화가에게 가장 중요한 능력은 바로 인물을 제대로 표현하는 것임을 레오나르도 다빈치는 거듭 강조한 것이다.

5

10

15

20

25

30

걸작 매우 훌륭한 작품.
극찬 매우 칭찬함. 또는 그런 칭찬.

1

윗글을 읽고 답을 찾을 수 있는 질문이 <u>아닌</u> 것은?

① 「모나리자」가 극찬을 받는 까닭은 무엇인가?

② 「모나리자」라는 작품명에 담긴 의미는 무엇인가?

③ 「모나리자」에 대한 레오나르도 다빈치의 평가는 무엇인가?

④ 「모나리자」를 통해 드러나는 르네상스 화가들의 화풍은 무엇인가?

⑤ 「모나리자」가 인물화의 역사에서 중요한 위치를 차지하는 까닭은 무엇인가?

◆
화풍 그림을 그리는 방식이
나 양식.

2

윗글을 읽고 〈보기〉의 관점에서 「모나리자」를 감상한 내용으로 적절하지 <u>않은</u> 것은?

보기

다빈치, 「모나리자」

내재적 비평은 작품 외부에 존재하는 작가, 독자, 현실 세계는 고려하지 않고 오로지 작품 자체에만 주목해서 작품을 해석하고 감상하는 방법을 뜻한다. 이는 작품을 외부적 요소로부터 단절된 하나의 독립된 대상으로 보는 관점으로, 작품을 이해하고 감상하는 데에 필요한 것들은 모두 작품 안에 존재한다고 본다.

① 인물의 몸을 약간 비튼 포즈로 그려 자세가 자연스럽고 편안하게 느껴져.

② 인물의 모습을 정면으로 그림으로써 인물의 생생한 표정 변화를 담아내고 있어.

③ 스푸마토를 활용하여 눈과 입 주변의 경계선이 흐릿하게 처리되어 있어 신비한 느낌이 들어.

④ 작품 속 인물이 피렌체 상인의 부인이라는 점에서 당대 미술 향유층의 변화를 짐작할 수 있어.

⑤ 정면 초상화의 아름다움이 잘 드러나는 작품이면서 옆면 초상의 장점이 결합되어 있어 우아함과 생동감이 느껴져.

지문 분석

문단 요약

1

다음에 제시된 질문의 답을 찾을 수 있는 문단을 찾아 연결해 보자.

「모나리자」에 대한 평가는 무엇인가?　●　　　●　1문단

「모나리자」에 사용된 표현 기법과 효과는 무엇인가?　●　　　●　2문단

레오나르도 다빈치가 화가의 중요한 능력으로 강조한 바는 무엇인가?　●　　　●　3문단

「모나리자」가 등장하게 된 사회적 배경은 무엇인가?　●　　　●　4문단

「모나리자」가 인물화의 역사에서 중요한 위치를 차지하는 이유는 무엇인가?　●　　　●　5문단

정보 확인

2

다음 빈칸을 채워 가며, 「모나리자」에 대해 정리해 보자.

화가, 창작 시기	• 화가: ( ) • 창작 시기: ( ) 시대
작품에 대한 평가	• 세계 최고의 ( )로 손꼽힘. • 작품이 그려진 당대에도 이미 걸작으로 인정받음.
작품 창작의 배경	• 피렌체의 상인 조콘다가 아내의 초상을 의뢰함. → 특권층만 독점적으로 예술품을 주문하던 중세와는 달리 르네상스 시대에는 부유한 ( ), 은행가들도 주문할 수 있게 됨.
작품의 특징	• 표현 기법과 효과: ( )를 활용하여 눈이나 입 주변의 경계선을 흐릿하게 처리함으로써 신비한 ( )를 표현함. • 옆면 초상과 ( ) 초상의 장점을 하나로 결합하여 몸을 약간 ( ) 포즈로 그려 자연스럽고 편안하게 느껴지게 함.

148 • 중학 국어 비문학 독해 1

배 경 지 식

초상화는 어떤 목적으로 그리기 시작했을까?

인물화는 사람을 주제로 한 그림으로 초상화라고 부르기도 해요. 인물화는 넓은 범주에서 조각, 메달, 사진, 소묘도 포함돼요. 예전에는 **초상화가 사진과 같은 역할을 해서 누군가를 기념하고 기록하기 위한 목적으로 그려졌어요.** 삶을 영원히 붙들고 싶은 사람들의 간절한 소망을 초상화에 담은 것이지요. 또한 **초상화는 숭배의 도구로 그려지기도 했어요.** 각 나라의 지배층들은 자신의 권력을 강화하거나 널리 알리기 위해 미술가들에게 초상화를 주문했어요. 국민들이 권력자의 홍보물인 초상화를 우러르면서 절대 권력에 대한 충성심을 더욱 불태우게 한 것이에요.

초상의 역사는 이집트, 그리스, 로마에서부터 시작돼요. 그중 인물상이 가장 많이 만들어진 시기는 로마 시대였어요. 로마인들은 황제나 정치가, 장군들의 업적을 메달과 동전, 조각상을 통해 기념했어요. 이처럼 특정 인물을 선전하려는 로마와는 달리, 이집트에서는 죽은 자의 영혼이 육신으로 돌아올 것을 대비해 초상 조각을 만들었어요. 흔히 이집트 미술을 죽은 자를 위한 예술이라고 부르는 것도 당시 미술품들이 죽음을 염두에 두고 만들어졌기 때문이에요.

고대부터 시작된 초상화는 중세에 접어들며 맥이 끊겨요. 그러다 인간 중심 사상이 되살아난 르네상스 시대에 다시 초상화가 그려지면서 지금까지 이어지게 되지요. 과거의 초상화들에는 당대의 생활상과 옷차림, 모델의 심리 상태, 시대 변화에 따른 지식과 정보가 담겨 있어 여러 가지를 알 수 있어요.

#초상화의 역사   #고대부터 지금까지   #기록   #선전

로마 시대 동전의 인물상

어 휘 · 어 법

1~3 다음 단어와 뜻풀이에 맞게 빈칸에 알맞은 말을 써 보자.

1 걸작: 매우 훌륭한 (   ).
2 (   ): 매우 칭찬함. 또는 그런 칭찬.
3 근엄하다: 점잖고 (   )하다.

4~6 다음 뜻풀이에 해당하는 단어를 〈보기〉의 글자를 조합하여 써 보자.

보기

가	대	독	적	점	풍	화

4 그림을 그리는 방식이나 양식. (   )
5 전문 분야에서 뛰어나 권위를 인정받는 사람. (   )
6 물건이나 자리 따위를 독차지하는. 또는 그런 것. (   )

Tip • 대가(큰 大, 사람 家) [대:가] 전문 분야에서 뛰어나 권위를 인정받는 사람. 예 학문의 대가 / 세계적인 대가의 작품
  • 대가(대신할 代, 값 價) [대:까] 물건의 값으로 치르는 돈. 예 물품의 대가를 지불하다.

예술

서양 회화의 원근법

2차원인 평면 위에 3차원 공간을 우리 눈에 보이는 대로 기록하는 것에는 어려움이 따른다. 이러한 어려움의 극복을 위해 고안해 낸 방법 중 하나가 원근법이다. 원근법에는 여러 가지 방법이 있는데 우리가 흔히 생각하는 원근법은 투시 원근법으로, 서양 회화는 투시 원근법을 발달시킴으로써 원근법을 높은 수준까지 끌어올렸다.

15세기 이탈리아의 건축가 필리포 브루넬레스키는 원근법을 처음 창안한 이로 꼽히는데, 그의 그림 속 사물은 멀어지는 거리에 따라 일정한 비율로 크기가 줄어드는 양상을 보인다. 이러한 그림이 가능할 수 있었던 것은 투시 원근법에는 소실점이 존재하며, 사물의 상이 축소될 때 일정한 수학적 비례에 따라 줄어든다는 사실을 그가 처음으로 발견하였기 때문이다. 소실점이란 같은 평면 위에 있는 두 개 또는 그 이상의 평행선이 관찰자로부터 멀어지면서 한 점으로 집중되는 것처럼 보이는 현상을 말한다.

투시 원근법에 따라 그림을 그리려면 화면에 먼저 지평선을 그려야 한다. 그림 속에 실제 지평선이 없더라도 그리는 이의 마음속과 화면에 가상의 지평선을 설정하여야 하며, 이 지평선은 화가의 눈높이에 맞도록 설정된다. 평평한 바닥과 하늘이 무한대로 펼쳐질 때 그 두 부분이 맞닿은 곳이 지평선이며, 소실점도 바로 이 지평선 위에 위치한다. 대상이 화가와 정면으로 마주하고 있느냐, 비스듬히 놓여 있느냐에 따라 소실점의 위치가 좌우로 움직일 뿐이다.

소실점이 한 개 생기는 것을 1점 투시도법, 두 개 생기는 것을 2점 투시도법이라고 한다. 1점 투시도법은 집중도가 높아서 보는 이에게 공간의 통일성을 매우 강렬하게 느끼게 한다. 2점 투시도법은 건물의 한쪽 모서리가 화가와 마주 보는 모습으로 그려지는 것 같은 경우에 사용한다. 모서리를 기준으로 좌우의 벽면이 뒤로 후퇴하면서 크기가 줄고 이에 따라 지붕선과 바닥선을 잇다 보면 양쪽으로 두 개의 소실점이 생겨나게 되는데 상대적으로 입체감을 부각시킨다. 2점 투시도법의 소실점은 화면 바깥에 형성되기도 하는데, 지평선 위에 존재한다는 데는 차이가 없다.

원근법은 서양 회화뿐 아니라 동양 회화에서도 다양한 방식으로 사용되어 2차원의 회화에서 3차원의 공간을 사실감 넘치게 표현하는 데 크게 기여했다. 특히 투시 원근법을 통해 공간의 깊이에 관한 정확한 데이터를 그림이 제공하게 되면서, 서양인들은 원근법을 하나의 '창'으로 생각하고, 그림 속 공간도 하나의 3차원 세계라는 인식을 갖게 되었다.

문제 풀이
지문 해제
관련 영상
어휘 퀴즈

◆ **원근법** 일정한 시점에서 본 물체와 공간을 눈으로 보는 것과 같이 멀고 가까움을 느낄 수 있도록 평면 위에 표현하는 방법.
투시 막힌 물체를 환히 꿰뚫어 봄. 또는 대상의 내포된 의미까지 봄.
부각 어떤 사물을 특징지어 두드러지게 함.

1

윗글을 읽고 답할 수 있는 질문으로 적절하지 <u>않은</u> 것은?

① 소실점이란 무엇인가?

② 원근법은 언제 처음 창안되었는가?

③ 소실점은 어디에 위치해야 하는가?

④ 동양 회화에서도 원근법이 사용되었는가?

⑤ 투시 원근법 외에 다른 원근법에는 무엇이 있는가?

2

윗글을 읽고 〈보기〉의 (가)와 (나)에 대해 보인 반응으로 적절하지 <u>않은</u> 것은?

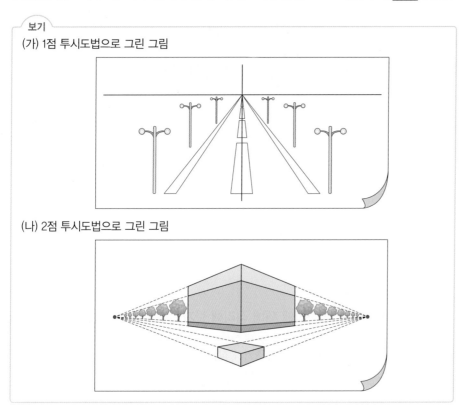

보기

(가) 1점 투시도법으로 그린 그림

(나) 2점 투시도법으로 그린 그림

① (가)는 지평선이 화면에 잘 드러나는군.

② (가)는 도로에 대한 집중도가 매우 높겠군.

③ (나)는 두 소실점을 이은 선이 지평선이 되겠군.

④ (나)는 두 소실점이 화면 바깥에 형성되어 있군.

⑤ (나)는 두 개의 소실점 때문에 입체감이 잘 느껴지는군.

1 각 문단의 중심 내용을 다음과 같이 정리할 때, 빈칸에 들어갈 내용을 써 보자.

> **1문단** 원근법의 (　　　　　　) 배경과 발달
>
> ▼
>
> **2문단** (　　　　　　) 원근법의 등장과 (　　　　　)
>
> ▼
>
> **3문단** 투시 원근법에 따라 그림을 그리는 방법
>
> ▼
>
> **4문단** 소실점의 (　　　　　　)에 따른 투시 원근법의 종류와 그 특징
>
> ▼
>
> **5문단** 원근법이 그림 속 (　　　　　　) 인식에 미친 영향

2 다음 빈칸을 채워 가며, 원근법에 대해 정리해 보자.

원근법	필리포 브루넬레스키가 창안함.
투시 원근법으로 그림을 그리는 방법	• (　　　　　　)을 먼저 그림. • (　　　　　) 위에 (　　　　　)이 위치함.
투시 원근법의 특징	• 사물의 상이 (　　　　　　)에 따라 축소됨. • 두 개 또는 그 이상의 (　　　　　)이 관찰자로부터 멀어지면서 한 (　　　　　)으로 집중되는 것처럼 보이는 현상인 소실점이 존재함.
투시 원근법의 종류	• 1점 투시도법: 공간의 (　　　　　)을 느끼게 함. • 2점 투시도법: (　　　　　)을 부각시킴.

예술
06

배 경 지 식

동양화에 쓰인 삼원법에는 무엇이 있을까?

서양의 풍경화가 소실점을 사용한 투시 원근법이나 공기 원근법을 사용하여 화면에 거리감과 깊이감을 주었다면, 동양의 산수화는 자연을 다원적 각도에서 바라보고 이를 효과적으로 나타내고자 사람의 눈높이에 따라 달라지는 삼원법을 이용했어요.

삼원법에는 고원, 평원, 심원의 세 가지 시점이 있습니다. **고원(高遠)**은 산 아래에서 위를 올려다보는 시점에서 그리는 방법으로, 산의 높고 웅장한 기세를 표현할 수 있어요. **평원(平遠)**은 눈높이와 같은 시점에서 보이는 곳을 그리는 방법으로, 가까운 앞산에서 뒤쪽의 먼 산을 건너다보는 평평한 공간의 광활함을 표현하는 방법이에요. **심원(深遠)**은 산 앞에서 산 뒤쪽을 넘겨다보는 시점에서 그리는 방법으로, 산의 깊이감을 표현할 수 있어요.

한 작품에 한 가지 시점을 적용해 그리기도 하지만, 각도에 따라 보여지는 자연의 다채로운 모습을 표현하기 위해 여러 시점이 병용되기도 해요. 한 화폭에 삼원법을 담아낸 대표적인 작품으로는 안견의 「몽유도원도」가 있어요.

안견, 「몽유도원도」

#삼원법   #시점에 따른 표현법

어 휘 · 어 법

1~3

다음에 제시된 초성과 뜻을 참고하여 빈칸에 알맞은 단어를 써 보자.

1 실제로는 평행하는 직선을 투시도상에서 멀리 연장했을 때 하나로 만나는 점.

(ㅅㅅㅈ ➡   )

2 연구하여 새로운 안을 생각해 냄. 또는 그 안. (ㄱㅇ ➡   )

3 두 수 또는 두 양에 있어서, 한쪽이 2배, 3배 ⋯⋯로 되면 다른 한쪽도 2배, 3배 ⋯⋯로 되거나 또는 한쪽이 2배, 3배 ⋯⋯로 되면 다른 한쪽은 1/2배, 1/3배 ⋯⋯로 되는 일. 또는 그런 관계.

(ㅂㄹ ➡   )

4~6

다음 뜻풀이에 해당하는 단어를 〈보기〉에서 찾아 써 보자.

> **보기**
>
> 부각   가상   창안

4 어떤 방안, 물건 따위를 처음으로 생각하여 냄. 또는 그런 생각이나 방안. (   )

5 사실이 아니거나 사실 여부가 분명하지 않은 것을 사실이라고 가정하여 생각함. (   )

6 어떤 사물을 특징지어 두드러지게 함. (   )

Tip • 발견(드러낼 發, 볼 見) 미처 찾아내지 못하였거나 아직 알려지지 아니한 사물이나 현상, 사실 따위를 찾아냄. 예 새 유물 발견
　　 • 발굴(드러낼 發, 팔 掘) 세상에 널리 알려지지 않거나 뛰어난 것을 찾아 밝혀냄. 예 신인 발굴 / 인재 발굴

인상주의 회화

문제 풀이
지문 해제
관련 영상
어휘 퀴즈

인상주의 회화는 서양 회화 가운데 전 세계 대중에게 가장 큰 사랑을 받고 있다. 모네, 마네, 르누아르 등의 인상주의 화가들이 그려 놓은 세계는 밝고 행복한 느낌을 주고, 인상주의의 빛은 우리의 마음을 환하게 밝힌다. 그런데 인상주의의 이런 밝음은 어디에서 온 것일까?

19세기의 과학, 특히 광학의 발달은 사람들로 하여금 사물을 인식하는 데 빛이 하 5
는 역할에 크게 주목하게 했다. 카메라의 발명과 보급으로 빛을 통해 사물을 본다는 인식이 생겼고, 이는 곧 '사물을 그리는 것'에서 '빛을 그리는 것'으로 관심을 이동시켰다. 그래서 빛의 효과에 대한 광범위한 이해와 성찰이 뒤따를 수밖에 없었다. 빛의 운동이 화면의 주된 주제가 됐고, 더불어 빛의 표정에 변화를 주는 대기의 움직임도 섬세하게 관찰하고 표현했다. 그리하여 마침내 인상주의가 탄생했다. 인상주의의 그 10
림에서 사물의 표현은 빛과 대기의 표현을 위한 보조 장치에 불과했다. 사람의 이목구비도 과거 고전주의 회화처럼 꼼꼼히 그려지지 않고 마구 뭉개졌다. 빛과 대기의 효과를 실감 나게 표현하면 할수록 이런 현상은 심해졌다.

빛을 중시하다 보니 인상주의 화가들은 자연스레 화실에서 벗어나 야외로 나갔다. 그 전에는 풍경화도 실내에서 그렸지만, 인상주의 화가들은 직접 야외 현장에서 그 15
리는 것을 선호했다. 그러자 화면이 과거에 비해 엄청나게 밝아졌다. 튜브 물감의 발명 등 산업화로 인한 작업 환경의 변화 또한 야외 작업의 발달에 한몫했다. 1850년대부터 상용화된 튜브 물감은 인상주의 화가인 르누아르로 하여금 '튜브 물감이 없었다면 모네도, 세잔도, 피사로도 없었을 것'이라고 말하게 할 정도였다. 기차가 발달하여 도시에서 야외로 나가는 일이 수월해진 것과 중산층의 여가 활동이 늘어난 것 20
도 인상주의 화가들의 발길을 야외로 이끈 중요한 요인이었다. 이러한 시대상은 당시에 여행 관련 서적이 많이 출간된 것을 통해서도 확인할 수 있다.

이런 시대적 변화를 겪으면서 인상주의 화가들은 그림의 소재도 되도록 현실에서 찾고자 하였다. 과거의 고전주의 회화처럼 신화나 종교 이야기 혹은 위대한 역사적 사실 등을 그리는 일은 더 이상 매력적이지 않았다. 개인의 상상이나 정치적, 사회적 25
주제를 표현하는 사례도 드물었다. 도시의 일상적 풍경, 소소한 생활 정경, 관광지, 여가 활동 등 근대 중산층 시민의 밝고 낙천적인 생활상이 주로 그림의 소재가 되었다. 이러한 소재의 변화는 당시의 급격한 도시화와 맞물려 새것과 유행, 속도에 대한 감각을 급속히 발달시켰다. 그 결과 화면이 매우 찰나적이면서 감각적인 방향으로 흐르고, 표현성과 추상성이 풍부해지는 양상이 나타났다. 30

◆ 화실 화가나 조각가가 그림을 그리거나 조각하는 따위의 일을 하는 방.
수월하다 까다롭거나 힘들지 않아 하기가 쉽다.
찰나 어떤 일이나 사물 현상이 일어나는 바로 그때.

윗글을 통해 알 수 있는 내용으로 적절하지 <u>않은</u> 것은?

① 인상주의 화가들은 현실적인 소재를 선호했다.

② 인상주의의 탄생은 카메라 기술의 발달에 영향을 받았다.

③ 인상주의 화가들은 세계를 대체로 밝고 행복하게 표현했다.

④ 인상주의는 빛과 대기의 표현을 중심으로 하는 화풍을 가지고 있다.

⑤ 여행 서적 출간과 늘어난 여가 활동이 인상주의 탄생에 영향을 주었다.

2

윗글을 읽고 〈보기〉에 대해 보인 반응으로 가장 적절한 것은?

보기

르누아르, 「물랭 드 라 갈레트의 무도회」

① 〈보기〉의 그림은 화가가 실내에서 그린 것이겠군.

② 〈보기〉의 그림은 빛을 보조 장치로 두고 인물을 그린 것이겠군.

③ 〈보기〉의 그림은 고전주의 회화와 달리 역사적 사실을 다루고 있군.

④ 〈보기〉의 그림은 튜브 물감의 발명으로 수월하게 그릴 수 있었겠군.

⑤ 〈보기〉의 그림은 인물들의 얼굴을 최대한 사실적으로 그리려고 했겠군.

각 문단의 중심 내용을 다음과 같이 정리할 때, 빈칸에 들어갈 내용을 써 보자.

1문단 밝고 행복한 느낌을 주는 (　　　　　　) 회화

▼

2문단 인상주의의 탄생 배경: (　　　　　　　)의 발달로 인한 영향
- (　　　　　　　)이 아닌 (　　　　　　　)을 그림.
- 빛의 (　　　　　　)에 대한 광범위한 이해와 성찰
- 사물의 표현은 빛과 (　　　　　　)의 표현을 위한 보조 장치에 불과함.

▼

3문단 인상주의 화가들의 특징 ①: (　　　　　　) 현장에서 그림 그리는 것을 선호함.
- 인상주의 화가들의 발길을 야외로 이끈 요인: (　　　　　　) 물감의 발명 등 산업화, (　　　　　　)의 발달과 늘어난 중산층의 여가 활동

▼

4문단 인상주의 화가들의 특징 ②: 현실에서 그림의 (　　　　　　)를 찾고자 함.
- 소재 변화로 인한 결과: 화면이 매우 찰나적이면서 (　　　　　　)인 방향으로 흐름. 표현성과 (　　　　　　)이 풍부해지는 양상이 나타남.

다음 빈칸을 채워 가며, '고전주의'와 '인상주의'에 대해 정리해 보자.

	고전주의	인상주의
소재	(　　　　　　)나 종교 이야기, 위대한 역사적 사실	(　　　　　　)의 일상적 풍경, 관광지, 여가 활동 등 중산층 (　　　　　　)의 생활상
회화의 중점	사물, 사람을 꼼꼼하게 그림.	(　　　　)과 (　　　　)의 표현에 중점을 두어 그림

배경지식

인상주의는 어떻게 변화하고 발전했을까?

인상주의는 19세기 후반 프랑스를 중심으로 일어난 회화 운동이에요. **인상주의 화가들은 대상의 고유색을 부정하고, 빛에 의해 순간적으로 변하는 색을 포착**하여 그리고자 했어요. 형태보다는 색채 표현에 집중하였으며 평범한 일상생활을 그렸지요. 대표적인 작가로는 마네, 모네, 르누아르, 드가 등이 있어요.

인상주의는 변화와 발전을 거쳐 **신인상주의**로 나아갑니다. 이들은 인상주의의 색채 분할을 더욱 체계화했어요. **빛을 과학적으로 분석하여 원색의 점으로 환원한 후, 수많은 색 점으로 대상을 표현하여 시각적 혼합을 유도하는 점묘법을 사용**했어요. 대표적인 작가로는 쇠라, 시냐크 등이 유명해요.

후기 인상주의는 작가의 개성을 추구했어요. 인상주의의 영향을 받았으나 주제와 기법에서 작가의 개성을 확립하였지요. 세잔은 사물의 본질 추구와 단순화를 통해 대상의 형태를 견고하게 그리고자 하였고, 반 고흐는 내면을 독창적 화법으로 나타내었으며, 고갱은 원초적인 생명력을 강렬한 색채와 평면적·장식적인 형태로 표현했어요. 이러한 후기 인상주의의 화풍은 현대 미술에 큰 영향을 주었답니다.

#인상주의   #신인상주의   #후기 인상주의

고갱, 「이아 오라나 마리아」

예술
07

어휘·어법

1~4 다음 뜻풀이에 해당하는 단어를 〈보기〉에서 찾아 써 보자.

> **보기**
>
> 뭉개지다   한몫하다   수월하다   맞물리다

1 까다롭거나 힘들지 않아 하기가 쉽다. (   )
2 한 사람으로서 맡은 역할을 충분히 하다. (   )
3 무엇이 서로 밀접한 관련을 맺으며 어우러지다. (   )
4 문질리어 으깨지다. (   )

5~7 다음 빈칸에 들어갈 알맞은 단어를 〈보기〉에서 찾아 써 보자.

> **보기**
>
> 양상   선호   찰나

5 새로운 증거의 발견으로 재판의 (   )이/가 달라졌다.
6 집으로 달려가려던 (   )에 민수가 나를 불러 세웠다.
7 생활 수준이 높아짐에 따라 무공해 식품의 (   )이/가 두드러진다.

Tip '효과(보람 效, 열매 果)'는 '어떤 목적을 지닌 행위에 의하여 드러나는 보람이나 좋은 결과.'의 의미를 지닌 말로 [효:과]와 [효:꽈]로 읽을 수 있다.

복합

같은 주제를 다룬 글, 관점이 서로 다른 글 등
2편의 글을 엮어 읽으며 좀 더 심화된 독해에 도전해 본다.

'인문'은 인간의 사상 및 문화를 대상으로 하는 학문 분야로, 철학, 심리학, 역사학, 윤리학, 종교학, 인류학, 논리학 등이 이에 속한다. 이러한 인문 영역의 독해는 제시된 사상의 개념과 특징이 무엇인지 확인하는 읽기가 중요하다.

'사회'란 인간 사회와 인간의 사회적 행위를 연구하는 학문 분야로, 정치, 경제, 법·제도, 미디어, 언론, 사회 문화 등을 주로 다룬다. 이러한 사회 영역의 독해에는 교과서에 제시되어 있는 사회 용어와 제도 등의 배경지식이 도움이 된다.

'과학'은 자연의 진리와 법칙을 발견하려는 체계적인 학문 분야로, 생명 과학, 물리학, 화학, 지구 과학, 수학 등이 이에 속한다. 이러한 과학 영역은 설명하고 있는 원리를 이해하는 읽기가 중요하다.

'기술'은 과학 이론을 실제로 적용하여 사물을 인간 생활에 유용하도록 가공한 것을 다루는 학문 분야이다. 이러한 기술 영역은 실생활에서 접하는 다양한 기계의 구조나 작동 원리에 관한 세부 정보를 이해하는 읽기가 중요하다.

'예술'은 상상력을 바탕으로 새로운 아름다움을 창조하는 활동을 다루는 학문 분야로, 음악, 미술, 디자인, 건축, 연극·영화, 만화 등을 주로 다룬다. 이러한 예술 영역은 지문이나 문제에 제시된 내용이 시각 자료에 어떻게 적용되는지 잘 살펴 읽도록 한다.

과학은 과연 객관적인가

문제 풀이
지문 해제
관련 영상
어휘 퀴즈

가 오늘날 ⓐ과학을 둘러싼 논쟁들을 살펴보면 과학의 확실성에 대한 통념이 무색할 지경이다. 유전자 조작 식품이 인체와 생태계에 미치는 영향, 배아 복제의 윤리성, 원자력 에너지의 사용을 둘러싼 논쟁 등 전 세계적으로 굵직한 사회적 이슈가 되었거나 되고 있는 논쟁들에는 예외 없이 복수의 전문가 견해가 등장했고, 내로라하는 과학자들도 단일한 결론에 도달하지 못하거나 법정에 결정을 ㉠위임하는 사태로까 5 지 발전하고 있다.

확실성과 동의어로 간주되어 온 과학의 불확실성 문제와 관련하여, 1990년대 중반 이후 유럽을 중심으로 과학에 대한 '신뢰의 위기'가 ㉡대두되었다. 그 발단은 아직도 논쟁이 끝나지 않은 광우병이었고, 영국 정부는 발병 초기에 광우병의 인체 위해 여부를 투명하게 다루지 못했다가 영국은 물론 전 세계적으로 파문을 일으켜 국민들의 10 심각한 불신을 초래했다. 이러한 행보는 이후 유전자 조작 식품의 시판을 둘러싼 논쟁에서도 비슷한 양상으로 재현됐다. 영국 상원이 지난 2000년에 발행한 보고서는 "많은 사람들이 생명 공학과 정보 기술의 빠른 발달에 불안해하고, 심지어는 일상적 목적으로 사용하는 기술에 대해서도 신뢰하지 못하는 경향이 있다."라고 말하며 "이러한 신뢰의 위기는 영국 사회와 영국의 과학 모두에 매우 중대한 문제"라고 쓰고 있 15 다.

그런데 여기서 주목할 점은 이 보고서가 문제의 원인을 대중이나 언론이 아닌 과학 그 자체와 과학을 대표하는 과학자 사회, 정부에 돌리고 있다는 것이다. 이 보고서의 첫 번째 주제가 '과학과 불확실성'이며, "우리를 둘러싼 세계와 그 세계에 대한 지식을 생산하는 과학 모두 불확실하다."라는 전제를 가지고 있기 때문이다. 이 보고서는 20 이러한 불확실성의 문제 때문에 과학 기술의 사용과 관련한 의사 결정은 일부 전문가에게 맡겨 둘 수 없으며, 시민 사회의 다양한 관점을 ㉢포괄해서 사회적 합의를 통해 불확실성을 최소화하는 것이 바람직하다고 제언하고 있다.

나 자연 과학이 인문학보다 우수한 지식을 달성했다는 것은 거의 보편적으로 인정되고 있다. 인문학 분야와 달리 과학적 진술은 인간의 사고방식이나 문화적 태도에 좌 25 우되지 않는 방법으로 ㉣입증되거나 반박된다. 과학적 사실은 모든 장소와 문화에서 동일하다. 모든 과학은 인간의 편견과 주관적 가치에 영향을 받지 않는다. 실제로 과학의 연구 방법은 연구자의 욕망에 따른 영향을 무력화하도록 신중하게 계획되었다. 과학의 객관성은 연구자의 몰개성과 가치 중립을 통해 확보되며, 이를 통해 과학적 결과에 대한 절대적 확실성을 갖게 된다. 이는 갈릴레이의 유명한 선언에서도 발견 30 할 수 있다.

배아 난할을 시작한 이후의 개체. 사람의 경우는 7주가 넘어가면 태아라고 한다.
위해 위험과 재해를 아울러 이르는 말.
파문 어떤 일이 다른 데에 미치는 영향.
초래 일의 결과로서 어떤 현상을 생겨나게 함.
행보 어떤 목표를 향하여 나아감.
제언 의견이나 생각을 내놓음. 또는 그 의견이나 생각.

"인문학이라고 부르는 학문 분야의 특징이 진실도 아니고 허위도 아니라면, 우리는 작가의 예리한 기지, 준비된 해답, 더 훌륭한 업적을 신뢰할지도 모른다. 그리고 이러한 것에서 가장 능숙한 작가가 연구의 전제를 더 가능하고 그럴듯하게 만들기를 바랄지도 모른다. 그러나 자연 과학의 결론은 정확하고 필연적이며 '인간의
5   자유 의지'와는 아무런 관계가 없다."

  ⓑ갈릴레이는 비과학 분야의 설명 기술과 과학의 엄밀한 속성을 대비시켰다. '정확하고 필연적'이라는 대목에서 객관성을 이해할 수 있다. 인간의 주관적 의지와 판단은 과학적 결과에 ⑩개입할 수 없는 것이다. 갈릴레이의 신념은 수 세대 동안 훈련과 과학 활동에 의해 강화되어 왔다. 전통적으로 실험실 연구에 대한 묘사는 일인칭 표
10 현을 배제해 왔다. 과학을 배우는 학생들은 '나는 액체를 따랐다.'라는 표현이 아니라 '액체가 따라졌다.'라고 쓰도록 배운다. 이는 불완전한 개인의 주관이 과학적 연구 과정에 개입되어서는 안 된다는 교훈이 반영된 결과이다.

◆
배제 받아들이지 아니하고 물리쳐 제외함.

■ 정답과 해설 **38**쪽

1

가와 **나**를 비교한 내용으로 가장 적절한 것은?

① (가)는 (나)와 달리 과학의 객관성을 신뢰하고 있다.
② (가)는 (나)에 비해 과학을 긍정적으로 평가하고 있다.
③ (나)는 (가)에 비해 과학이 지닌 문제점을 강조하고 있다.
④ (나)는 (가)와 달리 과학을 확실한 것으로 인식하고 있다.
⑤ (가)와 (나)는 모두 과학의 발전이 지속될 것이라고 확신하고 있다.

2

가의 내용과 일치하지 **않는** 것은?

① 1990년대 중반 유럽에서는 과학의 불확실성 문제가 대두되었다.
② 영국 정부는 광우병과 관련한 불투명한 대응으로 국민의 불신을 초래하였다.
③ 원자력 에너지 사용에 대한 논쟁은 전 세계적으로 중요한 사회적 이슈가 되었다.
④ 과학자들은 최근 과학을 둘러싼 논쟁에 대해 확실한 답을 내놓지 못하고 있다.
⑤ 영국 상원 보고서는 과학 기술의 사용 여부는 전문가들이 판단해야 할 문제라고 언급했다.

3

ⓐ에 대해 ⓑ가 보일 수 있는 반응을 바르게 추론한 것은?

① 과학이 발전한다고 하더라도 이러한 논쟁은 계속 지속될 것입니다.

② 과학과 관련한 논쟁은 다양한 시민들의 의견을 수렴해 해결해야 합니다.

③ 과학을 둘러싼 논쟁이 생기는 것은 원래 과학이 불확실한 것이기 때문입니다.

④ 과학과 관련한 논쟁을 해결하려면 과학적 연구에 개인의 주관이 반영되어야 합니다.

⑤ 과학이 더욱 발달하고 지속적인 연구가 진행된다면 과학적 논쟁은 사라질 것입니다.

> ◆ **수렴** 의견이나 사상 따위가 여럿으로 나뉘어 있는 것을 하나로 모아 정리함.

 4

㉠~㉺을 바꾸어 쓸 수 있는 말로 가장 적절한 것은?

① ㉠: 맡기는

② ㉡: 번졌다

③ ㉢: 가져와서

④ ㉣: 살피거나

⑤ ㉤: 치우칠

➕ 복합 지문 살펴보기

가와 나는 과학의 객관성에 대한 상반된 견해를 드러내고 있는 글이다. 특히 가는 최근의 사회적 이슈가 되고 있는 과학적 소재를 제시하고 이러한 이슈가 과학 자체의 불확실성에 의해 나타나는 결과라고 말하고 있다. 하지만 나에서는 과학이야말로 객관적이고 확실한 것이라고 언급하고 있다. 이처럼 상반된 견해를 가진 글을 읽을 때에는 두 글이 무엇에 대해 견해의 차이를 드러내는지를 먼저 확인하고, 이에 대해 어떤 상반된 견해를 제시하고 있으며 그것을 뒷받침하는 근거가 무엇인지 정리하며 읽도록 한다.

기회비용과 매몰 비용

가 경제학자들은 일찍부터 합리적인 선택을 하기 위해서는 잘 포기하는 방법부터 찾아야 한다는 사실에 주목했다. 이에 관해 중요한 시사점을 던져 주는 사례가 바로 디지털 카메라이다. 세계적인 기업 코닥사는 세계 최초로 디지털 카메라를 발명해 놓고 이를 활용할 수 없었다고 한다. 과연 그들
5 은 왜 디지털 카메라를 개발해 놓고도 포기한 것일까?

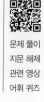

문제 풀이
지문 해제
관련 영상
어휘 퀴즈

코닥사는 1892년 창업한 이래 110년 이상 필름과 인화지 시장에서 세계 1위를 차지한 기업이다. 코닥사는 자신들의 막대한 수익을 바탕으로 다양한 신기술 개발을 추진해 왔다. 그 결과 오늘날 우리가 사용하는 디지털 카메라 기술을 가장 먼저 개발하였다. 그러나 역설적이게도 ㉠코닥사는 자신들이 가장 먼저 개발한 디지털 카메라
10 기술을 적극 활용하기를 주저하였고, 계속해서 필름 시장을 고집하였다. 결국 디지털 카메라에 필름 시장이 잠식당하며 몰락이 시작됐고, 급기야 2012년 1월 파산 보호를 신청했다. 코닥사가 이처럼 몰락하게 된 것은 결코 디지털 카메라가 향후 대세임을 인식하지 못했기 때문이 아니다. 그것은 다름 아닌 기회비용 때문이다.

기회비용이란 무언가를 선택해서 포기하게 된 것 중 가장 가치가 큰 것을 의미한
15 다. 코닥사의 경영진은 기존 필름 시장에 대한 기회비용에 집착해 새로운 혁신을 적극적으로 해 나가는 것을 주저했고, 그 결과 쇠퇴의 길로 접어든 것이다. 기회비용은 분명 합리적인 선택을 하기 위한 유용한 도구이다. 기회비용을 고려한 선택을 통해서 우리는 일상생활 속에서 적지 않은 성과를 얻게 될 것이다. 하지만 지나치게 기회비용에 집착하여 행동할 경우에는 혁신적인 성과를 거두지 못할 수도 있다.

20 대부분의 사람들은 스티브 잡스나 빌 게이츠와 같은 인물들을 존경한다. 하지만 정작 대학을 졸업할 즈음이면 자신이 동경하던 인물을 따라 창업을 선택하기보다는 안정적인 직업을 선호한다. 이 같은 이중적인 모습을 보이게 되는 이유도 기회비용에 집착하여 더 큰 혁신을 멀리한 결과라 할 수 있다.

나 경제학에서는 잘못된 판단으로 지불된 금액은 철저히 배제하는 것이 합리적인 의
25 사 결정을 이끌어 낼 수 있는 방법이라고 말한다. 공연을 보러 갔는데 공연이 생각과 달리 재미가 없고 지루하기만 한데도, 입장료가 아깝기 때문에 계속해서 공연을 봐야 한다고 결정하는 경우가 종종 있다. 그러나 이는 전혀 합리적인 의사 결정이 아니다. 입장료는 공연을 끝까지 보든지 중간에 그만 보고 나오든지 간에 이미 지불된 비용이다. 즉, 돌이킬 수 없는 비용이다. 이러한 돌이킬 수 없는 비용이 아까워 남은
30 시간을 지루한 시간으로 꽉 채우기보다는 공연장을 나와 다른 재미있는 놀 거리를 찾는 것이 훨씬 개인의 만족도를 높이는 행위가 될 수 있다.

시사점 미리 일러주는 암시.
잠식 누에가 뽕잎을 먹듯이 점차 조금씩 침략하여 먹어 들어감.

우리는 가족과 함께 주말을 보낼 때도 종종 돌이킬 수 없는 비용 때문에 잘못된 의사 결정을 한다. 등산을 좋아하는 가족이 주말에 비가 온다는 일기 예보를 보고 등산을 취소하고, 모처럼의 가족 모임이기에 썩 내키지 않았던 콘서트의 티켓을 예매했다고 하자. 정작 주말이 되자 날씨가 화창해서 등산 가기 좋은 상황이 된다 하더라도 이들은 콘서트 티켓이 환불되지 않는다는 이유로 콘서트를 선택할 가능성이 높다. 5 이 역시 잘못된 의사 결정이라 할 수 있다. 돌이킬 수 없는 비용인 콘서트 티켓 가격을 배제하고, 가족끼리 어떻게 하는 것이 주말을 가장 즐겁게 보낼 수 있는 일인지를 생각했다면, 자신들이 좋아하는 등산을 선택했어야 한다.

경제학에서는 이미 발생하여 회수가 불가능한 비용을 매몰♦ 비용이라 말한다. 이미 지불하여 돌이킬 수 없는 일련♦의 비용은 미래의 비용이나 편익에 아무런 영향을 미 10 치지 못한다. 따라서 경제적 판단이 필요할 때, 이전에 투입된 비용이 합리적으로 지출되었든 비합리적으로 지출되었든 간에 전혀 고려 대상이 아니다.

매몰 비용을 고려하여 잘못된 의사 결정을 저지르는 것은 개인뿐만이 아니다. 세계적인 초음속 여객기인 콩코드 여객기 개발 사업 역시 매몰 비용을 고려한 잘못된 의사 결정의 사례 중 하나이다. ⓛ프랑스 정부가 초음속 여객기 개발 계획을 발표했 15 을 때, 많은 국민과 학자들이 천문학적인 비용이 들어가는 콩코드 여객기 개발은 경제성이 없다는 이유로 우려의 목소리를 높였다. 하지만 당시 프랑스 정부는 이미 지불된 금액이 적지 않은 상황에서 개발을 중단하기를 주저했으며, 결국 1976년 콩코드 비행기는 완성되었다. 그러나 콩코드 비행기는 비행기 기체 결함과 만성적인 적자에 허덕이다가 2003년 11월 결국 사업을 중단했다. 이에 매몰 비용을 고려한 잘못 20 된 의사 결정의 오류를 '콩코드 오류'라고도 부르게 되었다.

♦ **매몰** 보이지 아니하게 파묻히거나 파묻음.
일련 하나로 이어지는 것.
만성적 버릇이 되다시피 하여 쉽게 고쳐지지 아니하는 것.

윗글의 내용과 일치하지 않는 것은?

① 필름 시장은 디지털 카메라에 결국 잠식당하고 말았다.
② 코닥사는 디지털 카메라 개발 경쟁에서 뒤져서 파산하게 되었다.
③ 코닥사는 필름과 인화지 시장에서 오랜 세월 동안 세계 1위를 차지하였다.
④ 콩코드 여객기 개발 계획에 대해 경제성을 이유로 반대한 사람들이 있었다.
⑤ 의사 결정을 할 때 이전에 투입된 비용은 경제학적으로 고려의 대상이 아니다.

2

윗글을 바탕으로 〈보기〉의 상황에 대해 설명한 내용으로 적절하지 <u>않은</u> 것은?

> ⌐보기┐
>
> 희정이가 식당에서 메뉴를 고르고 있다. 메뉴는 떡볶이, 라면, 김밥, 순대였으며 각 메뉴의 가격은 2,500원으로 동일했다. 희정이는 메뉴 중에 하나만 고를 수 있다. 각각을 선택했을 때 누릴 수 있는 만족감이 떡볶이 100, 라면 80, 김밥 70, 순대 50이라고 할 때 희정이의 합리적인 선택은 무엇일까?

① 희정이가 라면을 선택한다면 그때의 기회비용은 100이다.

② 희정이가 떡볶이를 선택한다면 그때의 기회비용은 80이다.

③ 희정이가 순대를 선택한다면 합리적인 선택이라고 볼 수 없다.

④ 희정이가 김밥을 선택할 때와 순대를 선택할 때의 기회비용은 각각 다르다.

⑤ 각 메뉴에 대한 만족감이 달라진다면 희정이가 해야 할 합리적인 선택도 달라질 것이다.

3

[가]와 [나]의 내용을 바탕으로 할 때, 경제학자가 ㉠과 ㉡의 상황에서 할 핵심적인 조언으로 가장 적절한 것은?

① ㉠: 필름 카메라가 디지털 카메라에 뒤지지 않도록 필름 시장에 투자액을 늘리세요.

② ㉠: 필름 시장에서의 실적이 아까우니까 디지털 카메라라는 새로운 시장을 포기하세요.

③ ㉠: 디지털 카메라 기술에 투자한 비용은 고려하지 말고 새로운 카메라 시장에 도전하세요.

④ ㉡: 콩코드 여객기를 개발하기 위해 치러야 했던 매몰 비용을 계산하지 말고 투자를 중단하세요.

⑤ ㉡: 콩코드 여객기 개발에 대한 반대 여론이 높으니까 개발 계획을 비밀리에 추진하세요.

＋ 복합 지문 살펴보기

[가]와 [나]는 기회비용과 매몰 비용이라는 경제학 개념을 구체적인 사례를 제시하며 설명하고 있는 글이다. 인생을 선택의 연속이라고 볼 때, 경제학은 사람들이 효율적이고 좋은 선택을 하도록 도와준다는 측면에서 삶과의 연관성이 높은 학문이라고 할 수 있다. 경제학은 다양한 상황과 조건, 개념에 대한 이해가 전제되어야 하므로 이를 위해 생활에서 흔히 접할 수 있는 다양한 경제학 용어, 개념들에 대한 이해를 명확히 하고 이를 구체적인 상황에 대입하여 파악해 보는 노력이 필요하다. 따라서 [가]와 [나]의 핵심 내용인 기회 비용과 매몰 비용의 개념을 명확히 파악하여 이를 다양한 사례에 적용해 보도록 한다.

격려와 동기

문제 풀이
지문 해제
관련 영상
어휘 퀴즈

가 『칭찬은 고래도 춤추게 한다』는 책의 제목은 강화를 이용해 상대방의 행동을 변화시킬 수 있다는 것을 보여 주고 있다. 물론 강화는 강력한 행동 변화의 수단이다. 하지만 이 책의 제목을 고래의 입장에서 생각해 보자. 조련사가 고래를 춤추게 하는 이유가 고래를 위해서인가, 관람객을 위해서인가? 넓은 바다에서 헤엄쳐야 할 고래가 먹이를 위해 춤을 춘다면 얼마나 슬픈 일인가? 이런 면에서 때로는 타인의 칭찬을 5 언제나 선하다고 할 수만은 없다. 특히 부모의 칭찬이 그렇다.

사람들은 누구나 상대가 자신이 원하는 기준에 부합할 때 보상을 한다. 이것은 자녀에 대한 부모의 태도에서도 마찬가지이다. 상대에 대한 긍정적인 감정인 칭찬과 사랑을 어떤 기준과 조건에 따라 준다니 얼마나 슬픈 일인가! 조건적이라는 말은 평가적이라는 의미이고, 상대가 잘했는지 못했는지를 따진다는 뜻이다. 10

이런 면에서 우리 모두에게 필요한 것은 조건적으로 하는 칭찬이 아니라, 무조건적인 칭찬과 사랑의 태도인 격려다. 격려는 칭찬과 달리 상대가 어떠한 기준을 만족시키지 않아도 해 줄 수 있다. 상대방을 있는 모습 그대로 사랑하고 인정해 주는 것으로, 무조건적인 긍정적 존중의 태도와 같다. 격려의 태도는 상대가 사랑과 칭찬에 목말라 하지 않고, 자신이 원하는 것을 하도록 만든다. 춤을 추고 싶으면 추고, 날고 15 싶으면 날면 된다. 아무것도 하고 싶지 않으면 안 하면 된다.

우리는 모두 칭찬보다 격려가 필요하다. 아이들에게는 더욱 그렇다. 부모로부터 격려를 받은 아이들은 자연스럽게 부모가 아무런 조건 없이 자신을 인정하고 사랑한다고 느낀다. 그러면서 공부도 부모 자신의 만족을 위해서가 아니라 정말 자식인 나를 위해서 잘하기 바란다고 느끼게 된다. 칭찬은 하나의 기술이기 때문에 받아 보지 20 않은 사람도 몇 번만 노력하면 할 수 있다. 반면에 격려는 태도이기 때문에 쉽게 가질 수 없다. 끊임없이 자신의 마음을 돌아보면서 연습해야 한다.

강화 특정 행동에 대해 유쾌한 자극을 제시하거나 불쾌한 자극을 제거함으로써 행동의 빈도를 증가시키는 것.
조련사 개, 돌고래, 코끼리 따위의 동물에게 재주를 가르치고 훈련하는 사람.
부합 사물이나 현상이 서로 꼭 들어맞음.
보상 행위를 촉진하거나 학습 분위기를 조성하기 위하여 사람이나 동물에게 주는 물질이나 칭찬.
금전 상품 교환 가치의 척도가 되며 그것의 교환을 매개하는 일반화된 수단. 화폐.

나 미국 하버드 대학의 경제학자 프라이어는 금전적 보상이 학업 능력 향상에 미치는 효과를 알기 위해 1만 8천 명의 학생들을 대상으로 2007년부터 성적 우수자에게 포상금을 주거나 독서, 출석, 수업 태도 등을 바탕으로 현금을 지급했다. 돈이 걸렸 25 으니 당연히 아이들은 공부에 열을 올렸다. 하지만 그 효과는 너무나 단기적이어서 3년에 걸친 프로젝트는 결국 약 70억 원을 쓰고도 실패로 끝났다.

이런 보상이 학습에서 가장 중요한 흥미와 자발성을 떨어뜨린다는 사실은 1970년대에 이미 실험을 통해 확인되었다. 한마디로 외재적 동기를 받았을 때 내재적 동기가 사라진다는 것이다. 외재적 동기란 어떤 활동에 대한 대가로 주어지는 금전이나 30

선물 같은 보상을 말하며, 내재적 동기란 활동 자체에 대한 흥미와 호기심 등 사람 안에서 자연스럽게 발생하는 동기를 의미한다. 두 동기는 종종 반비례 관계를 보이는데, 특히 어떤 활동에 대한 내재적 동기가 있는 상태에서 보상을 받게 되면 내재적 동기가 급격히 감소하는 것이다.

5   왜 이런 일이 발생할까? 그것은 보상을 받는 경우에는 자신이 행동을 한 원인을 보상에서 찾지만, 그렇지 않았을 경우에는 호기심이나 활동 자체의 즐거움에서 그 원인을 찾기 때문이다. 보상을 받는 경우 보상 때문에 그 활동을 한다고 생각을 하게 되고, 보상이 없다면 더 이상 활동을 할 이유가 없다고 판단하는 것이다.

    이런 일은 우리 주변에서도 쉽게 찾아볼 수 있다. 예를 들어, 낮은 연봉을 받는 사
10 람들이 고액 연봉자에 비해 자신의 일이나 직장에 대한 자부심이 높은 경우이다. 이처럼 외부의 환경과 심리 내적인 현상은 종종 반대로 작용한다. 다른 사람들이 보기에는 남부러울 것 하나 없는 사람들이 심리적으로 우울한 것도, ㉠환경이 너무 어려워서 다들 성공하지 못할 것이라고 생각했던 사람이 큰 성공을 이루어 내는 것도 같은 맥락이다.

◆ **맥락** 사물 따위가 서로 이어져 있는 관계나 연관.

■ 정답과 해설 **40쪽**

가와 **나**의 공통된 관점으로 가장 적절한 것은?

① 보상은 동기 유발에 있어 최적의 수단이다.
② 언제나 사람들에게 가장 필요한 것은 칭찬이다.
③ 자신이 원하는 것을 하도록 하는 것이 중요하다.
④ 타인에 대한 칭찬은 쉽게 기를 수 있는 기술이 아니다.
⑤ 내재적 동기를 북돋기 위해서는 충분한 보상이 반드시 필요하다.

2

가를 바탕으로 할 때, 〈보기〉의 빈칸에 들어갈 내용으로 적절하지 <u>않은</u> 것은?

> **보기**
>
> 아이들에게는 칭찬보다 격려가 필요하다. 왜냐하면 _____.

① 격려의 태도는 아이들이 스스로 원하는 것을 하도록 만들기 때문이다.

② 칭찬은 평가적인 반면 격려는 잘했는지 못했는지를 따지지 않기 때문이다.

③ 격려는 좋은 결과를 빚은 행동을 더욱 강화하여 계속 반복하도록 하기 때문이다.

④ 격려를 통해 아이들은 있는 그대로 인정받고 존중받는 느낌이 들 것이기 때문이다.

⑤ 칭찬은 어떤 조건을 만족시켜야 받을 수 있는 것이지만 격려는 그렇지 않기 때문이다.

3

가를 바탕으로 할 때, **나**의 ㉠에 대한 반응으로 가장 적절한 것은?

① 어떤 상황에서도 최상의 결과를 만드는 당신이야말로 진짜 최고입니다.

② 뭐로 가든 서울만 가면 된다고 어떻게든 성공한다면 그것으로 충분합니다.

③ 당신이 처한 어려움을 이겨 낸다면 많은 사람들이 축하와 찬사의 박수를 보낼 거예요.

④ 모두들 해내기 어렵다고 하는 상황에서 이룬 성공이 정말로 값지고 아름다운 것입니다.

⑤ 힘든 상황에서도 항상 열심히 노력한 당신의 모습이 모두에게 힘과 용기를 주고 있어요.

◆ **찬사** 칭찬하거나 찬양하는 말이나 글.

➕ **복합 지문 살펴보기**

가와 **나**는 사람의 행동에 영향을 미치는 칭찬과 격려, 그리고 동기에 관한 글이다. **가**에서는 조건에 따른 칭찬보다는 무조건적인 격려가 아이들에게는 더 중요하다고 말하고 있고, **나**에서는 금전이나 물질적 보상과 같은 외재적 동기가 많이 주어질수록 도리어 활동 자체에 대한 흥미나 관심 같은 내재적 동기가 떨어지는 현상을 설명하고 있다. 이러한 복합 지문에서는 두 글의 공통적인 관점을 파악하고 각 지문에 제시된 주요 개념을 이해하며 읽도록 한다.

빠른시작
빠작
중학 국어 비문학 독해

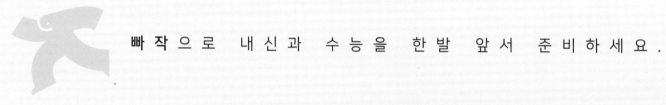
빠작으로 내신과 수능을 한발 앞서 준비하세요.

정답과 해설

중학 국어
비문학 독해

1

동아출판

1 ④   2 ⑤

지문 분석

문단 요약

1문단 역사에서 시대 구분을 하는 것의 의미
- 각 시대는 이전 시대와 (다른) 성격을 가지고 있음을 의미함.
- 특정 국가나 민족의 역사가 어떤 경로를 거쳐 어떤 방향으로 (발전)해 왔는가를 규명하는 것임.

▼

2문단 역사의 시대 구분 가운데 가장 널리 사용되는 3분법
- '고대 - 중세 - 근대'의 구분은 (인간) 중심의 문화 발전을 기준으로 함.
- (르네상스) 시대의 인문주의자들은 자신들이 살던 시대가 문화 암흑기였던 (중세)와 다르며, 고대 (그리스·로마)의 문화의 빛을 되살린 새로운 시대라고 인식함.

▼

3문단 '근대'의 의미와 3분법이 끼친 영향
- '근대'는 시간적 의미뿐만 아니라 (발전)의 의미를 내포하는 개념임.
- 3분법적인 시대 구분은 (계몽주의) 시대를 거쳐 19세기 중엽 이후 유럽의 역사학에 큰 영향을 미침.

글의 구조

고대	중세	근대
문화가 빛나던 그리스·로마 시대	(인간)의 합리적 이성이 무시되어 문화의 빛이 죽어 버린 암흑기	• 르네상스: 고대 문화의 빛을 (재생)한다는 의미 • 중세의 '암흑'으로부터 벗어나 '빛'의 시대로 진보하는 시대

어휘·어법

1 내포   2 재생   3 규명   4 진보   5 계몽
6 도래   7 수반   8 만개

해제 | 이 글은 역사학에서 시대를 구분하는 방법으로 널리 사용되고 있는 3분법에 대해 설명하고 있다. 3분법은 유럽에서 형성되고 발전하여 확립된 역사의 시대 구분 방법으로 지금까지도 가장 널리 사용되는 방법이다. 3분법에 따르면 유럽의 역사는 '고대 – 중세 – 근대'로 구분할 수 있다. 고대는 그리스·로마 시대의 찬란한 문화가 꽃피운 황금시대였으며, 중세는 게르만족의 이동으로 인해 로마 제국이 몰락하면서 문화의 빛이 죽어 버린 암흑기였다. 그리고 근대는 고대의 찬란했던 문화가 되살아난 시대였다. 특히 근대는 '발전'의 의미를 내포한 개념이 되었으며, 이러한 3분법은 19세기 이후 가장 보편적인 역사의 시대 구분 방법으로 자리매김하게 되었음을 밝히고 있다.

주제 | 역사의 시대 구분과 3분법

출전 주경철, 「한국의 교양을 읽는다」

1 2문단에서 르네상스 시대의 사람들이 생각했던 새로운 시대란 역사상 처음 맞이하는 시대가 아니라 찬란한 문화의 꽃을 피웠던 고대가 재현된 것이라고 생각하였음을 확인할 수 있다.

| 오답 풀이 |

① 2문단에서 고대보다 시간적으로 더 이후의 시기인 중세에 문화의 빛이 죽어 버렸다는 사실을 확인할 수 있다.
② 3문단에서 3분법은 계몽주의 시기를 거쳐 19세기 중엽 이후 유럽의 역사학에 큰 영향을 미쳤으며, 오늘날 가장 널리 쓰이는 시대 구분 방법으로 자리매김하게 되었다는 내용을 확인할 수 있다.
③ 1문단에서 역사적으로 시대가 구분되었다는 것은 각 시대가 이전 시대와 다른 성격을 가졌기 때문이라는 사실을 확인할 수 있다.
⑤ 3문단에서 계몽주의 시대에는 근대에 다시 켜진 새로운 빛의 인도를 받으며 인류 역사가 더욱 진보하게 될 것이라고 생각하였음을 알 수 있다.

2 2문단에서 르네상스 인문주의자들은 근대를 이전에 있었던 영광의 시대, 즉 찬란한 문화가 꽃피웠던 고대가 다시 살아난 시대로 인식했음을 알 수 있다.

| 오답 풀이 |

① 2문단에서 고대와 중세는 게르만족의 이동으로 인한 로마 제국의 몰락으로 구분됨을 알 수 있다.
② 2문단에서 고대 문화의 빛이 죽어 버린 암흑기, 즉 야만의 시대는 근대가 아니라 중세임을 확인할 수 있다.
③ 2문단에서 중세는 고대에 비해 발전한 시대가 아니라, 찬란한 고대 문화의 빛이 완전히 죽어 버린 시대임을 확인할 수 있다.
④ 게르만족의 이동 전후를 기준으로 구분되는 시대는 고대와 근대가 아니라 고대와 중세이다.

어휘·어법

5 정부가 홍보를 통해 국민들이 물 부족의 심각성과 물의 소중함을 알 수 있도록 한다는 의미이므로 '지식수준이 낮거나 인습에 젖은 사람을 가르쳐서 깨우침.'을 뜻하는 '계몽'이 적절하다.
6 새로운 형태인 4차 산업 혁명 시대가 다다랐다는 의미이므로 '어떤 시기나 기회가 닥쳐옴.'을 뜻하는 '도래'가 적절하다.
7 좋은 제도라고 해도 실행과 함께 문제점이 생겨난다는 의미이므로 '어떤 일과 더불어 생김.'을 뜻하는 '수반'이 적절하다.
8 개나리꽃이 다 피었다는 의미이므로 '꽃이 활짝 다 핌.'을 뜻하는 '만개'가 적절하다.

1 ⑤   **2** ③

지문 분석

문단 요약

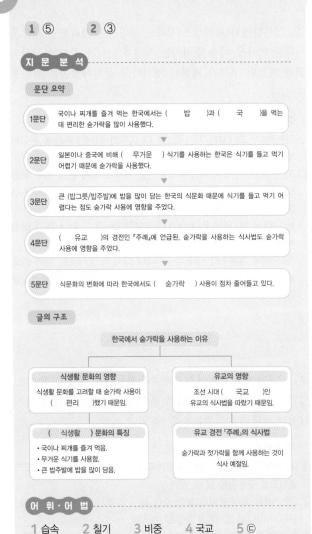

1문단 국이나 찌개를 즐겨 먹는 한국에서는 (밥)과 (국)을 먹는 데 편리한 숟가락을 많이 사용했다.

▼

2문단 일본이나 중국에 비해 (무거운) 식기를 사용하는 한국은 식기를 들고 먹기 어렵기 때문에 숟가락을 사용했다.

▼

3문단 큰 (밥그릇/밥주발)에 밥을 많이 담는 한국의 식문화 때문에 식기를 들고 먹기 어렵다는 점도 숟가락 사용에 영향을 주었다.

▼

4문단 (유교)의 경전인 『주례』에 언급된, 숟가락을 사용하는 식사법도 숟가락 사용에 영향을 주었다.

▼

5문단 식문화의 변화에 따라 한국에서도 (숟가락) 사용이 점차 줄어들고 있다.

글의 구조

한국에서 숟가락을 사용하는 이유

식생활 문화의 영향	**유교의 영향**
식생활 문화를 고려할 때 숟가락 사용이 (편리)했기 때문임.	조선 시대 (국교)인 유교의 식사법을 따랐기 때문임.

(식생활) 문화의 특징	**유교 경전 『주례』의 식사법**
• 국이나 찌개를 즐겨 먹음. • 무거운 식기를 사용함. • 큰 밥주발에 밥을 많이 담음.	숟가락과 젓가락을 함께 사용하는 것이 식사 예절임.

어휘·어법

1 습속   **2** 칠기   **3** 비중   **4** 국교   **5** ⓒ

6 ㉠   **7** ㉡

해제 | 이 글은 한국에서 숟가락을 사용하는 이유를 설명하고 있다. 한국에서 숟가락을 사용하는 것은 한국의 식문화와 밀접한 관련이 있다. 우리나라가 국이나 찌개를 즐겨 먹는다는 점, 우리나라의 식기가 크고 무겁다는 점, 우리나라의 식사에서 밥이 차지하는 비중이 크다는 점 등이 숟가락을 사용하는 문화에 영향을 주었을 것이라고 볼 수 있다. 그리고 유교 경전인 『주례』에서 숟가락과 젓가락을 함께 사용해 식사한다는 내용도 숟가락 사용에 영향을 주었음을 언급하고 있다.

주제 | 한국에서 숟가락을 사용하는 이유

출전 장인용, 『식전』

---

1 1~3문단과 4문단을 통해 식생활 문화와 유교의 영향으로 한국에서 숟가락을 많이 사용하였음을 확인할 수 있다.

|오답 풀이|

① 2문단을 통해 한국의 밥그릇이 일본의 밥그릇에 비해 무거웠음을 알 수 있고, 3문단을 통해 한국의 밥그릇이 일본의 밥그릇에 비해 더 컸음을 알 수 있다.

② 1문단에서 중국에서는 국을 먹을 때, 일본에서는 면에서 흐르는 국물을 받칠 때 숟가락이 쓰였다는 진술을 통해 알 수 있다. 한국은 젓가락과 더불어 숟가락을 많이 사용한다고 하였으므로 적절하지 않다.

③ 5문단을 통해 최근 식사할 때 젓가락만을 사용하는 경우가 많아졌음을 알 수 있다. 이는 숟가락보다 젓가락을 사용하는 사람들이 더 많아진 것으로 볼 수 있다.

④ 3문단을 통해 밥을 덜어 먹는 문화가 있었던 중국이나 일본과 달리 한국에는 밥을 덜어 먹는 문화가 없었음을 알 수 있다.

2 2문단을 통해 중국과 일본은 식기가 가벼워 밥그릇을 들고 먹는 반면, 한국은 식기가 무거워 밥그릇을 들지 않고 식사를 하는 풍속이 있음을 알 수 있다. 그러나 이를 바탕으로 한국의 젓가락이 일본·중국의 젓가락보다 길고 짧은지는 알기 어렵다.

|오답 풀이|

① 〈보기〉에서 일본 젓가락의 끝이 뾰족한 까닭은 생선을 많이 먹는 일본의 식문화가 반영된 것이라는 진술을 통해 알 수 있다.

② 이 글을 통해 중국과 일본은 식사를 할 때 주로 젓가락을 사용하며 식기를 손으로 들고 먹는 것을 알 수 있다. 다만 일본은 1인상을 기본으로 하는 상차림 문화로 인해 젓가락의 길이가 중국보다 짧음을 〈보기〉를 통해 짐작할 수 있다.

④ 이 글에서 한국만 주로 숟가락을 사용하는 것은 국이나 찌개를 즐기고 밥그릇이 무거운 한국의 식문화와 관계가 있다고 하였고, 〈보기〉에서 중국과 일본 젓가락이 차이가 나는 것 또한 식문화가 반영된 것이라고 하였다.

⑤ 〈보기〉에서 중국 젓가락의 길이가 긴 것은 여러 사람이 함께 모여 밥을 먹는다는 점이 반영된 것이라고 하였다.

어휘·어법

3 '다른 것과 비교할 때 차지하는 중요도.'를 의미하는 단어는 '비중'이다.

5 '정착'의 사전적 의미는 '새로운 문화 현상, 학설 따위가 당연한 것으로 사회에 받아들여짐.'이다.

7 '풍습'의 사전적 의미는 '풍속과 습관을 아울러 이르는 말.'이다.

1 ②　　**2** ④　　**3** ③

지문분석

문단 요약

1문단	실학의 (등장) 배경

▼

2문단	실학의 (토대)를 마련한 이수광

▼

3문단	실학의 (발전)과 한계

▼

4문단	실학의 (영향)과 의의

정보 확인

『지봉유설』은 이수광이 사신으로 중국을 다녀오면서 습득한 지식과 견문을 영역별로 정리한 조선 최초의 백과사전이다.

글의 구조

실학의 등장	이론과 형식에만 치우친 성리학에 반대하며 현실을 중시한 (개혁)적인 유학의 등장
실학의 토대	(이수광)의 『지봉유설』
실학의 발전	농업을 중시하는 (중농학파)와 상공업을 중시하는 (중상학파)의 두 가지 흐름으로 발전하였고, 이후 한 목소리를 내기 시작
실학의 의의	• (민족 문화)에 대한 관심의 고조: 우리 역사, 우리 영토, 우리말을 연구하기 시작 • 우리나라의 근대화에 기여

어휘·어법

1 견문　2 습득　3 기여　4 수용　5 당면
6 중농학파　7 무시　8 대처

해제 | 이 글은 조선 후기 실학이 등장한 배경과 실학의 발전 양상 및 그 가치에 대해 설명하고 있다. 임진왜란과 병자호란 이후 사회·경제적 변동과 함께 여러 사회 문제가 나타났지만, 관리들은 백성의 실질적인 삶보다는 성리학의 이념에만 관심이 치우쳐 있었다. 이에 조선의 젊은 유학자들이 현실의 문제에 관심을 갖기 시작하면서 실학(實學)이 등장하였다. 이수광의 『지봉유설』을 시작으로 실학은 중농학파와 중상학파의 두 가지 흐름으로 발전하다 이후에는 한 목소리를 내기 시작했다. 비록 현실 정치에 실학자들의 개혁안이 제대로 반영되지는 못하였지만, 실학은 우리 민족 문화에 대한 관심을 고조시켰으며 이후 개화 사상가들에게 영향을 미쳐 우리나라의 근대화에도 기여하였음을 알려 주고 있다.

주제 | 실학의 등장과 발전 및 한계와 가치

출전 김상훈, 『교과서가 쉬워지는 통 한국사 세계사 2』

---

1 이 글은 17세기 초 이수광에 의해 실학의 토대가 마련되고, 이를 바탕으로 실학이 중농학파와 중상학파의 두 가지 흐름으로 발전하다가 18세기 후반에는 여러 학자들이 한 목소리를 내게 된 실학의 발전 과정을 시간적 순서에 따라 설명하고 있다.

| 오답 풀이 |

① 1문단에서 실학의 발생 배경을 설명하고 있지만 다양한 측면에서 분석하고 있지는 않다.
③ 3문단에 중농학파인 정약용, 중상학파인 박지원이 언급되었지만 이들의 현실 인식에 대해 구체적으로 비교하고 있지는 않다.
④ 3, 4문단에서 실학의 한계와 의의를 설명하고 있지만 전문가의 말을 인용하여 평가하고 있지는 않다.
⑤ 1문단에서 조선 후기 당시 현실 문제를 제시하고 있지만 실학이 이를 어떻게 해결하였는지에 대한 사례는 제시되어 있지 않다.

2 조선 후기에 급격한 사회·경제적 변화가 나타났다는 내용은 1문단에 있지만 구체적으로 어떤 변화인지에 대한 언급은 없다.

| 오답 풀이 |

① 중농학파와 중상학파의 차이는 3문단에 제시되어 있다.
② 이수광의 『지봉유설』이 갖는 의의는 2문단에 제시되어 있다.
③ 조선 후기 젊은 유학자들이 성리학을 비판한 이유는 1문단에 제시되어 있다.
⑤ 실학자들의 개혁안이 정부 정책에 반영되지 못한 이유는 3문단에 제시되어 있다.

3 ㉠과 ③은 '소리, 냄새 따위를 밖으로 드러내다.'라는 의미이다.

| 오답 풀이 |

① '안에서 밖으로 옮기다.'라는 의미이다.
② '이름이나 소문 따위를 알리다.'라는 의미이다.
④ '인물을 배출하다.'라는 의미이다.
⑤ '시간적 여유를 만들다.'라는 의미이다.

어휘·어법

2 '습득'은 '학문이나 기술 따위를 배워서 자기 것으로 함.'을 의미한다.
4 '수용'은 '어떠한 것을 받아들임.'을 의미한다.
5 '당면'은 '바로 눈앞에 당함.'을 의미한다.
6 중상학파는 상공업 중심의 사회 개혁을 주장하였다.
7 '환대'는 '반갑게 맞아 정성껏 후하게 대접함.'을 의미한다.

비트겐슈타인의 그림 이론

22~25쪽

1 ② **2** ③ **3** ④

지 문 분 석

문단 요약

1문단 이상 언어학파는 비트겐슈타인의 저서 (『논리–철학 논고』)에 뿌리를 둔다.

2문단 『논리–철학 논고』는 (언어)를 중요 주제로 다루며, (그림 이론)이라는 주장을 내세운다.

3문단 비트겐슈타인은 언어가 세계를 구성하는 실제 (사태)를 지칭하기 때문에 의미를 지니며, 이런 관점에서 신, 자아, 도덕의 근거 등은 뜻 없는 말이라고 보았다.

4문단 비트겐슈타인은 우리의 언어가 실상을 그리는 (그림)인 한, 신, 자아, 도덕 등의 문제는 말로 설명할 수 (없다)고 보았다.

5문단 비트겐슈타인의 철학적 작업은 세상을 완벽하게 그릴 수 있는 언어를 만들려는 (논리 실증주의자들)의 사상적 근거가 되었다.

글의 구조

모형 차, 인형 → 실제 차, 사람

명제로 이루어진 (언어) — (일대일) 대응 → 실제 사태로 이루어진 (세계)

• (모형)과 실제 대상이 일대일로 대응하듯이 명제와 (사태)도 일대일 대응됨.
• 언어는 세계를 (그림)처럼 그려 주므로 (의미)를 지님.

"말할 수 없는 것에 대해서는 침묵을 지켜야 한다."
언어란 (과학)처럼 실제 세계를 설명해 주는 것이어야 하며, 세상에 존재하지 않는 것들은 말로 설명할 수 없으므로 논의 자체가 (무의미)함.

어 휘 · 어 법

1 영감 2 동원 3 광범위 4 ㉡ 5 ㉠
6 ㉢

해제 | 이 글은 비트겐슈타인이 『논리–철학 논고』에서 내세운 '그림 이론'을 바탕으로 언어와 세계의 관계에 대한 그의 주장을 설명하고 있다. 비트겐슈타인은 언어가 실제 사태를 지칭하기 때문에 의미를 가진다고 보았다. 즉, 언어는 세계를 그리는 그림이라는 것이다. 이러한 관점에서 본다면, 철학자들이 해 왔던 신, 자아, 도덕에 대해서는 말로 표현하거나 설명할 수 있는 방법이 없기 때문에 논의 자체가 무의미해진다. 이 같은 그의 철학적 작업은 오류나 왜곡 없이 세상을 완벽하게 그릴 수 있는 언어를 만들려는 논리 실증주의에 영향을 끼쳤음을 밝히고 있다.

주제 | 그림 이론을 바탕으로 한 비트겐슈타인의 언어관

출전 안광복, 『철학, 역사를 만나다』

4 · 중학 국어 비문학 독해 1

1 3문단에서 비트겐슈타인의 언어를 보는 관점을 설명하고 있지만 기존 철학자들의 언어관을 언급하고 있지 않으므로 질문에 대한 답을 찾을 수 없다. 지금까지 철학자들이 신, 자아 등에 대해 논의해 왔다는 언급은 하고 있으나 이것이 기존 철학자들의 언어관을 밝히는 내용은 아니다.

| 오답 풀이 |
① 2문단에서 파리에서 일어난 교통사고에 관한 재판 기사가 '그림 이론'이라고 불리는 주장의 영감이 되었다고 하였다.
③ 2문단에서 『논리–철학 논고』의 주된 관심은 '언어'라고 하였다.
④ 2문단에서 비트겐슈타인이 전쟁터에서 보낸 5년 동안의 철학적 작업을 정리하여 『논리–철학 논고』를 썼다고 하였다.
⑤ 4, 5문단에서 비트겐슈타인은 신, 자아, 도덕과 같은 문제는 언어로 표현할 수 있는 것 너머에 있기 때문에 논의 자체가 무의미한 것으로 정리하였다고 하였다.

2 3문단에서 명제와 사태는 각각 일대일로 대응하므로 신, 자아, 도덕의 근거 등 세상에 존재하지 않는 대상은 언어로 표현할 수 없다고 하였다.

| 오답 풀이 |
① 4문단에서 비트겐슈타인은 언어가 실상을 그리는 그림인 한, 신, 자아, 도덕 등의 문제는 말로 표현하거나 설명할 수 없다고 보았음을 확인할 수 있다. 그러므로 생각할 수 있는 것을 모두 말할 수 있다는 설명은 적절하지 않다.
② 3문단에서 비트겐슈타인은 언어가 실제 사태를 지칭하고 있기 때문에 의미를 지닌다고 하였다.
④ 3문단에서 비트겐슈타인의 그림 이론에 따르면 '신, 자아, 도덕'과 같은 말은 의미하고자 하는 대상이 세상에 없기 때문에 뜻 없는 말에 불과하다고 하였다. 언어가 지칭하는 실제 사태가 존재하지 않는다는 것이므로 적절하지 않다.
⑤ 5문단에서 비트겐슈타인은 말할 수 없는 것, 즉 언어로 표현하거나 설명할 수 없는 것에 대해서는 논의 자체가 무의미하다고 하였다.

3 ㉠의 '대응'은 '어떤 두 대상이 주어진 어떤 관계에 의하여 서로 짝이 되는 일.'이라는 의미로 쓰였다. ④는 어떤 외국어 단어와 서로 짝이 되는 한국어 단어가 존재하지 않는다는 뜻이므로 ㉠과 의미가 유사하다.

| 오답 풀이 |
①, ②, ③, ⑤는 '어떤 일이나 사태에 맞추어 태도나 행동을 취함.'이라는 뜻으로 쓰였다.

1 ①　　**2** ④

지문 분석

문단 요약

1문단　인간과 공존하는 (인공 지능)의 미래에 대한 논의와 토론이 진행됨.

▼

2문단　인공 지능이 (노동)을 대신하여 인간은 새로운 자유를 얻을 것임.

▼

3문단　인간이 디지털 기술과 기계의 (노예)로 전락할 것임.

▼

4문단　미래에는 (인간성)의 가치가 더욱 중요해진다는 점에 동의함.

▼

5문단　인간과 인공 지능이 (공존)하는 긍정적 미래는 우리 손에 달려 있음.

글의 구조

인간과 (인공 지능)이 공존하는 세상에서 '노동의 미래'에 대한 견해

긍정적 미래의 시나리오	부정적 미래의 시나리오
• 인간의 노동을 (인공 지능)이 대신함. • 노동 없이 (보장된 기본 소득)을 얻음. • 인간은 스스로의 기쁨, 행복을 추구하는 등 새로운 (자유)를 얻게 됨.	• 인간의 노동은 여전히 필요하지만 인공 지능으로 그 (가치)가 떨어짐. • (보장된 기본 소득)은 인간이 기계의 노예가 되었음을 방증하는 것임.

공통된 견해

인공 지능과 인간이 공존하는 미래에서 인간이 제공할 수 있는 가장 높은 가치는 (인간성)임.

어 휘 · 어 법

1 상반　2 보장　3 구축　4 공존　5 번영
6 전락　7 방증　8 역설

해제 | 이 글은 인간과 인공 지능이 공존하는 세상에 대한 두 견해를 소개하고 있다. 긍정적 시나리오의 경우 인공 지능이 인간의 노동을 대신하여 인간은 스스로의 기쁨과 행복을 추구하는 새로운 자유를 얻게 될 것으로 보았다. 부정적 시나리오의 경우 인공 지능으로 인간의 노동 가치가 떨어져 인간은 기계의 노예로 전락할 것으로 보았다. 이처럼 두 시나리오의 견해는 상반되지만 인간이 제공할 수 있는 가장 높은 가치는 인간성이 될 것임에 동의하였다. 즉, 인간과 인간의 연결을 바탕으로 인공 지능과 균형을 이룰 때 긍정적 미래가 도래할 수 있음을 강조하고 있다.

주제 | 인간과 인공 지능이 공존하는 긍정적 미래

출전 | 장동선, 「AI는 세상을 어떻게 바꾸는가」

1 2, 3문단에서 인간 노동의 미래에 대한 긍정의 시나리오와 부정의 시나리오를 제시하고, 4, 5문단에서 이들 시나리오가 모두 동의하는 가치가 인간성임을 밝히고 있다.

| 오답 풀이 |

② 이 글은 인공 지능과 공존하는 미래에 대한 다양한 시나리오를 제시했을 뿐, 잘못된 통념(일반적으로 널리 통하는 개념)은 드러나 있지 않다.

③ 인공 지능과 공존하는 미래에 대한 상반된 시나리오를 제시하며 차이점을 밝히고 있으나 각 시나리오의 장단점을 비교하지는 않았다.

④ 이 글은 인간 노동 역사의 변천 과정을 시간의 흐름에 따라 제시하지 않았다.

⑤ 인간과 인공 지능의 공존을 위해 공동체 기반의 참여형 사회 구조가 인공 지능 시스템과 균형을 이루어 존재해야 한다고 하였다.

2 ㉠은 인공 지능이 인간의 노동을 대신하게 되면 인간은 노동 없이도 각자의 기쁨과 행복을 추구할 수 있는 새로운 자유를 얻게 될 것이라고 보았다. 반면 〈보기〉는 인공 지능의 기술 발전 속도가 빨라져 새로운 직업이 생겨나면서 인간이 점점 더 많은 역할을 수행하게 될 것이라고 보았다.

| 오답 풀이 |

① 5문단에서 ㉠, ㉡ 모두 긍정적 미래는 인간의 손에 달렸으며, 인류가 서로 협력해 공동의 번영을 추구해야 한다고 하였다. 〈보기〉에서도 교육의 기회 증가, 보장된 기본 소득 정책의 필요성 등을 제시하며 인류의 협력과 공동 번영을 중시함을 알 수 있다.

② ㉠은 보장된 기본 소득이 인간에게 여유를 제공한다고 보는 반면, ㉡은 인간이 기계에 의존하게 되면서 인간 노동의 가치가 떨어질 것이라고 보았다.

③ 〈보기〉와 ㉡ 모두 인간의 노동이 미래에도 필요할 것이라고 보았다. 그러나 인간 노동의 가치가 떨어질 것이라고 본 ㉡과 달리, 〈보기〉는 인간의 창의성을 발휘할 수 있는 직업 선택의 기회가 늘어나게 된다고 보았다.

⑤ 5문단에서 ㉠, ㉡은 지속적인 교육의 기회와 기반을 확보해야 한다고 하였고, 〈보기〉에서도 교육의 기회가 늘어나야 한다고 하였다.

어 휘 · 어 법

5 정책에 따라 그 도시가 상업 중심지로 발전했다는 의미이므로 '번성하고 영화롭게 됨.'을 뜻하는 '번영'이 적절하다.

6 땅을 빼앗겨 남의 땅을 빌려 농사짓는 소작농이 되었다는 의미이므로 '나쁜 상태나 타락한 상태에 빠짐.'을 뜻하는 '전락'이 적절하다.

7 그가 발견한 자료는 독도가 우리 땅이라는 사실을 뒷받침해 줄 수 있는 증거라는 의미이므로 '사실을 직접 증명할 수 있는 증거가 되지는 않지만, 주변의 상황을 밝힘으로써 간접적으로 증명에 도움을 줌. 또는 그 증거.'를 뜻하는 '방증'이 적절하다.

8 선생님은 한반도의 균형적 발전을 강조하면서 주장한 것이므로 '자기의 뜻을 힘주어 말함. 또는 그런 말.'을 뜻하는 '역설'이 적절하다.

1 ③   2 ③   3 ②

지문 분석

문단 요약

1문단 최초의 인류는 (오스트랄로피테쿠스)로 약 250만 년 전 등장하여 여러 종의 인류로 분화하였다.

▼

2문단 현재 지구상에서 유일한 생존 인류이자 최상위 포식자인 (호모 사피엔스)는 마지막 인류가 될지도 모른다.

▼

3문단 '마지막 인류'라는 말은 인간을 포함한 지구상의 생명체가 인류에 의한 (대멸종)에 직면하게 된다는 의미이다.

▼

4문단 '마지막 인류'라는 말은 인류가 새로운 종인 (포스트 휴먼)으로 진화하여 호모 사피엔스라는 생물학적 종이 사라진다는 의미이다.

▼

5문단 인간이 이룬 기술 문명은 자연환경을 급격하게 변화시키고 있으나, 인간의 지혜와 (주체성)을 바탕으로 미래를 바꿀 수 있다.

글의 구조

호모 사피엔스의 운명
유일한 생존 인류인 호모 사피엔스는 지구상의 (마지막 인류)가 될 수도 있음.

마지막 인류의 첫 번째 의미
• 대멸종에 의해 인간이라는 생물학적 종의 멸종을 의미함.
• (자연재해)가 원인이 된 다섯 차례의 대멸종과 달리, (산업화)와 그에 따른 급격한 환경 변화로 대멸종에 직면하게 됨.

마지막 인류의 두 번째 의미
• 새로운 종으로 (진화)함으로써 호모 사피엔스라는 생물학적 종의 멸종을 의미함.
• 질병, 죽음 등의 생물학적 (한계)를 극복하고 기계 및 인공 지능과 결합한 포스트 휴먼으로 진화함.

어휘 · 어법

1 행태   2 쥐락펴락   3 멸종   4 혁명   5 직면
6 그릇된

해제 | 이 글은 '마지막 인류'라는 말의 의미 해석을 바탕으로 기술 발전으로 인한 급격한 변화가 초래할 수 있는 인류 멸종의 위기를 설명하고 있다. 현재 지구는 인류의 무분별한 산업화와 그에 따른 환경 변화로 급격하게 변화되고 있다. 이는 인간을 포함한 지구상의 모든 생명체의 멸종을 초래할 수도 있고, 인간이 인공 지능과 결합한 새로운 종으로 재탄생됨에 따라 호모 사피엔스라는 생물학적 종이 멸종될 수도 있다. 어떤 경우든 인간의 기술 발전에 의한 것이므로 인간의 지혜와 주체성을 바탕으로 미래를 바꿔 나갈 수 있을 것임을 강조하고 있다.

주제 | 지구상의 마지막 인류가 될지도 모르는 호모 사피엔스

출전 김정민, 「우리는 지금 미래를 걸고 있습니다」

---

1 1, 2문단을 통해 약 250만 년 전 지구상에는 호모 에렉투스, 호모 에르가스터, 호모 네안데르탈렌시스 등 여러 종의 인류가 살았으며, 호모 사피엔스가 나타난 약 1만 년 이후 점차 사라졌음을 확인할 수 있다.

| 오답 풀이 |

① 1문단을 통해 남아프리카에서 발견된 오스트랄로피테쿠스가 직립 보행을 했음을 확인할 수 있다.
② 3문단을 통해 약 45억 년이라는 지구 역사에 있었던 다섯 차례의 대멸종은 급작스러운 환경 변화, 화산 폭발, 소행성 충돌 등 피할 수 없는 자연재해가 원인이었음을 확인할 수 있다.
④ 4문단을 통해 새로운 종으로 진화하는 과정의 인류를 트랜스 휴먼, 진화한 후의 인류를 포스트 휴먼이라고 하였으므로 트랜스 휴먼이 포스트 휴먼보다 앞서 등장하는 존재임을 확인할 수 있다.
⑤ 4문단을 통해 포스트 휴먼은 질병이나 죽음 같은 생물학적 한계를 극복하고 기계 및 인공 지능과 결합한 존재로, 호모 사피엔스가 아니라 아예 새로운 종으로 다시 태어난 존재임을 확인할 수 있다.

2 ㉠은 인류에 의한 대멸종으로 호모 사피엔스라는 생물학적 종이 멸종되는 것을 의미하고, ㉡은 호모 사피엔스가 기계 및 인공 지능과 결합하여 포스트 휴먼이라는 새로운 종으로 진화하게 되는 것을 의미한다. ㉠과 ㉡ 모두 인류가 기술 문명을 이루며 급격한 변화를 겪게 된 것이 원인이다. 따라서 ㉠과 달리 ㉡에만 해당한다는 진술은 적절하지 않다.

| 오답 풀이 |

① 인류가 기술 문명을 이루면서부터 지구는 급격하게 변화되었으나, 첨단 기술을 통제하고 위기를 극복할 수 있는 능력은 인간이 지닌 창의성과 주체성에 달렸다고 하였으므로 ㉠과 ㉡은 자연재해와 같이 피할 수 없는 일은 아니라고 볼 수 있다.
② ㉠은 대멸종에 의해, ㉡은 새로운 종으로 진화를 통해 호모 사피엔스라는 종이 사라지게 된다는 점에서 동일하다고 볼 수 있다.
④ ㉡은 호모 사피엔스가 포스트 휴먼이라는 새로운 종으로 진화하여 호모 사피엔스라는 생물학적 종이 사라지게 된다는 의미이다. 이와 달리 ㉠은 인간을 포함한 지구상의 대다수의 생명체가 대멸종을 맞는다는 의미를 포함한다.
⑤ ㉠은 지구라는 행성의 역사에서 여섯 번째 대멸종이 다가오고 있다는 주장을 바탕으로 하고, ㉡은 지구 생태계의 역사에서 새로운 종으로 진화하는 과정을 바탕으로 한다.

3 ⓐ의 '감내(堪耐)'는 '어려움을 참고 버티어 이겨 냄.'을 뜻하는 말이다.

| 오답 풀이 |

①은 '보존(保存)', ③은 '정비(整備)', ④는 '방지(防止)', ⑤는 '타개(打開)'의 사전적 의미이다.

1 ④   **2** ②

문단 요약

1문단	재미없는 실험에 참가한 학생 중 (보상)을 적게 받은 학생들이 실험을 더 긍정적으로 평가했다.

▼

2문단	'(인지 부조화) 이론'은 신념, 태도와 행동 간의 불일치 혹은 부조화 상태를 해소하기 위해 기존의 태도나 행동을 바꾸는 것이다.

▼

3문단	인지 부조화의 해소를 위해 사람들은 대부분 (태도)를 바꾼다.

▼

4문단	사람들은 합리적 결론보다는 부조리하더라도 자신의 (신념)을 지키려 한다.

글의 구조

인지 부조화 이론	
인지 부조화	개인의 신념, 태도, 행동 간의 불일치 혹은 부조화 상태가 발생하면 심리적 (불편함)이 생기게 되는 것
해결	사람들은 인지 부조화를 해소하기 위해 기존의 (태도)나 행동을 바꾸게 된다.
사례	적은 보상을 받고 거짓말을 해야 했던 학생들은 실험을 (긍정적)으로 평가했다.

어 휘 · 어 법

1 부조리   2 수월   3 신념   4 심리   5 일관성
6 인지   7 태도

해제 | 이 글은 인지 부조화 이론에 대해 설명하고 있다. 사람들은 자신이 기존에 가졌던 신념, 태도와 행동이 일치하지 않으면 심리적으로 불편함을 느낀다. 이러한 불편함을 해소하기 위해서 태도나 행동을 고치게 된다는 것이 인지 부조화 이론이다. 이에 따라 사람들은 자신의 선택이 비록 잘못된 것이라 할지라도 태도를 수정함으로써 자신의 선택이 어쩔 수 없거나, 좋은 것이었다고 스스로를 속이게 됨을 알려 주고 있다.

주제 | 인지 부조화 이론의 개념과 사례

출전 강현식, 『꼭 알고 싶은 심리학의 모든 것』 / 정재윤, 『14살에 처음 시작하는 심리학』

---

1   4문단에서 사람들은 합리적인 결론을 내리기보다 부조리하더라도 자신의 신념을 선택한다고 하였다.

| 오답 풀이 |

① 3문단에서 어떤 경우에는 부조화를 견디며 살아간다고 하였다.
② 3문단에서 태도는 눈에 보이지 않아 행동보다 바꾸기가 수월하다고 하였다.
③ 2문단에서 개인의 신념, 태도와 행동 간의 불일치 혹은 부조화 상태가 발생하면 심리적 불편함이 생긴다고 하였다.
⑤ 2문단에서 인지 부조화로 인해 심리적 불편함이 생기면 태도나 행동을 수정한다고 하였다.

2   ㉮ 단계는 인지 부조화 상태에서 이를 해소하기 위해 개인의 태도를 수정하는 단계이다. ㉠의 학생들은 자신이 수행한 실험 과제가 재미없다는 사실(태도)과 이와는 반대로 다음 참가자에게 과제가 재미있다는 거짓말을 한 것(행동)이 불일치하는 인지 부조화를 겪었다. 이 과정에서 생긴 심리적 불편함을 해소하기 위해 학생들은 태도를 바꾸었을 것이므로 ㉮에서 자신이 참여한 실험이 유익했다고 생각했음을 짐작할 수 있다.

| 오답 풀이 |

① 실험의 참여를 결정한 것은 〈보기〉의 상황 이전에 일어난 일이다.
③ ㉠의 학생들은 1달러를 받은 그룹으로 만족스러운 보상을 받지 못했다.
④ 제시된 사례에서 ㉠의 학생들이 반성했다는 내용은 언급되어 있지 않다.
⑤ 실험에 대한 평가를 반대로 말하면서 불편한 생각이 든 것은 ㉮ 단계 이전에 해당한다.

어 휘 · 어 법

1 '이치에 맞지 아니하거나 도리에 어긋남. 또는 그런 일.'을 뜻하는 '부조리'가 적절하다.
2 '까다롭거나 힘들지 않아 하기가 쉽다.'와 '말이나 태도 따위가 아주 예사롭다.'를 뜻하는 '수월하다'가 적절하다.
3 '굳게 믿는 마음.'을 뜻하는 '신념'이 적절하다.
4 '마음의 작용과 의식의 상태.'를 뜻하는 단어는 '심리'이다.
5 '방법이나 태도 따위가 한결같은 성질.'을 뜻하는 단어는 '일관성'이다.
7 '어떤 일이나 상황 따위에 대해 취하는 입장.'을 뜻하는 단어는 '태도'이다.

1 ④　　**2** ③　　**3** ④

문단요약

1문단
에피쿠로스학파의 특징
- 인간의 (자유 의지)를 인정함.
- 쾌락주의의 토대가 됨.

▼

2문단
에피쿠로스가 생각한 인간: 본성적으로 (쾌락)을 추구하는 존재
- 쾌락은 인간이 추구해야 할 유일한 선이며, (고통)은 유일한 악이라고 주장함.
- 고통의 (부재) 상태가 가장 이상적인 상태임을 강조함.

▼

3문단
에피쿠로스가 생각한 행복한 삶을 사는 방법
- (이성)의 도움을 받아 쾌락을 추구해야 함.
- 이성은 그 자체가 (목적)이 아니라 (수단)임.

▼

4문단
에피쿠로스의 행복론이 주는 교훈
- (욕망)의 적극적 충족이 아니라, 욕망을 줄이고 (절제)하는 삶을 통해 행복에 도달할 수 있음.

정보확인

일반적으로 생각하는 쾌락		에피쿠로스 학파의 쾌락
• 육체적이고 감각적인 것 • 욕망을 적극적으로 추구하고 충족하는 것	↔	• 인간이 추구해야 할 유일한 (선) • 모든 (고통)이 제거될 때 도달되는 것 • 욕망을 줄이고 절제하는 삶을 통해 이룰 수 있는 것

어휘·어법

1 표방　　**2** 토대　　**3** 사려　　**4** 창시　　**5** 인내

6 평정　　**7** 도달

해제 | 이 글은 에피쿠로스학파의 쾌락과 행복에 대해서 설명하고 있다. 에피쿠로스학파는 쾌락주의를 표방하기 때문에 적극적으로 쾌락을 추구한 학파로 생각하기 쉽다. 하지만 에피쿠로스는 적극적 쾌락의 추구보다는 고통의 제거를 통해서 쾌락과 행복에 이를 수 있음을 역설하였다. 그리고 이성의 도움을 받아 신중히 쾌락을 추구해야 행복한 삶을 살 수 있다고 하였다. 이는 어렵고 힘든 상황에서도 욕망을 줄이고 절제하며 살아간다면 행복에 도달할 수 있다는 교훈을 주고 있다.

주제 | 에피쿠로스학파가 추구한 쾌락과 행복

출전 | 임정환, 『행복으로 보는 서양 철학』

1 3문단에서 에피쿠로스는 어떤 고통은 잘 참고 견뎌 내면 더 큰 쾌락이 주어질 수 있고, 반대로 눈앞의 단기적·육체적 쾌락만 추구하면 장기적으로 고통이 찾아올 수도 있다고 하였다. 따라서 에피쿠로스가 장기적인 쾌락을 추구하는 것이 바람직하지 않다고 생각했다는 내용은 적절하지 않다.

| 오답 풀이 |

① 2문단에서 에피쿠로스가 고통의 부재 상태를 가장 이상적인 상태라고 보았기 때문에 에피쿠로스의 사상을 소극적 쾌락주의라고 부른다는 점에서 확인할 수 있다.
② 2문단에서 에피쿠로스는 인간을 본성적으로 쾌락을 추구하는 존재로 파악했음을 확인할 수 있다.
③ 1문단에서 에피쿠로스학파는 결정론적 세계관을 주장한 스토아학파와 달리 인간의 자유 의지를 인정하였음을 확인할 수 있다.
⑤ 3문단에서 에피쿠로스는 쾌락을 잘 추구하기 위해서는 이성의 도움을 받아야 한다고 생각했음을 확인할 수 있다.

2 〈보기〉는 에피쿠로스가 죽음에 대한 공포를 없애기 위해 말한 내용이다. 에피쿠로스는 행복은 쾌락의 적극적인 추구라기보다는 고통의 제거를 통해 달성된다고 하였으므로, 행복을 추구하기 위해 죽음에 대한 공포를 없애는 말을 했다고 추론할 수 있다.

| 오답 풀이 |

① 1문단을 통해 결정론적 세계관을 주장한 것은 에피쿠로스학파가 아닌 스토아학파임을 알 수 있다.
② 2문단을 통해 에피쿠로스는 욕망과 쾌락의 적극적 추구보다 고통의 제거를 강조했음을 확인할 수 있다.
④ 2문단을 통해 에피쿠로스가 추구한 쾌락은 육체적이고 감각적인 쾌락과는 거리가 있었음을 확인할 수 있다.
⑤ 〈보기〉에 따르면 에피쿠로스는 신이 인간의 일에 관심을 갖고 있지 않다고 생각했으나, 이는 신에게 벌을 받지는 않을지 걱정하는 사람들을 설득하기 위한 설명이다. 〈보기〉를 통해서 신의 관심과 인간의 자유 의지가 관련이 있는지는 알 수 없다.

3 '파악하다'는 '어떤 대상의 내용이나 본질을 확실하게 이해하여 알다.'라는 의미이다. '다잡다'는 '다그쳐 단단히 잡다.'라는 의미로, '파악하다'와 바꿔 쓰기에는 적절하지 않다.

어휘·어법

1 '표방'은 '어떤 명목을 붙여 주의나 주장 또는 처지를 앞에 내세움.'을 뜻한다.
2 '토대'는 '어떤 사물이나 사업의 밑바탕이 되는 기초와 밑천을 비유적으로 이르는 말.'을 뜻한다.
3 '사려'는 '여러 가지 일에 대하여 깊게 생각함. 또는 그런 생각.'을 뜻한다.

지역 화폐와 법화

1 ⑤   2 ②   3 ③

문단 요약

지역 화폐가 사용되는 지역적 범위는 어디까지인가?	1문단
지역 화폐는 무엇인가?	2문단
지역 화폐와 한국은행권의 가장 큰 차이점은 무엇인가?	3문단
지역 화폐는 어떤 의미가 있는가?	4문단
화폐의 본질적 기능 중 지역 화폐가 충족하지 못하는 요소는 무엇인가?	5문단

글의 구조

	지역 화폐	한국은행권(법화)
개념	특정 (지역) 내에서 제한된 구성원들 간에 통용되는 지급 수단	(국가)에서 공식으로 인정한 법정 화폐
발행	(지방 자치 단체)의 조례에 따라 발행함.	한국은행법에 따라 화폐는 (한국은행)만이 발행함.
특징	• 지역 내 가맹점에서만 사용 가능함. • 화폐로서 온전한 기능을 하지는 못함. • (지역 상권) 활성화 및 공동체 의식 강화의 목적이 있음.	• 전국 어디에서나 통용됨. • 계산 단위의 역할, (가치) 저장의 수단이라는 화폐의 본질적 기능을 수행함.
	교환 (매개) 수단의 기능을 함.	

어휘·어법

1 통용   2 재원   3 매개   4 지급   5 ⓒ
6 ㄱ   7 ㄴ

해제 | 이 글은 지역 화폐의 개념 및 특성에 대해 설명하고 있다. 국가에서 공식적으로 인정하여 전국에서 자유롭게 통용되는 법화와 달리 지역 화폐는 특정 지역 내에서 제한된 구성원들 간에 통용되는 지급 수단이다. 지역 화폐는 특정 지역 내에서만 사용된다는 점, 계산 단위의 역할을 하지 못한다는 점, 가치 저장의 수단으로서의 기능이 약하다는 점, 별도의 지급 재원이 뒷받침되지 못한다면 지속되기 어렵다는 점 등의 한계점이 있다. 하지만 지역 상권 활성화 및 공동체 의식 강화에 기여할 수 있다는 점에서 그 의미를 찾을 수 있음을 밝히고 있다.

주제 | 지역 화폐의 특성과 의의

출전 한국은행, 「가족과 함께 읽는 경제 교실」

1 4문단에서 지역 화폐는 화폐의 본질적 기능 중 '교환의 매개 수단'으로서의 기능을 하고 있음을 알 수 있다. 따라서 화폐의 본질적 기능이 없다는 점에서 법화와 다르다는 진술은 적절하지 않다.

|오답 풀이|

① 2문단을 통해 한국에서는 한국은행권만이 유일하게 법화로 인정되고 있음을 확인할 수 있다.
② 1문단을 통해 우리나라뿐만 아니라 캐나다에서도 지역 화폐가 발행되고 있음을 확인할 수 있다.
③ 3문단을 통해 지역 화폐의 공식 명칭은 특정 지역의 명칭을 포함하는 경우가 대다수임을 확인할 수 있다.
④ 3문단을 통해 지역 화폐는 법적 근거인 조례에 따라 지방 자치 단체가 발행한다는 사실을 확인할 수 있다.

2 ㄱ은 세금으로 지역 화폐의 재원을 마련하는 것을 부정적으로 보고 있으며, ㄴ은 지역 상권을 활성화시키는 지역 화폐의 효과를 고려할 때 세금으로 지역 화폐의 재원을 마련하는 것을 긍정적으로 보고 있다.

|오답 풀이|

① 4문단에서 지역 화폐도 법화와 마찬가지로 교환의 매개 수단이 된다고 하였다.
③ 4문단에서 지역 화폐는 가치 저장 수단으로서의 기능이 취약하다고 하였다.
④ 5문단에서 지역 화폐가 결제 수단으로 지속되려면 별도의 지급 재원이 뒷받침되어야 함을 알 수 있다. 〈보기〉에서 ㄱ은 별도의 지급 재원을 중단함으로써 지역 화폐 발행에 반대하고 ㄴ은 지급 재원을 유지함으로써 지역 화폐 발행에 찬성하고 있다. 하지만 ㄱ과 ㄴ 모두 지역 화폐가 지속될 가능성에 대해 결론을 내리고 있지는 않다.
⑤ 4문단에서 지역 화폐는 계산 단위의 기능은 취약하다고 하였다.

3 ⓒ은 현금으로 물건값을 치렀다는 의미이므로 '증권 또는 대금을 주고받아 매매 당사자 사이의 거래 관계를 끝맺는 일.'을 뜻하는 '결제(決濟)'를 바르게 사용하였다.

|오답 풀이|

①, ②, ④, ⑤의 밑줄 친 부분에는 '결정할 권한이 있는 상관이 부하가 제출한 안건을 검토하여 허가하거나 승인함.'이라는 의미의 '결재(決裁)'를 사용하는 것이 적절하다.

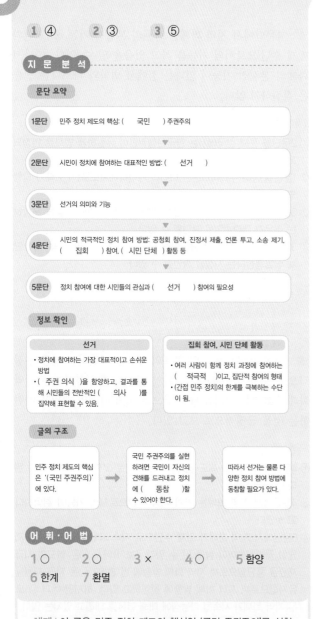

1 ④　　2 ③　　3 ⑤

지 문 분 석

문단 요약

1문단 민주 정치 제도의 핵심: (국민) 주권주의

▼

2문단 시민이 정치에 참여하는 대표적인 방법: (선거)

▼

3문단 선거의 의미와 기능

▼

4문단 시민의 적극적인 정치 참여 방법: 공청회 참여, 진정서 제출, 언론 투고, 소송 제기, (집회) 참여, (시민 단체) 활동 등

▼

5문단 정치 참여에 대한 시민들의 관심과 (선거) 참여의 필요성

정보 확인

선거
• 정치에 참여하는 가장 대표적이고 손쉬운 방법
• (주권 의식)을 함양하고, 결과를 통해 시민들의 전반적인 (의사)를 집약해 표현할 수 있음.

집회 참여, 시민 단체 활동
• 여러 사람이 함께 정치 과정에 참여하는 (적극적)이고, 집단적 참여의 형태
• (간접 민주 정치)의 한계를 극복하는 수단이 됨.

글의 구조

| 민주 정치 제도의 핵심은 '(국민 주권주의)'에 있다. | → | 국민 주권주의를 실현하려면 국민이 자신의 견해를 드러내고 정치에 (동참)할 수 있어야 한다. | → | 따라서 선거는 물론 다양한 정치 참여 방법에 동참할 필요가 있다. |

어 휘 · 어 법

1 ○　　2 ○　　3 ×　　4 ○　　5 함양

6 한계　　7 환멸

해제 | 이 글은 민주 정치 제도의 핵심인 '국민 주권주의'를 실현하기 위한 국민의 정치 참여 방법에 대해 설명하고 있다. 현대 사회에서 가장 대표적이고 손쉬운 정치 참여 방법은 선거이다. 선거는 시민의 주권 의식을 함양하고 시민의 전반적인 의사를 집약해 표현하는 기능을 한다. 이보다 더 적극적인 정치 참여 방법으로는 공청회 참여, 집회 참여, 시민 단체 활동 등이 있다. 하지만 최근에는 정치에 대한 환멸과 무관심으로 기본적인 권리인 선거마저 소홀히 하는 경향이 있어 이를 개선할 필요가 있음을 당부하고 있다.

주제 | 시민의 여러 가지 정치 참여 방법

출전 | 이종학, 「내 손으로 경작하는 민주주의」

1 4문단에서 정책이나 법률에 대한 공청회 참여는 적극적인 정치 참여 방법 중 하나라고 하였다.

| 오답 풀이 |

①, ② 3문단에서 선거는 시민의 대표를 선출하고 정당성을 부여할 뿐만 아니라, 제대로 역할을 수행하지 못한 대표자에 대해서는 다음 선거에서 낙선하도록 함으로써 대표자를 통제하는 수단으로 사용되기도 한다고 하였다.

③ 4문단에서 시민 단체 활동은 적극적이고 지속적인 정치 참여 방법으로 간접 민주 정치의 한계를 극복하는 수단이 된다고 하였다.

⑤ 1문단에서 민주 정치 제도의 핵심은 국민 주권주의에 있으며 이는 기본적으로 국민의 의사에 기초한 정책 결정이 내려져야 한다는 것임을 의미한다고 하였다.

2 납품 계약을 위반한 회사에 대한 소송 제기는 국가의 정책이나 법률에 대해 소송을 제기한 것이 아니라 경제 주체 간의 분쟁을 해결하기 위한 것이므로 시민의 정치 참여의 사례로 적절하지 않다.

| 오답 풀이 |

① 가장 대표적인 정치 참여 방법인 선거에 참여한 것이므로 ㉮의 사례로 적절하다.

② 정부 정책에 대한 반대 의견을 제시하기 위해 집회에 참여한 것으로 적극적인 정치 참여의 형태로 볼 수 있다.

④ 국가의 경제 정책에 대한 자신의 견해를 언론사에 투고한 것이므로 적극적인 정치 참여 활동을 한 것으로 볼 수 있다.

⑤ 국가의 정책과 법률에 대한 견해를 적극적으로 표현하기 위해 시민 단체에 가입해 활동한 것이므로 적극적인 정치 참여 활동을 한 것으로 볼 수 있다.

3 '환멸(幻滅)'은 '꿈이나 기대나 환상이 깨어짐. 또는 그때 느끼는 괴롭고도 속절없는 마음.'을 의미하는 말이다. '아주 사무치게 미워함. 또는 그런 마음.'이라는 의미를 지닌 말은 '증오(憎惡)'이다.

어 휘 · 어 법

3 '선출(選出)'은 '여럿 가운데서 골라냄.'을 뜻한다. '가려서 따로 나눔.'을 뜻하는 단어는 '선별(選別)'이다.

모두가 저축을 하면 국가가 가난해진다?

1 ⑤　　**2** ①　　**3** ③

지 문 분 석

문단 요약

1문단 경제학에서는 (부분)에서는 성립하지만 (전체)로 확장했을 때는 성립하지 않는 사실들이 존재한다.

↓

2문단 개인이 저축을 많이 하면 부자가 되겠지만, 사회 전체적으로는 (소비)가 줄고 (저축)만 는다면 경제가 위축되는 현상이 발생한다.

↓

3문단 사회 전체가 지나치게 소비를 줄이고 저축만 하면 오히려 저축할 소득마저 사라지는 '저축의 (역설)' 현상이 발생한다.

↓

4문단 저축의 역설을 우려하여 소비를 권장한다고 해도 자신의 (소득 수준)을 고려하여 적절한 수준의 소비를 하는 자세가 필요하다.

정보 확인

사회 전체적으로 소비가 줄고 저축만 늘어날 경우

↓

기업의 (매출)이 줄어듦.

↓

기업이 (투자)나 고용을 줄임.

↓

회사를 다니던 사람이 퇴사를 하거나 기업을 대상으로 납품하던 가게들의 수입이 감소함.

↓

개인의 (소득)이 사라져 저축할 돈조차 없게 됨.

어 휘 · 어 법

1 고용　**2** 납품　**3** 야기　**4** 감소　**5** 요인

6 매출　**7** 해고

해제 | 이 글은 경제 현상 중 '저축의 역설'에 대해 설명하고 있다. 한 개인이 저축을 많이 하면 개인의 소득은 증대한다. 그러나 사회 전체적으로 소비 대신 저축을 선택하는 비중이 증가할 때는 기업의 매출이 줄어들고 그에 따라 경제가 전반적으로 위축되는 현상이 나타난다. 경제가 위축되면 결과적으로 기업의 투자와 고용 또한 줄어들기 때문에 개인의 소득까지 감소하여 저축을 할 수 있는 여력이 없어지는 현상이 일어난다. 이를 우려하여 많은 경제학자들이 저축보다 소비를 권장하고 있으나 소득 수준을 고려하여 적절하게 소비하는 자세가 필요하다.

주제 | 저축의 역설과 바람직한 소비 자세

출전 박정호, 『재미없는 영화, 끝까지 보는 게 좋을까』

---

1 이 글에서는 내용을 구체화하기 위해 수치를 활용한 부분을 찾아볼 수 없다.

|오답 풀이|

① '저축의 역설'을 설명하기 위해 인과의 서술 방식을 활용하고 있다. 예를 들면, '많은 사람이 소비를 줄이고 저축을 선택한다.'를 원인으로, '기업의 매출이 줄어든다.'를 결과로 제시하여 서술하고 있다.

② 중심 화제인 '저축의 역설'의 개념을 3문단에서 제시하고 있다.

③ 1문단에서 어느 한 농부의 풍년과 모든 농민의 풍년을 예로 제시하여 독자의 이해를 돕고 있다.

④ 2, 3문단에서 '소비를 줄이고 저축만 많이 한다면', '기업이 투자를 줄이거나 고용 규모를 줄이면'과 같이 상황을 가정하여 예상되는 결과를 언급하고 있다.

2 사회 전체적으로 소비를 줄이고 저축을 많이 하면 경제가 위축되는 현상이 나타난다. 기업은 매출이 줄어들면 투자나 고용을 하지 않고, 고용한 사람을 해고하기도 한다는 것을 2문단에서 알 수 있다.

|오답 풀이|

② 사람들의 소비가 줄면 기업의 매출이 줄어든다는 내용이 2문단에 제시되어 있다.

③ 매출이 줄어든 기업은 설비 투자를 줄이게 된다는 내용이 2문단에 제시되어 있다.

④ 기업의 매출이 줄면 고용한 사람을 해고하기도 한다는 내용이 2문단에 제시되어 있다.

⑤ 기업의 매출이 줄면 상품이 팔리지 않아 재고가 증가할 수 있음을 추론할 수 있다.

3 4문단에서는 소비를 권장하지만 자신의 소득 수준을 고려하지 않은 지나친 소비는 오히려 또 다른 문제를 야기할 수 있음을 언급하고 있다. 따라서 ㉠에는 정도를 지나침은 미치지 못함과 같다는 뜻으로, 중용(中庸)이 중요함을 이르는 말인 '과유불급(過猶不及)'이 들어가는 것이 적절하다.

|오답 풀이|

① 다다익선(多多益善): 많으면 많을수록 더욱 좋음.

② 순망치한(脣亡齒寒): 입술이 없으면 이가 시리다는 뜻으로, 서로 이해관계가 밀접한 사이에 어느 한쪽이 망하면 다른 한쪽도 그 영향을 받아 온전하기 어려움을 이르는 말.

④ 우후죽순(雨後竹筍): 비가 온 뒤에 여기저기 솟는 죽순이라는 뜻으로, 어떤 일이 한때에 많이 생겨남을 비유적으로 이르는 말.

⑤ 견강부회(牽强附會): 이치에 맞지 않는 말을 억지로 끌어 붙여 자기에게 유리하게 함.

1 ②   2 ③

지문분석

문단요약

1문단	「대동여지도」의 의미와 완성	• 동쪽 큰 나라의 지도 → 조선의 (자주 의식)이 반영됨. • 30여 년의 시간을 들여 3층 높이의 지도를 완성함.
2문단	「대동여지도」의 특징	• 22권의 책으로 구성됨. • 도성과 한성부의 상세 지도가 별도로 추가됨. • (목판)으로 제작됨.
3문단	「대동여지도」의 표현상의 우수성	• 22개의 (기호)를 사용함. → 간결하게 표현됨. • 도로에는 10리 간격으로 (점)을 찍음. → 거리 파악이 정확해짐. • 산맥의 (굵기)를 달리하여 산의 크기와 높이를 표현함. • 도로는 직선, 물길은 곡선으로 표현함.
4문단	「대동여지도」의 의의	정확성과 (체계성) 면에서 매우 우수함.

정보확인

1) 김정호가 최초로 만든 지도는 「대동여지도」이다. ⸺⸺⸺⸺⸺ (×)
2) 「대동여지도」는 오류를 줄이기 위해 필사본으로 제작되었다. ⸺⸺⸺ (×)
3) 「대동여지도」는 기호를 사용하여 내용을 간결하게 표현하였다. ⸺⸺ (○)
4) 「대동여지도」는 단일 곡선으로 배가 다니는 물길을 표현하였다. ⸺⸺ (×)
5) 「대동여지도」는 별도로 추가된 상세 지도가 있었다. ⸺⸺⸺⸺ (○)

어휘·어법

1 험악   2 간결   3 마련   4 필사   5 ㉠
6 ㉢   7 ㉣   8 ㉤

해제 | 이 글은 우리나라를 대표하는 지도인 「대동여지도」의 우수성에 대해 설명하고 있다. 정확한 지도를 만들기 위한 김정호의 30여 년 간의 노력이 집대성된 것이 바로 「대동여지도」이다. 「대동여지도」는 전체 22권의 책으로 구성되어 있으며, 목판으로 제작되어 필사의 오류를 줄이고 대량 생산을 가능하게 하였다. 표현 면에서 여러 우수한 점이 엿보이는데, 무엇보다 다양한 기호를 사용한 점, 10리 간격의 점으로 거리를 정확히 표현한 점, 길과 산맥을 다양한 방법으로 표현한 점 등을 들 수 있다. 현대의 위성 사진과 비교하여도 정확도가 뛰어난 「대동여지도」는 그 과학성과 체계성에 있어 높이 평가받을 만한 지도임을 알려 주고 있다.

주제 | 「대동여지도」의 우수성과 가치

1 굵기를 달리하여 표현한 것은 도로가 아니라 산맥의 굵기이다. 「대동여지도」는 산맥의 굵기로 산의 크기와 높이를 표현했음을 3문단에서 확인할 수 있다.

|오답 풀이|

① 「대동여지도」는 '동쪽 큰 나라의 지도'라는 뜻으로 조선의 자주 의식이 반영되어 있음을 1문단에서 확인할 수 있다.
③ 22권으로 제작된 전체 책이 분리와 합체가 자유롭다는 내용을 2문단에서 확인할 수 있다.
④ 22개의 기호를 사용하여 현대의 지도처럼 다양한 내용을 간결하게 표현하였음을 3문단에서 확인할 수 있다.
⑤ 일부 지역은 오차가 있지만 현대의 위성 사진과 비교해 보면 상당히 유사하고 정확한 지도의 형태를 갖추고 있다는 내용을 4문단에서 확인할 수 있다.

2 2문단에서 「대동여지도」는 전국 지도 외에 도성과 한성부의 상세 지도가 별도로 추가되어 있다고 하였다. 「동국지도」 역시 전국 지도인 「대전도」와 지방 지도인 「팔도분도」로 구성되어 있다고 하였다.

|오답 풀이|

① ⓐ는 도로를 그릴 때 이중 곡선으로 표현한 것이 아니라 더 두껍게 그려서 중요 도로임을 나타내었다.
② 우리나라 최초로 축척을 사용한 지도는 ㉠이 아니라 ⓐ이다.
④ 도시 이름을 다른 색으로 표현한 것은 ㉠이 아니라 ⓐ이다.
⑤ ⓐ와 ㉠ 모두 지도 안에 설명을 더해 많은 정보를 제공한 것이 아니라 기호를 사용하여 지도의 내용을 간결하게 표현하였다.

어휘·어법

1 등산이 위험해 보인다고 한 것은 날씨 여건이 좋지 않기 때문이므로 '지세, 기후, 도로 등이 험하고 나쁘다.'라는 뜻의 '험악하다'가 적절하다.
2 금강산의 높고 아름다움을 표현한 글이므로 '간단하면서도 짜임새가 있다.'라는 뜻의 '간결하다'가 적절하다.
3 연회장에 다과가 준비되어 있다는 것이므로 '헤아려서 갖추다.'라는 뜻의 '마련하다'가 적절하다.
4 책 한 권에 들이는 시간이 꽤 오래 걸린다고 하였으므로 '베끼어 쓰다.'를 뜻하는 '필사하다'가 적절하다.

금리는 자금 사용의 대가

1 ④　　**2** ⑤

지문 분석

문단 요약

1문단 돈 맡길 곳을 찾는 자금 공급자와 빌릴 곳을 찾는 자금 수요자가 연결되어 금융 거래가 이루어지는 시장을 (금융 시장)이라고 한다.

▼

2문단 빌린 자금에 대한 사용료를 (이자)라고 하며, 이자를 원금으로 나눈 비율을 (이자율/금리)(이)라고 한다.

▼

3문단 금리는 기본적으로 자금에 대한 (수요)와 (공급)의 원리에 따라 결정된다.

▼

4문단 자금의 수요와 공급은 기업의 (투자), 가계의 저축, (물가) 변동에 대한 예상 등의 영향을 받는다.

▼

5문단 금리는 금융 시장의 (종류)와 자금을 빌린 (사람)에 따라 각기 다르게 결정된다.

정보 확인

자금 사용의 대가인 금리

개념	금융 시장에서 자금을 빌린 대가로 지급한 이자를 원금으로 나눈 비율
결정 요인	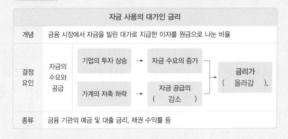
종류	금융 기관의 예금 및 대출 금리, 채권 수익률 등

결정 요인: 자금의 수요와 공급 / 기업의 투자 상승 → 자금 수요의 증가 / 가계의 저축 하락 → 자금 공급의 (감소) / 금리가 (올라감).

어휘·어법

1 공급　**2** 흉작　**3** 대출　**4** 예금　**5** 투자

6 원금

해제 | 이 글은 금리의 개념과 결정 요인에 관해 설명하고 있다. 이자는 자금 거래에서 수요자가 지불해야 하는 사용료이고, 원금에 대한 이자의 비율을 금리라고 한다. 금리는 기본적으로 자금의 수요와 공급에 의해 결정되며, 기업의 투자로 인한 자금 수요, 가계의 저축에 따른 공급량, 그리고 물가 변동에 따른 공급량 등에 영향을 받는다. 금리는 형성된 금융 시장에 따라 여러 종류가 있으며, 빌린 사람의 여러 요건에 따라 같은 시장 안에서도 금리 수준이 다르게 결정됨을 알려 주고 있다.

주제 | 금리의 개념과 금리 결정에 영향을 미치는 요인

출전 한국은행, 『알기 쉬운 경제 지표 해설』

1 5문단에서 금리는 동일한 금융 시장 내에서도 빌린 사람의 자금 용도, 빌린 기간, 신용도 등에 따라 금리 수준이 각기 다르게 결정된다고 하였다.

|오답 풀이|

① 1문단에서 자금의 공급자와 수요자가 연결되어 금융 거래가 이루어지는 곳이 금융 시장이고, 2문단에서 물리적인 장소 외에 체계적으로 가격이 설정되고 거래가 이루어지는 공간도 포함한다고 하였으므로 금융 시장은 유무형의 모든 공간을 의미한다는 것을 확인할 수 있다.

② 2문단에서 자금 수요자가 자금 공급자에게 자금을 빌린 데에 대한 대가로 지급하는 것이 이자임을 확인할 수 있다.

③ 4문단에서 물가 변동에 대한 예상이 자금의 수요와 공급에 영향을 미친다는 것을 확인할 수 있다.

⑤ 4문단에서 자금 수요는 주로 생산 활동을 하는 기업의 투자에 의해 좌우되고, 자금 공급은 주로 가계의 저축에 의해 이루어진다고 한 데서 확인할 수 있다.

2 ㉠은 금리의 상승과 하락을 풍년일 때와 흉년일 때 과일값의 변화에 빗대어 설명하고 있다. 이는 어떤 대상을 유사한 다른 것에 빗대어 설명하는 '유추'에 해당한다.

|오답 풀이|

① '정의'의 설명 방법으로, ㉠에서 특정한 대상의 개념에 대해 설명하고 있지는 않다.

② '예시'의 설명 방법으로, ㉠은 금리의 상승과 하락의 요인을 다른 것에 빗대어 설명하고 있을 뿐, 그에 대해 예를 들고 있는 것은 아니다.

③ '대조'의 설명 방법으로, ㉠에서는 금리와 과일값의 유사점을 중심으로 설명하고 있다.

④ '분류'의 설명 방법으로, ㉠에서 금리에 대해 일정한 기준에 따라 나누어 그 종류를 보여 주고 있지는 않다.

어휘·어법

1 '어떤 재화나 용역을 일정한 가격으로 사려고 하는 욕구.'를 뜻하는 '수요'에 반대되는 단어는 '공급'으로, '교환하거나 판매하기 위하여 시장에 재화나 용역을 제공하는 일. 또는 그 제공된 상품의 양.'을 뜻한다. '수요와 공급', '수요가 증가하다', '공급이 원활하다'와 같이 쓰인다.

2 '농작물의 수확이 평년작을 훨씬 웃도는 일. 또는 그렇게 지은 농사.'를 뜻하는 '풍작'에 반대되는 단어는 '흉작'으로, '농작물의 수확이 평년작을 훨씬 밑도는 일. 또는 그런 농사.'를 뜻한다. '올해는 비가 적당히 와서 풍작이 예상된다.', '흉작으로 농작물 가격이 많이 올랐다.'와 같이 쓰인다.

1 ②　　2 ⑤

지 문 분 석

문단 요약

1문단 (게임 이론)은 1944년 처음 등장한 후 존 내쉬에 의해 발전하여 다양한 분야에서 폭넓게 활용되었다.

▼

2문단 게임 이론에서 모든 게임의 경기자는 상대가 취하는 (전략)을 감안하여 자신의 행위를 결정한다.

▼

3문단 (죄수의 딜레마)는 게임 이론의 예로 가장 유명한데, 범죄 사실에 대한 자백의 여부를 놓고 두 용의자가 처하게 되는 상황을 가정하고 있다.

▼

4문단 게임 이론에 따르면 죄수의 딜레마 상황에서 두 용의자는 결국 둘 다 (자백)하기로 결정할 수밖에 없다.

▼

5문단 죄수의 딜레마 상황은 사교육 문제와 같이 우리 일상에서도 쉽게 발견된다.

정보 확인

게임 이론		
핵심 내용	• 경기자는 경쟁 상대의 (전략)을 고려하여 자신의 행위를 결정함. • 경기자 사이의 (상호 작용)을 바탕으로 전략을 수립 및 보완함.	

죄수의 딜레마

[조건] ① 두 용의자는 서로 (의사소통)을 할 수 없음.
　　　 ② 두 용의자는 상대방의 (결정)에 대해 알 수 없음.

용의자 A　　용의자 B	자백하지 않음.	자백함.
자백하지 않음.	둘 다 1년형에 처함.	A는 풀려나고, B는 10년형에 처함.
자백함.	B는 풀려나고, A는 10년형에 처함.	둘 다 3년형에 처함.

└ [결과] (둘 다 자백하기로 결정하고 3년형을 받게 됨.)

어 휘 · 어 법

1 전략　　2 구속　　3 제안　　4 형기　　5 협상
6 감안　　7 보상　　8 선고

해제 | 이 글은 경쟁 상대의 반응을 고려해 최적의 행동을 결정해야 하는 상황에서 사람들이 어떻게 자신의 행동을 결정하는지에 관한 게임 이론을 소개하고 있다. 특히 '죄수의 딜레마'는 격리된 두 용의자가 상대의 행동을 확신할 수 없을 때, 자신에게 가장 유리하도록 한 결정으로 인해 서로에게 나쁜 결과를 가져오게 되는 현상을 보여 준다. 이런 상황은 우리의 일상에서도 흔히 찾아볼 수 있음을 밝히고 있다.

주제 | 게임 이론과 죄수의 딜레마

출전 • 이한영, 『너 이런 경제 법칙 알아?』
　　　 • 라파엘 로젠, 『세상을 움직이는 수학 개념 100』

---

1 5문단에서 '이런 상황(앞에서 언급한 죄수의 딜레마 상황)은 우리 일상에서도 쉽게 발견된다.'라고 하면서 사교육의 경우를 예로 들어 언급하고 있다.

|오답 풀이|

① 1문단에서 게임 이론은 다양한 분야에서 활용되고 있다고 한 데서 확인할 수 있다.
③ 2문단에서 모든 게임의 경기자는 경쟁 상대의 전략을 감안하여 자신의 행위를 결정한다고 한 데서 확인할 수 있다.
④ 2문단에서 게임의 핵심은 경기자 사이의 상호 작용이며, 골키퍼 없는 페널티 킥은 게임 이론과 양립할 수 없다는 데서 내용을 확인할 수 있다.
⑤ 5문단에서 사교육의 예를 설명하면서 다른 사람이 어떤 결정을 내릴지 알 수 없기 때문에 모두에게 최선이 되는 선택을 하지 못하는 경우가 있음을 확인할 수 있다.

2 ⓐ는 구속되어 둘 다 각각 1년형을 받는다고 했으므로 석방되는 것이 아니라면 형기가 가장 짧다고 할 수 있으나, ⓓ는 둘 다 3년형을 받는 것이므로 10년형에 처해지는 것에 비해서는 형기가 짧다고 할 수 있다.

|오답 풀이|

① ⓐ는 둘 다 서로에 대해 공범임을 말하지 않은 상태로 각각 구속되어 1년형을 받는다.
②, ③ ⓑ와 ⓒ는 한 사람만 자백을 하는 경우이므로 3문단에 따르면 이 경우 자백을 한 사람은 석방되고, 자백하지 않은 사람은 10년형을 받는다.
④ ⓓ는 둘 다 자백을 한 경우이므로 3년형을 받게 된다. 따라서 석방이나 1년형에 비해서는 형기가 길지만 10년형은 피할 수 있게 된다.

어 휘 · 어 법

1 '전략'은 '정치, 경제 따위의 사회적 활동을 하는 데 필요한 책략.'을 뜻하고, '개략'은 '내용을 대강 추려 줄임. 또는 그런 것.'을 뜻한다.
2 '구속'은 '행동이나 의사의 자유를 제한하거나 속박함.'을 뜻하고, '방치'는 '내버려 둠.'을 뜻한다.
3 '제안'은 '안이나 의견으로 내놓음. 또는 그 안이나 의견.'을 뜻하고, '제조'는 '공장에서 큰 규모로 물건을 만듦.'을 뜻한다.
4 '형기'는 '형벌의 집행 기간.'을 뜻하고, '숙청'은 '어지러운 상태를 바로잡음.'을 뜻한다.

1 ③　　2 ②　　3 ⑤

지 문 분 석

문단 요약

1문단	대한민국 헌법 제1조 1항의 내용	(○)
2문단	'대한민국'이 국호가 된 과정과 영문명 Korea의 유래	(○)
3문단	민주주의와 민주 국가의 개념	(○)
4문단	군주국과 대조되는 공화국의 개념	(○)
5문단	헌법 제1조에서 국가의 성격을 밝혀야만 하는 이유	(×)

정보 확인

헌법 제1조 1항
대한민국은 민주 공화국이다.

대한민국
- 우리나라를 지칭하는 이름
- 변경: (헌법)을 개정해야 가능
- 역사적 명칭: 고려, (조선), (한국)

민주 공화국
- 민주 공화국: (민주 국가) + 공화국
- 민주 국가: 국가의 주권이 (국민)에게 있음.
- 공화국: 주권이 국민에게 있는 나라 형태

어 휘 · 어 법

1 심의　　2 초안　　3 적합　　4 공화국　　5 주권
6 지향　　7 위법

해제 | 이 글은 대한민국 헌법 제1조 1항의 의미를 분석하고 있다. 헌법 제1조 1항은 '대한민국은 민주 공화국이다.'라는 말로 시작되고 있는데, 이를 분석하여 우리에게 헌법이 담고 있는 의미를 알려 주고 있다. 국호인 '대한민국'이 헌법 초안 작성 이후에 정해진 사실부터, '민주 공화국'이라는 표현 속에서 알 수 있는 '민주 국가', 즉 의사 결정을 구성원이나 구성원들에 의해 선출된 대표들이 하는 형태라는 것과 '공화국', 즉 주권이 국민에게 주어져 있다는 것 등을 사회주의, 전제 군주국 등 다른 개념과 비교하며 설명하고 있다.

주제 | 대한민국 헌법 제1조 1항의 의미

출전 차병직·윤재왕·윤지영, 「지금 다시, 헌법」

---

1 이 글에서는 헌법 제1조 1항에 대해 이야기하면서, '민주 공화국'의 개념을 다시 '민주 국가'와 '공화국'으로 나누어 설명하고 있다.

| 오답 풀이 |

① 이 글에서는 헌법을 구성하고 있는 요소를 분석하여 제시하고 있지는 않다.
② 이 글에서는 헌법이 지니는 다양한 가치를 예를 들어 설명하고 있지는 않다.
④ 이 글에서는 헌법 개정의 과정을 제시하고 있지는 않다.
⑤ 5문단에서 헌법 제정의 전제 조건이 여러 나라에서 비슷함을 언급하고 있지만, 그 차이점을 대조하여 설명하고 있지는 않다.

2 4문단을 통해 주권이 왕에게 주어진 나라를 전제주의 국가, 또는 군주국이라고 함을 알 수 있다. 군주국은 왕이 있는 나라라는 의미로, 군주국 중에서도 왕이 전권을 휘두르는 나라는 전제 군주국이라고 한다. 따라서 왕이 존재하는 국가를 전제 군주국이라고 한 ②의 설명은 적절하지 않다.

| 오답 풀이 |

① 5문단을 통해 헌법은 국가의 존재를 전제로 함을 확인할 수 있다.
③ 3, 4문단을 통해 '대한민국은 민주 공화국'이라는 말이 국민에게 주권이 있음을 의미함을 확인할 수 있다.
④ 3문단을 통해 민주주의의 반대 개념이 공산주의나 사회주의가 아니라 독재주의라는 사실을 확인할 수 있다.
⑤ 1문단을 통해 헌법 초안을 작성할 때에는 국호가 대한민국으로 정해진 상태가 아니었음을 확인할 수 있다.

3 ㉤에 사용된 '전제(前提)'는 '어떠한 사물이나 현상을 이루기 위하여 먼저 내세우는 것.'이라는 의미를 지닌 말이다. ⑤에 제시된 '국가의 권력을 개인이 장악하고 그 개인의 의사에 따라 모든 일을 처리함.'은 '전제(專制)'의 사전적 의미로, ㉤과는 동음이의 관계이다.

1 ⑤   2 ⑤

지문 분석

문단 요약

1문단	국가를 운영하기 위해 꼭 필요한 세금	(○)
2문단	소득이 없는 학생이 세금을 내지 않는 이유	(×)
3문단	직접세의 개념과 예	(○)
4문단	간접세의 개념과 예	(○)
5문단	간접세와 대조되는 직접세의 한계	(×)
6문단	정부의 입장에서 간접세를 많이 걷어야 하는 이유	(×)

정보 확인

세금

직접세	간접세
• 세금을 (부담)하는 사람과 납부하는 사람이 일치 ⑩ (상속세) • 소득에 따라 (누진적)으로 적용 → 소득 (재분배) 효과 • 세금을 걷기가 어려움.	• 세금을 부담하는 사람과 납부하는 사람이 다름. ⑩ (부가 가치세) • 모두에게 동일하게 적용 → 저소득층에 납세의 (부담감)이 가중됨. • 세금을 걷기가 수월함.

어휘·어법

1 징수   2 감면   3 자금   4 납세   5 누진적
6 격차   7 가중

해제 | 이 글은 직접세와 간접세에 대해 설명하고 있다. 직접 납부하는 형태의 세금만 세금이라고 생각하기 쉽지만, 우리는 간접세의 형태로도 세금을 내고 있다. 예를 들어 우리가 사는 물건에는 '부가 가치세'라는 명목으로 세금이 붙어 있고, 우리에게 물건을 판 사람들이 그것을 대신 납부하고 있다. 직접세는 소득에 비례해 적용되기 때문에 소득 재분배의 기능을 하는 반면, 간접세는 모두에게 똑같이 적용되기 때문에 가난한 사람들에게 불리하게 작용할 수 있다. 하지만 간접세는 자동으로 납부되기 때문에 정부의 입장에서는 세금을 걷기가 편하다는 장점이 있음을 밝히고 있다.

주제 | 직접세와 간접세의 개념과 특징

출전 조준현, 『10대를 위한 재미있는 경제 특강』

---

1 이 글은 세금을 납부하는 방식에 따라 직접세와 간접세로 나눈 후 각각의 특징에 대해 설명하고 있다.

|오답 풀이|

① 이 글에서는 세금의 납부 방식이 변화해 온 양상을 제시하고 있지는 않다.
② 이 글에서는 직접세의 개념에 대해서는 언급하고 있으나, 이에 대한 비판적 관점을 제시하고 있지는 않다.
③ 이 글에서는 직접세와 간접세의 특징을 설명하고 있으나, 둘의 공통 속성을 도출하고 있지는 않다.
④ 이 글에서는 세금 납부의 의미를 통념과 다른 새로운 관점에서 제시하고 있지는 않다.

2 4문단을 통해 상점에서 물건을 살 경우 물건의 가격에는 '부가 가치세'가 이미 포함되어 있음을 확인할 수 있다. 우리는 세금이 포함된 가격을 상점 주인에게 지불하고, 상점 주인이 그 세금을 국가에 납부하는 것이다. 즉, 부가 가치세인 간접세를 실제로 부담하는 것은 가게 주인이 아니라 소비자이다.

|오답 풀이|

① 1문단을 통해 납세의 의무는 국민의 4대 의무 중 하나라는 사실을 확인할 수 있다.
② 6문단을 통해 간접세는 직접세보다 세금을 걷기가 수월하다는 사실을 확인할 수 있다.
③ 2문단을 통해 흔히 소득이 없는 사람은 세금을 내지 않는다고 생각함을 확인할 수 있다.
④ 5문단을 통해 직접세는 부자와 가난한 사람의 소득 격차를 줄이는 소득 재분배 기능을 한다는 것을 확인할 수 있다.

어휘·어법

5 쓰면 쓸수록 전기료가 더 나온다고 하였으므로 '가격, 수량 따위가 더하여 감에 따라 상대적으로 그에 대한 비율이 점점 높아지는.'을 뜻하는 '누진적'이 적절하다. '간접적'은 '중간에 매개가 되는 사람이나 사물 따위를 통하여 연결되는 것.'을 의미한다.
6 임금 수준의 차이가 벌어지면서 양극화된다고 하였으므로 '빈부, 임금, 기술 수준 따위가 서로 벌어져 다른 정도.'를 뜻하는 '격차'가 적절하다. '틈새'는 '벌어져 난 틈의 사이.'를 의미한다.
7 도로 통제 때문에 교통난이 더 심해지는 것이므로 '부담이나 고통 따위를 더 크게 하거나 어려운 상태를 심해지게 함.'을 뜻하는 '가중'이 적절하다. '경감'은 '부담이나 고통 따위를 덜어서 가볍게 함.'을 의미한다.

왜 잘 보이지 않을까

1 ⑤   2 ③

지문 분석

문단 요약

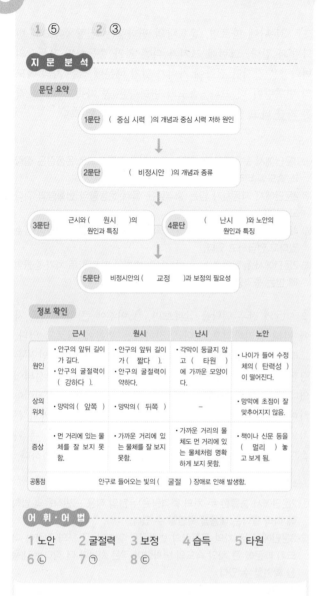

1문단 (중심 시력)의 개념과 중심 시력 저하 원인

2문단 (비정시안)의 개념과 종류

3문단 근시와 (원시)의 원인과 특징

4문단 (난시)와 노안의 원인과 특징

5문단 비정시안의 (교정)과 보정의 필요성

정보 확인

	근시	원시	난시	노안
원인	• 안구의 앞뒤 길이가 길다. • 안구의 굴절력이 (강하다).	• 안구의 앞뒤 길이가 (짧다). • 안구의 굴절력이 약하다.	• 각막이 둥글지 않고 (타원)에 가까운 모양이다.	• 나이가 들어 수정체의 (탄력성)이 떨어진다.
상의 위치	• 망막의 (앞쪽)	• 망막의 (뒤쪽)	–	• 망막에 초점이 잘 맞추어지지 않음.
증상	• 먼 거리에 있는 물체를 잘 보지 못함.	• 가까운 거리에 있는 물체를 잘 보지 못함.	• 가까운 거리의 물체도 먼 거리에 있는 물체처럼 명확하게 보지 못함.	• 책이나 신문 등을 (멀리) 놓고 보게 됨.
공통점	안구로 들어오는 빛의 (굴절) 장애로 인해 발생함.			

어 휘 · 어 법

1 노안   2 굴절력   3 보정   4 습득   5 타원

6 ㉡   7 ㉠   8 ㉢

해제 | 이 글은 안구에 들어오는 빛의 굴절 장애로 발생하는 '비정시안'의 종류와 특징을 설명하고 있다. 시야에 있는 물체를 상세한 부분까지 구별해 내는 능력을 중심 시력이라고 하는데, 이러한 중심 시력이 빛의 굴절 장애로 저하되는 것을 비정시안이라고 한다. 비정시안에는 근시와 원시, 난시, 노안이 있다. 그리고 이러한 비정시안은 시력 저하는 물론 눈에 다른 이상이나 장애를 유발할 수 있으므로 적절한 교정과 보정의 노력이 필요함을 당부하고 있다.

주제 | 비정시안의 종류와 특징

출전 이재열, 「교양으로 읽는 과학의 모든 것 1」

---

1 4문단에서 수정체의 탄력성이 약화되어 노안이 나타나면 책이나 신문 등을 멀리 놓고 보게 된다는 내용을 확인할 수 있다.

| 오답 풀이 |

① 1문단을 통해 중심 시력의 개념을 확인할 수 있다.
② 2문단에서 정상적인 눈의 경우 눈에 들어온 빛이 망막에 정확히 투사되어 상이 맺힐 때 선명한 시각을 얻을 수 있음을 확인할 수 있다.
③ 1문단에서 굴절 장애로 인한 중심 시력 저하는 아주 흔하게 나타날 수 있다는 내용을 확인할 수 있다.
④ 4문단에서 난시를 가진 사람은 가까이 있는 물체를 볼 때에도 멀리 볼 때처럼 명확하게 보이지 않는다는 내용을 확인할 수 있다.

2 [B]는 망막의 뒤에 상이 맺히는 원시를 나타낸 것으로, 3문단에 의하면 원시가 자주 발생하는 것은 안구의 앞뒤 길이가 짧은 아이들이라는 것을 확인할 수 있다.

| 오답 풀이 |

①, ② [A]는 망막 앞쪽에서 상이 맺히는 근시를 나타낸 것으로, 근시는 안구의 앞뒤 길이가 길거나 안구의 굴절력이 강할 때 생기며 멀리 있는 것을 잘 보지 못한다. 따라서 상이 현재보다 뒤쪽에 맺힌다면 중심 시력이 개선될 수 있다.
④ 3문단에서 원시가 나타나는 이유 중 하나로 안구의 굴절력이 약한 것을 들고 있다. 그러므로 안구의 굴절력을 강화하여 상이 [B]에 제시된 것보다 앞쪽에 맺히게 함으로써 원시가 개선될 수 있다.
⑤ [A], [B]는 모두 빛의 굴절 장애로 인해 상이 망막에 정확하게 맺히지 못하는 비정시안이다. 그러므로 [A], [B] 모두 망막에 맺힌 상이 뇌에 선명한 영상으로 지각되지 못한다.

어 휘 · 어 법

1 '늙어 시력이 나빠짐. 또는 그런 눈.'을 뜻하는 단어는 '노안'이다.
2 '빛의 방향을 바꾸는 힘.'을 뜻하는 단어는 '굴절력'이다.
3 '부족한 부분을 보태어 바르게 함.'을 뜻하는 단어는 '보정'이다.
4 '학문이나 기술 따위를 배워서 자기 것으로 함.'을 뜻하는 단어는 '습득'이다.
5 '평면 위의 두 정점(定點)에서의 거리의 합이 언제나 일정한 점의 자취.'를 뜻하는 단어는 '타원'이다.
6 '맺히다'의 사전적 의미는 '(물체의 상이 망막이나 렌즈에) 똑같이 뜨다.'이다.
7 '완화'의 사전적 의미는 '병의 증상이 줄어들거나 누그러짐.'이다.
8 '치치'의 사전적 의미는 '상처나 헌데 따위를 치료함.'이다.

02 큰 차와 작은 차

1 ③   2 ⑤

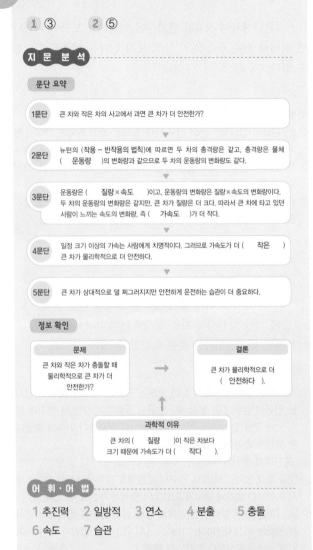

지문 분석

문단 요약

1문단 큰 차와 작은 차의 사고에서 과연 큰 차가 더 안전한가?

2문단 뉴턴의 (작용 – 반작용의 법칙)에 따르면 두 차의 충격량은 같고, 충격량은 물체(운동량)의 변화량과 같으므로 두 차의 운동량의 변화량도 같다.

3문단 운동량은 (질량×속도)이고, 운동량의 변화량은 질량×속도의 변화량이다. 두 차의 운동량의 변화량은 같지만, 큰 차가 질량은 더 크다. 따라서 큰 차에 타고 있던 사람이 느끼는 속도의 변화량, 즉 (가속도)가 더 작다.

4문단 일정 크기 이상의 가속은 사람에게 치명적이다. 그러므로 가속도가 더 (작은) 큰 차가 물리학적으로 더 안전하다.

5문단 큰 차가 상대적으로 덜 찌그러지지만 안전하게 운전하는 습관이 더 중요하다.

정보 확인

문제
큰 차와 작은 차 충돌할 때 물리학적으로 큰 차가 더 안전한가?

→

결론
큰 차가 물리학적으로 더 (안전하다).

↑

과학적 이유
큰 차의 (질량)이 작은 보다 크기 때문에 가속도가 더 (작다).

어휘·어법

1 추진력   2 일방적   3 연소   4 분출   5 충돌
6 속도   7 습관

해제 | 이 글은 큰 차가 작은 차에 비해 더 안전하다는 통념을 과학적으로 규명하고 있다. 이를 규명하기 위한 첫 단계는 먼저 두 차가 충돌할 때 작용–반작용의 법칙에 따라 두 차의 충격량, 운동량의 변화량이 서로 같음을 이해해야 한다. 그리고 운동량은 '질량×속도'이며, 운동량의 변화량은 '질량×속도의 변화량'이 된다. 이때 큰 차의 질량이 크므로 충돌 시 작은 차의 속도의 변화량, 즉 가속도가 더 크다는 것을 알 수 있다. 그러므로 가속도의 변화가 더 작은 큰 차가 작은 차에 비해 더 안전하다고 할 수 있지만 더욱 중요한 것은 차의 크기가 아닌 안전하게 운전하는 습관임을 강조하고 있다.

주제 | '큰 차와 작은 차가 충돌할 때 큰 차가 더 안전한가?'라는 의문에 대한 과학적 설명

출전 한국 물리 학회, 『힘과 운동 뛰어넘기』

---

1 3문단에 따르면, 운동량의 변화량은 '질량×속도의 변화량'과 같다. 그런데 크기가 다른 차가 충돌하면 운동량의 변화량은 같지만 질량에 차이가 있기 때문에 작은 차의 속도의 변화량이 더 크다. 속도의 변화량은 곧 가속도이므로 작은 차를 타고 있는 사람이 느끼는 가속도가 더 크다.

| 오답 풀이 |
① 3문단에서 운동량은 곧 질량×속도라고 하였으므로 운동량은 질량과 속도에 비례함을 알 수 있다.
② 2문단에서 자동차가 받는 충격량은 물체 운동량의 변화량과 같다고 하였다.
④ 4문단에서 일정 수준 이상의 가속도는 승객의 안전에 치명적일 수 있다고 언급하고 있다.
⑤ 2문단에서 뉴턴의 작용 – 반작용의 법칙에 따르면 두 차가 충돌할 때 받는 충격량은 같음을 알 수 있다.

2 ㉠의 전후 맥락을 살펴보면, ㉠ 이후에 큰 차가 작은 차에 비해 물리학적으로 더 안전하다는 결론에 이르고 있다. 그리고 ㉠의 정보에 가속도가 속도의 변화량이며, '안전'은 경험하는 가속도의 크기와 관련이 있다는 내용이 제시되어 있다. 그러므로 ㉠에는 가속도와 관련한 내용이 제시되어야 하며 결론의 직접적인 이유가 제시되어야 한다. 따라서 큰 차의 질량이 크기 때문에 상대적으로 속도의 변화량, 즉 가속도가 작은 차보다 작다는 내용이 제시되는 것이 적절하다.

| 오답 풀이 |
① 2문단에서 충돌한 두 차의 충격량은 뉴턴의 작용 – 반작용의 법칙에 따라 같다는 내용을 확인할 수 있다.
② 3문단에서 두 차의 운동량의 변화량은 같지만 큰 차의 질량이 더 크기 때문에 큰 차의 속도의 변화량이 작은 차보다 더 작다는 내용을 확인할 수 있다.
③ 4문단에서 큰 차와 작은 차가 충돌할 경우, 큰 차는 속도가 조금 줄어드는 반면, 작은 차는 많은 가속도를 경험하게 된다는 내용을 확인할 수 있다.
④ 〈보기〉의 '주의'를 살펴보면, 물리학적인 특성만을 고려하고 차량의 안전장치나 에어백, 프레임 등은 무시할 것을 언급하고 있다. 또한 철판의 강도와 질량의 상관관계는 알 수 없으므로 ㉠에 들어갈 내용으로 적절하지 않다.

어휘·어법

5 둘 사이에 반감이 생긴 것이므로 '서로 맞부딪치거나 맞섬.'을 뜻하는 '충돌'이 적절하다.
7 '어떤 행위를 오랫동안 되풀이하는 과정에서 저절로 익혀진 행동 방식.'을 뜻하는 '습관'이 적절하다. '관습'은 '어떤 사회에서 오랫동안 지켜 내려와 그 사회 성원들이 널리 인정하는 질서나 풍습.'을 뜻한다.

1 ⑤   2 ②   3 ③

지문 분석

문단 요약

1문단	흔히 경험해 볼 수 있는 열 순응의 (사례)

▼

2문단	열 순응의 (개념)과 사례

▼

3문단	열 순응의 (한계)와 그 이유

▼

4문단	열 (탈진) 현상의 발생 이유와 (예방)을 위한 주의 사항

중심 내용

외부 온도가 너무 높거나 낮을 때 체온을 유지하기 위해 일어나는 여러 가지 반응

정보 확인

외부 온도가 높음.	외부 온도가 낮음.
(땀을 많이 배출함.)	(몸을 떪.)
열기를 식힘.	열을 냄.
체온 하강	체온 상승

어휘·어법

1 소   2 특   3 생   4 배   5 오그라지다
6 과도하다 7 희한하다

해제 | 이 글은 우리가 흔히 경험하는 신체 현상 중의 하나인 열 순응 현상에 대해 설명하고 있다. 열 순응 현상은 우리 몸이 갖고 있는 생존 전략으로, 늘 일정한 체온을 유지하려는 신체의 원리에 따라 외부 기온에 대해 일어나는 신체의 여러 가지 반응들을 의미한다. 우리 몸의 항상성 유지를 위해 필요한 열 순응 현상도 한계가 있는데, 이 역시 우리 몸을 위험으로부터 보호하기 위한 신체의 생존 전략이라 할 수 있다. 열 순응이 잘 되지 않는 사람은 더운 날씨에는 환기를 잘 시키고 습도와 온도를 적절히 유지하면서 신체 활동을 해야 한다. 또한 적절한 수분 보충과 휴식이 필수이다. 그렇지 않으면 열 탈진 현상이 일어날 수 있기 때문이다.

주제 | 열 순응의 의미와 열 탈진의 예방

출전 | 정재승·전희주, 「정재승의 도전 무한 지식」

---

1 더운 곳에서는 몸을 떠는 것이 아니라 땀을 배출함으로써 열기를 식혀 체온을 유지한다. 몸을 떠는 것은 외부 기온이 낮을 경우에 일어나는 열 순응 현상이다.

| 오답 풀이 |

① 2문단에서 인간은 체온을 늘 일정하게 유지하려고 한다는 내용을 확인할 수 있다.
② 3문단에서 열 순응에 한계가 있는 이유는 생존을 위해서라고 하였다. 열 순응에 한계가 없다면 화상이나 동상과 같은 위험에 빠질 수도 있기 때문이다.
③ 4문단에서 열 탈진 예방을 위해 적절한 수분 보충이 필요하다는 내용을 확인할 수 있다.
④ 4문단에서 열 탈진이 일어날 때 구역질이 동반될 수 있다는 내용을 확인할 수 있다.

2 이 글에는 열 순응과 관련 있는 상반된 이론이 제시되어 있지 않다.

| 오답 풀이 |

① 2문단에서 열 순응의 개념을 제시하고 있다.
③ 3문단에서 '이왕이면 천하무적이 되는 것이 좋을 텐데 왜 그럴까?'라는 질문을 던지고 그에 대한 답을 하는 방식으로 내용을 전개하고 있다.
④ 2문단에서 더운 곳에서는 땀을 배출해서 열기를 식히고 추운 곳에서는 몸을 떨어서 열을 내는 것을 언급하며 열 순응 현상이 일어나는 원인을 구체적으로 제시하고 있다.
⑤ 1문단과 2문단에서 수영장과 열탕에서 나타날 수 있는 열 순응 사례를 언급하며 내용을 전개하고 있다.

3 '동상에 걸릴 정도로'에서 '걸리다'는 '병이 들다.'의 의미이므로 '맹장염에 걸렸다.'의 '걸리다'와 문맥적 의미가 동일하다.

| 오답 풀이 |

① '어떤 물체가 떨어지지 않고 벽이나 못 따위에 매달리다.'의 의미로 '걸다'의 피동사이다.
② '어떤 일을 하다가 도중에 들키다.'의 의미이다.
④ '해나 달이 떠 있다.'의 의미이다.
⑤ '기계 장치가 작동되다.'의 의미로 '걸다'의 피동사이다.

어휘·어법

2 '일정한 사물만이 특별히 갖추고 있음.'을 뜻하는 단어는 '특유'이다.
5 '몸이 움츠러져 작게 되다.'를 뜻하는 단어는 '오그라지다'이다.

축구공의 비밀

1 ③   2 ④

지문 분석

문단 요약

1문단	1970년 월드컵 공인구인 (텔스타)는 지금 우리가 알고 있는 축구공의 원형이 되었다.

▼

2문단	(평면)으로 된 조각들을 이어 붙여서 축구공을 만드는 최선의 방법은 최대한 (구형)에 가까운 다면체를 만들어 내부에 공기를 불어넣는 것이다.

▼

3문단	한 꼭짓점에 (정육각형) 2개와 (정오각형) 1개를 붙여서 만든 다면체가 가장 구형에 가까운 다면체가 된다.

▼

4문단	텔스타는 (12)개의 정오각형과 (20)개의 정육각형으로 이루어진 다면체로 축구공으로서는 최선의 선택이었다.

정보 확인

텔스타	
형태	정오각형 12개와 정육각형 20개로 된 32면 (다면체)
구조	각 꼭짓점마다 정육각형 2개와 정오각형 1개가 모여 있음. – 이유: 정육각형만으로는 (한 꼭짓점에 세 개만 모아 놓아도 360°가 되어 평면이 됨.)
특징	• 가장 (구형)에 가까운 다면체 • 1970년에 선보인 이래 2002년까지 월드컵 공인구의 (원형)이 됨.

어 휘 · 어 법

1 ㉠   2 ㉢   3 ㉣   4 ㉤   5 ㉡

해제 | 이 글은 축구공에 담긴 기하학적 구조와 특징을 설명하고 있다. 축구공은 평면으로 된 가죽 조각을 이어 붙여 공의 모양을 만들기 위해 최대한 구형에 가까운 다면체에 공기를 불어넣는 방식을 취한다. 여러 다면체 중 정오각형 12개와 정육각형 20개로 구성된 32면 다면체가 가장 구형에 가깝고 안정적 구조를 취하므로 축구공을 만드는 데에 최적의 형태였음을 밝히고 있다.

주제 | 축구공의 구조와 특징

출전 한국 과학 문화 재단, 「교양으로 읽는 과학의 모든 것 1」

1 　국제축구연맹에서 1963년에 공인구 제도를 도입했다는 것은 1문단에서 확인할 수 있지만 그 이유에 대한 내용은 제시되어 있지 않다.

| 오답 풀이 |

① 2문단에서 구형에 가까운 다면체일수록 여러 사람이 쉬지 않고 발로 차고 머리로 들이받아도 잘 굴러가면서 안정된 구조를 유지할 수 있음을 확인할 수 있다.

② 4문단에서 축구공을 만드는 기본 원리가 수학이며, 우리 주변에는 수학적 원리가 적용된 것들이 많이 있음을 언급하고 있다.

④ 3문단에서 정육각형은 한 꼭짓점에 세 개만 붙여도 360°가 되어 평면이 되어 버리기 때문임을 확인할 수 있다.

⑤ 2, 3문단에서 텔스타가 기하학적으로 잘 만들어졌기 때문에 그 기본 구조가 변하지 않은 것이며, 그 구조는 정육각형과 정오각형으로 이루어진 다면체로 완전한 구형에 가깝다고 한 데서 확인할 수 있다.

2 　이 글에서 축구공은 정육각형 20개와 정오각형 12개가 모여서 만들어진 구조를 취한다고 했으므로, ⓐ는 ⓑ를 이루는 구성 요소이다. 이처럼 한 단어의 지시 대상이 다른 단어의 지시 대상의 일부분인 관계를 부분 관계라고 한다. ④에 제시된 '미끄럼틀'은 '그네'의 일부분을 이루는 것이 아니므로 ⓐ : ⓑ의 관계와 같지 않다.

| 오답 풀이 |

① '팔'은 '몸'의 한 부분이다.

② '바퀴'는 '자전거'의 일부를 이루는 부분이다.

③ '분침'은 '시계'의 한 부분이다.

⑤ '흰 건반'은 검은 건반과 함께 '피아노'를 이루는 부분이다.

어 휘 · 어 법

1 논문의 기본 틀이 잡혀 가고 있다는 의미이므로 '어떤 사물이나 일에서 계획의 기본이 되는 틀이나 줄거리.'를 뜻하는 '골격'이 적절하다.

2 주사위를 이루는 면의 개수가 다양해져 선택의 폭이 넓다는 의미이므로 '평면 다각형으로 둘러싸인 입체 도형.'을 뜻하는 '다면체'가 적절하다.

3 베개에서 자연의 기운을 느낄 수 있다는 의미이므로 '사물 현상의 어떤 기운이나 느낌을 생명체에 비유하여 이르는 말.'을 뜻하는 '숨결'이 적절하다.

4 먼저 출발한 반이 늦게 도착했다는 의미이므로 '어떤 동작이나 행동이 다른 동작이나 행동보다 시간·위치상으로 약간의 간격을 두고 일어남을 나타내는 말.'을 뜻하는 '한발'이 적절하다.

5 주차는 공간 지각과 관련이 있으므로 '도형 및 공간의 성질에 대하여 연구하는 학문.'을 뜻하는 '기하학'이 적절하다.

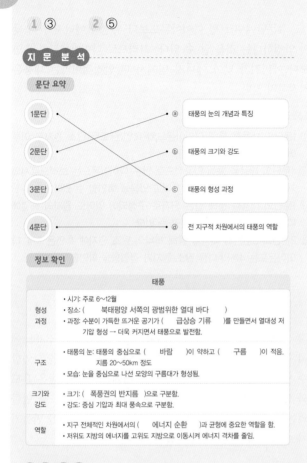

05 자연의 무법자, 태풍

1 ③   2 ⑤

지 문 분 석

문단 요약

1문단 • — • ⓐ 태풍의 눈의 개념과 특징

2문단 • — • ⓑ 태풍의 크기와 강도

3문단 • — • ⓒ 태풍의 형성 과정

4문단 • — • ⓓ 전 지구적 차원에서의 태풍의 역할

정보 확인

태풍	
형성 과정	• 시기: 주로 6~12월 • 장소: (북태평양 서쪽의 광범위한 열대 바다) • 과정: 수분이 가득한 뜨거운 공기가 (급상승 기류)를 만들면서 열대성 저기압 형성 → 더욱 커지면서 태풍으로 발전함.
구조	• 태풍의 눈: 태풍의 중심으로 (바람)이 약하고 (구름)이 적음. 지름 20~50km 정도 • 모습: 눈을 중심으로 나선 모양의 구름대가 형성됨.
크기와 강도	• 크기: (폭풍권의 반지름)으로 구분함. • 강도: 중심 기압과 최대 풍속으로 구분함.
역할	• 지구 전체적인 차원에서의 (에너지 순환)과 균형에 중요한 역할을 함. • 저위도 지방의 에너지를 고위도 지방으로 이동시켜 에너지 격차를 줄임.

어 휘 · 어 법

1 방출   2 기류   3 장관   4 위력   5 초토화

6 턱없이

해제 | 이 글은 태풍의 형성 과정을 비롯한 주요 특성과 태풍이 전 지구적 차원에서 에너지의 순환에 기여한다는 점을 설명하고 있다. 태풍은 6월부터 12월 사이에 북태평양의 서쪽 열대 바다에서 발생한 열대성 저기압이 성장하면서 발달한 것을 말한다. 태풍의 중심부인 태풍의 눈은 다른 부분보다 바람도 약하고 구름도 없이 맑게 개어 있다. 태풍의 크기와 강도는 폭풍권의 반지름과 중심 기압, 최대 풍속 등으로 결정되며, 태풍은 대부분의 에너지를 이동하는 데 쓰고 지표면에 영향을 미치는 것은 극히 일부에 불과하다. 그런 점에서 태풍은 저위도 지방의 과잉 축적된 에너지를 고위도 지방으로 옮겨 주는 역할을 함으로써 전 지구적 차원에서 에너지의 균형을 이루도록 도와주는 역할을 함을 밝히고 있다.

주제 | 태풍의 형성 과정과 역할

출전 한국 과학 문화 재단, 「교양으로 읽는 과학의 모든 것 2」

1 　1문단에서 수분이 가득한 뜨거운 공기가 급상승 기류를 만들면서 열대성 저기압이 되고, 공기가 더욱 상승하여 구름을 만들면 방출된 열이 상승 기류를 더욱 빠르게 밀어 올리면서 태풍이 만들어진다고 했으므로, 열대성 저기압이 발달한 것이 태풍임을 알 수 있다.

| 오답 풀이 |

① 1문단에서 태풍은 북태평양 서쪽의 광범위한 열대 바다에서 만들어진다고 했으므로 일부 열대 해역에서 발생한다고 한 설명은 적절하지 않다.

② 1문단에서 태풍은 지구 자전의 영향을 받아 시계 반대 방향으로 회전한다고 했음을 확인할 수 있다.

④ 3문단에서 태풍의 크기는 25m/s 이상의 풍속을 보이는 폭풍권의 반지름으로 구분되고, 중심 기압과 최대 풍속으로 태풍의 강도가 구분된다고 하였다.

⑤ 2문단에서 태풍의 중심에는 바람이 약하고 구름이 적은 구역이 존재하는데 그곳이 태풍의 눈이라고 하였다.

2 　지구 전체적인 차원에서 태풍의 역할은 저위도에서 고위도로, 열대 지방에서 극지방으로의 에너지 이동에 있다. 선진국과 개발 도상국 간의 에너지 불균형을 태풍을 이용해서 해결할 수 있는지에 대해서는 언급하고 있지 않다.

| 오답 풀이 |

① 태풍은 저위도(열대 지방)와 고위도(극지방)의 에너지 차이를 줄여 주는 역할을 한다고 하였다.

② 지구는 열대 지방에 과잉 축적된 에너지를 분산시켜야 하는데 이를 위해 태풍이 필요하다고 하였다.

③ 열대 지방에서 엄청난 에너지를 축적한 태풍은 고위도 지방으로 이동하고 소멸되면서 에너지를 내놓는다고 하였고, 에너지의 거의 대부분은 이동하는 데 쓴다고도 하였다.

④ 저위도의 과잉 축적된 에너지는 태풍의 이동과 소멸을 통해 분산되어 저위도와 고위도의 에너지 차가 줄어든다고 하였으므로 태풍은 에너지의 균형을 맞춰 주는 역할을 한다고 볼 수 있다.

어 휘 · 어 법

4 대자연의 위대한 힘과 마주할 때 인간이 나약하다는 것을 알게 된다는 의미이므로 '상대를 압도할 만큼 강력함. 또는 그런 힘.'을 뜻하는 '위력'이 적절하다.

5 '불에 탄 것처럼 황폐해지고 못 쓰게 됨.'을 뜻하는 '초토화'가 적절하다.

6 점원이 적정 수준 이상으로 값을 올렸다는 의미이므로 '수준이나 분수에 맞지 아니하게.'를 뜻하는 '턱없이'가 적절하다.

06 탄소와 다이아몬드

1 ④   **2** ④

지문 분석

문단 요약

1문단 같은 (원자)로 이루어진 물질이라도 원자의 배열에 따라 물질의 성질이 달라질 수 있다.

▼

2문단 다이아몬드의 탄소 원자 결합은 치밀한 (그물) 구조로 매우 단단하여 잘 끊어지지 않는다.

▼

3문단 흑연의 탄소 원자 결합은 얇은 (판) 모양의 구조로 판 사이의 결합이 쉽게 깨진다.

▼

4문단 (흑연)을 다이아몬드로 바꾸는 과정에는 큰 에너지가 필요하고, 이렇게 만든 인공 다이아몬드는 보석으로서의 가치가 떨어져 산업 용도로 쓰인다.

정보 확인

흑연	다이아몬드
• 하나의 탄소 원자가 (3개)의 탄소 원자와 결합함. • 얇은 (판) 모양의 구조로 판 사이의 결합이 약함.	• 하나의 탄소 원자가 (4개)의 탄소 원자와 결합함. • 치밀한 (그물) 구조로 단단함.

• (라부아지에)가 다이아몬드와 흑연의 연관성을 발견함.
• 흑연을 다이아몬드로 바꾸는 과정에 큰 (에너지)가 필요함.
• 인공 다이아몬드는 (산업 용도)로 제한적으로 쓰임.

어휘·어법

1 배열   **2** 추상적   **3** 구성   **4** 가열   **5** 실행

6 진공   **7** 제한적

해제 | 이 글은 같은 탄소 원자로 이루어진 흑연과 다이아몬드에 대해서 설명하고 있다. 다이아몬드는 하나의 탄소 원자가 다른 4개의 탄소 원자와 결합하여 치밀한 그물 구조를 이루고 있어 단단하고, 흑연은 탄소 원자가 다른 3개의 탄소 원자와 결합하여 얇은 판 모양의 결합 구조를 이루고 있어 쉽게 깨지는 특성이 있다. 다이아몬드가 흑연과 관계가 있다는 사실은 라부아지에에 의해 밝혀졌고, 이후 많은 사람이 인공적인 방법으로 흑연을 다이아몬드로 만들려 하였으나 쉽게 이루어 내지 못하였다. 1953년 흑연을 다이아몬드로 만드는 데 성공하기 시작했으나 인공 다이아몬드는 보석으로서의 가치가 떨어져 산업 용도로 제한적으로 쓰이고 있음을 밝히고 있다.

주제 | 다이아몬드와 흑연의 공통점과 차이점

출전 마크 미오도닉, 「사소한 것들의 과학」

---

1 4문단에 따르면 다이아몬드보다 흑연의 에너지가 더 낮아 안정하다는 것을 알 수 있다. 그러므로 다이아몬드가 흑연보다 에너지가 낮아 에너지 면에서 더 안정적이라는 내용은 적절하지 않다.

| 오답 풀이 |

① 1문단의 내용을 통해 다이아몬드와 흑연은 모두 탄소 원자로 이루어져 있음을 확인할 수 있다.
② 4문단의 내용을 통해 인공적으로 만든 다이아몬드는 보석으로서의 가치가 떨어져 산업용으로 쓰이고 있음을 확인할 수 있다.
③ 1문단의 내용을 통해 같은 원자로 구성되어 있어도 원자의 배열에 따라 성질이 달라짐을 확인할 수 있다.
⑤ 2문단과 3문단의 내용을 통해 하나의 탄소 원자에 흑연은 3개, 다이아몬드는 4개의 다른 탄소 원자가 결합함을 확인할 수 있다.

2 〈보기〉를 보면 천연 다이아몬드는 지하 160~320㎞에서 높은 온도와 압력 조건에서 만들어진다는 사실을 확인할 수 있다. 즉, 다이아몬드를 만드는 데에는 극도로 높은 온도와 압력이 필요하다. 따라서 인공적으로 다이아몬드를 만들려는 시도가 쉽게 실현되지 못한 것은 이러한 환경을 만들기가 어렵기 때문이라고 추론할 수 있다.

| 오답 풀이 |

① 2문단과 3문단을 통해 다이아몬드가 흑연에 비해 탄소 원자끼리의 결합이 강함을 확인할 수 있다.
②, ③ 〈보기〉에서 다이아몬드를 만드는 데에는 높은 온도와 압력이 필요하다고 설명하고 있다. 따라서 흑연을 다이아몬드로 만들기 위해서는 높은 온도와 압력이 필요한데, 그 조건을 만들어 주기가 어려운 것이지 오랜 시간을 기다려야 하거나, 많은 양의 흑연이 필요하기 때문은 아니다.
⑤ 다이아몬드와 같은 개수의 탄소 원자를 결합시키는 것이 불가능하다면 인공 다이아몬드를 만들지 못했을 것이다. 이 글의 설명처럼 어려운 일이기 때문에 오랜 시간 동안 시도한 끝에 성공한 것이지 불가능한 일이라고 할 수는 없다.

어휘·어법

6 '가열'은 '어떤 물질에 열을 가함.'을 뜻하고, '진공'은 '물질이 전혀 존재하지 아니하는 공간.'을 뜻한다.

7 '제한적'은 '일정한 한도를 정하거나 그 한도를 넘지 못하게 막는 것.'을 뜻하고, '제도적'은 '사회생활에 필요한 일정한 방식이나 기준 따위를 법률이나 제도로 규정하는 것.'을 뜻한다.

1 ② 　 2 ⑤

지 문 분 석

문단 요약

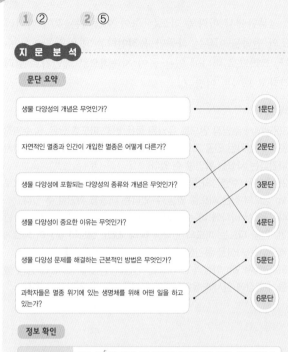

생물 다양성의 개념은 무엇인가?	1문단
자연적인 멸종과 인간이 개입해 멸종은 어떻게 다른가?	2문단
생물 다양성에 포함되는 다양성의 종류와 개념은 무엇인가?	3문단
생물 다양성이 중요한 이유는 무엇인가?	4문단
생물 다양성 문제를 해결하는 근본적인 방법은 무엇인가?	5문단
과학자들은 멸종 위기에 있는 생명체를 위해 어떤 일을 하고 있는가?	6문단

정보 확인

생물 다양성의 개념	육상·해상 및 그밖의 수중 생태계와 이들이 부분을 이루는 복합 생태계 등 모든 분야의 생물체 간 (변이성)을 말하며, 이는 종 간 다양성, 생태계 다양성, 종 내 유전자 다양성을 포함함.
	생물 종 다양성 하나의 생태계 안에 사는 식물, 동물, 미생물 등 (종류)의 다양성
	생태계 다양성 산, 바다, 강, 사막, 늪지 등 생태계의 다양성
	유전자 다양성 같은 종류의 생물 간의 (유전자) 다양성
생물 다양성 문제를 해결하는 방법	• 멸종에 대비하여 멸종 위기에 놓인 식물의 (씨앗)과 동물의 유전자 (표본)을 (국제 종자 저장고)에 보관함. → 생태계 문제, 윤리적 문제, 기술적 문제 등 한계가 있음. • 근본적으로는 생물이 멸종되지 않도록 노력해야 함.

어 휘 · 어 법

1 암반　 2 고역　 3 품종　 4 변이　 5 금세기

6 단조롭다　 7 음울하다　 8 표본

해제 | 이 글은 생물 다양성의 개념을 설명하고 이를 지키기 위한 노력에 대해 설명하고 있다. 생물 다양성은 생물 종 다양성, 생태계 다양성, 유전자 다양성을 모두 아우르는 개념이다. 그런데 인간이 빠른 속도로 생물을 멸종시키고 있어 생물 다양성 문제가 심각해지고 있다. 과학자들은 생물 멸종에 대비해 식물의 씨앗과 동물의 유전자를 저장함으로써 멸종 생물을 복원할 준비를 하고 있다. 하지만 생물 복원은 기술적, 윤리적 문제가 있을 수 있으므로, 생물 다양성 문제를 근본적으로 해결하기 위해서는 생물이 멸종되지 않도록 노력하는 것이 우선임을 당부하고 있다.

주제 | 생물 다양성의 개념 및 생물 다양성을 지키기 위한 노력

출전 소이언, 『과학을 달리는 십 대 ― 환경과 생태』

1 1문단에서 생물 다양성은 생물 종 다양성, 생태계 다양성, 유전자 다양성을 총칭하는 말이라고 했으므로 생물 다양성은 생물 종, 생태계, 유전자 등 다양한 측면을 포함한다고 말할 수 있다.

| 오답 풀이 |

① 4문단에서 생물학자인 에드워드 윌슨은 인간이 자연적인 멸종 속도보다 적어도 100배는 빠르게 생명체들을 멸종시키고 있다고 말하였음을 확인할 수 있다.

③ 5문단에서 씨앗을 보관하는 식물과 달리 동물은 세포 하나만 있어도 충분하기 때문에 씨앗보다 작은 케이스에 보관할 수 있음을 확인할 수 있다.

④ 1문단에서 생물 다양성 협약에서 말하는 생물 다양성은 육상·해상 및 그밖의 수중 생태계와 이들이 부분을 이루는 복합 생태계 등 모든 분야의 생물체 간 변이성을 말하는 것임을 확인할 수 있다.

⑤ 6문단에서 생물 다양성 문제를 해결하는 근본적인 방법은 생물이 멸종되지 않도록 노력하는 것임을 언급하고 있다.

2 6문단에서는 멸종 생물 복원의 문제점으로 복원된 생물이 생태계에 어떤 영향을 줄지 모른다는 것과 윤리적인 문제가 제기될 수 있다는 것, 생명 공학 기술이 부족하다는 것을 언급하고 있다. 〈보기〉의 내용으로 볼 때 매머드 복원을 회의적인 태도로 보는 이유는 생명 공학 기술의 문제라기보다는 실험실에서 생명을 만드는 것, 다른 생명체를 희생시킨다는 것과 같은 윤리적인 문제가 제기될 수 있기 때문이라고 볼 수 있다.

| 오답 풀이 |

① 6문단에서 동물 복원의 경우 윤리적인 문제가 제기될 수 있다고 하였다. 따라서 자연 번식이 아닌 실험실에서 멸종된 매머드를 복원하는 것은 윤리적 측면에서 비판받을 수 있다고 생각할 수 있다.

② 5문단에서 식물과 달리 동물은 유전자 표본을 수집해 냉동고에 저장한다고 하였다. 따라서 오래전 죽은 매머드의 유전자가 보존된 것은 시베리아 지역의 땅이 냉동고의 역할을 했기 때문이라고 생각할 수 있다.

③ 6문단에서 멸종된 생물을 복원할 경우 생태계에 어떤 영향을 줄지 알 수 없다고 하였다. 따라서 복원된 매머드 수가 많아지면 생태계에 영향을 주어 매머드의 먹이가 되는 생물의 개체 수가 줄어들 수 있다고 생각할 수 있다.

④ 5문단에서 과학자들은 생물이 멸종될 것에 대비하여 멸종 위기에 있는 생명체들을 위한 공간을 마련했다고 하였다. 따라서 매머드 복원에 찬성하는 사람들은 동물의 유전자 표본을 보관하는 것을 중요한 일이라고 여길 것이라고 생각할 수 있다.

01 바다에 가지 않고 파도를 즐긴다?

기출

102~105쪽

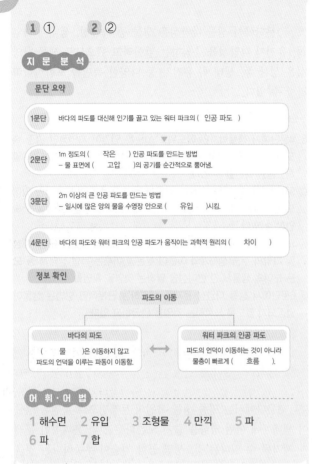

1 ① **2** ②

지문 분석

문단 요약

1문단 바다의 파도를 대신해 인기를 끌고 있는 워터 파크의 (인공 파도)

▼

2문단 1m 정도의 (작은) 인공 파도를 만드는 방법
– 물 표면에 (고압)의 공기를 순간적으로 뿜어냄.

▼

3문단 2m 이상의 큰 인공 파도를 만드는 방법
– 일시에 많은 양의 물을 수영장 안으로 (유입)시킴.

▼

4문단 바다의 파도와 워터 파크의 인공 파도가 움직이는 과학적 원리의 (차이)

정보 확인

파도의 이동

바다의 파도		워터 파크의 인공 파도
(물)은 이동하지 않고 파도의 언덕을 이루는 파동이 이동함.	↔	파도의 언덕이 이동하는 것이 아니라 물층이 빠르게 (흐름).

어휘 · 어법

1 해수면 **2** 유입 **3** 조형물 **4** 만끽 **5** 파

6 파 **7** 합

해제 | 이 글은 워터 파크에서 인공 파도를 발생시키는 원리를 설명하고 있다. 인공 파도를 만드는 방법은 크게 두 가지로 나누어 볼 수 있는데, 1m 정도의 작은 파도를 만들기 위해서는 바다의 파도가 생성되는 원리와 같이 고압의 공기를 물의 표면에 뿜어내는 방법을 사용한다. 그리고 2m 이상의 큰 파도를 만들기 위해서는 많은 양의 물을 물통에 가두어 두었다가 이를 일시에 수영장 안으로 유입시키는 방법을 사용한다. 한편 바다의 파도는 파동만 움직일 뿐 물이 밀려오는 것은 아니지만 인공 파도는 표면에 물층이 빠르게 흘러 물이 흐른다는 점에서 바다의 파도와는 차이가 있음을 알려 주고 있다.

주제 | 워터 파크의 인공 파도를 생성하는 방법

출전 한국 물리 학회, 『빛과 파동 흔들기』

1 4문단에서 바다의 파도는 물이 이동하는 것이 아니라 파도의 언덕을 이루는 파동만 움직인다는 내용을 확인할 수 있다. 그러므로 바다에 있는 물이 지속적으로 해안가로 밀려나간다고 보기는 어렵다.

|오답 풀이|

② 3문단에서 수영장 안으로 유입된 물은 인공 파도를 만든 후 수영장 곳곳에 설치된 인공 조형물이나 가장자리에 있는 배수 시설로 빠져나간다는 사실을 확인할 수 있다.

③ 2문단에서 수영장의 물 표면에 고압의 공기를 뿜어내는 방법으로 1m 정도의 작은 파도를 만들 수 있다는 내용을 확인할 수 있다.

④ 4문단에서 바다에 이는 파도는 파도의 언덕만 상하로 움직이는 반면, 인공 파도는 파도의 언덕을 따라 10cm 정도의 물층이 빠르게 흐른다는 사실을 확인할 수 있다.

⑤ 3문단에서 2m 이상의 큰 파도를 생성하기 위해서는 많은 양의 물을 수영장에 일시에 유입시켜야 한다는 내용을 확인할 수 있다.

2 1문단에서 워터 파크에서 인공 파도를 어떻게 만들 수 있을지 의문을 제기한 다음, 2문단과 3문단에서 인공 파도를 만드는 방법에 대해 설명하고 있음을 확인할 수 있다.

|오답 풀이|

① 이 글은 파도와 인공 파도가 만들어지는 원리에 대해 설명하고 있을 뿐, 파도가 발생하는 원인을 다양하게 나열하고 있는 것은 아니다.

③ 이 글은 인공 파도를 만드는 방법에 대해 설명하고 있을 뿐, 인공 파도의 구성 요소를 분석하고 그 기능을 밝히고 있지는 않다.

④ 이 글에서는 시간의 경과에 따라 변화하는 대상이나 그 과정이 제시되어 있지 않다.

⑤ 이 글에서는 인공 파도를 만드는 방법 두 가지가 설명되어 있을 뿐, 그 구체적인 종류를 밝힌 후 각각의 장단점을 비교한 부분은 찾아볼 수 없다.

어휘 · 어법

5 '소금기'의 형태소는 '소금 + −기'로 분석할 수 있다. '소금'은 명사이고 '−기'는 접미사이므로 '소금기'는 파생어이다.

6 '화장기'의 형태소는 '화장 + −기'로 분석할 수 있다. '화장'은 명사이고 '−기'는 접미사이므로 '화장기'는 파생어이다.

7 '핏기'의 형태소는 '피 + 기(氣)'로 분석할 수 있다. 사이시옷은 합성어에서 나타나므로, '피'와 '기' 모두 명사이며 '핏기'는 합성어이다.

24 · 중학 국어 비문학 독해 1

비행기 블랙박스

1 ④   **2** ②   **3** ⑤

지 문 분 석

문단 요약

1문단	비행기 블랙박스의 (개념)과 기능

▼

2문단	비행기 블랙박스의 (구성) 요소와 특성

▼

3문단	(조종실) 음성 기록 장치[CVR]의 기능과 기록 방식

▼

4문단	(비행 정보) 기록 장치[FDR]의 기능과 기록 방식

▼

5문단	CVR과 FDR의 작동 방식과 비행기 블랙박스의 (역할)

정보 확인

1) 비행기 블랙박스는 주황색을 띠고 있으며 전파 발신 장치가 장착되어 있다. ─ (○)
2) 비행기 블랙박스는 고온과 고압의 환경에 견딜 수 있도록 제작된다. ─────── (○)
3) 비행기 블랙박스의 CVR은 비행기 머리 부분에, FDR은 꼬리 부분에 장착된다. (×)

글의 구조

	(CVR)	FDR
기록 내용	항공 교통 관제 센터와의 대화, 조종석 내의 대화, 안내 방송, 승무원과의 연락, 정비사와의 대화 등	비행기 속도, 고도, 자세, 방위, 엔진 운용 상태, 통신 장비 상태, 조종 장치 등
기록 시간	(30분)	(25시간)
저장 매체	과거: 자기 테이프 / 현재: (반도체) 메모리	
기록 방식	(엔진) 작동 시 기록 시작, 착륙 후 엔진 정지 5분 후에 기록이 중지됨.	

어 휘 · 어 법

1 조종   2 규명   3 관제   4 형광   5 내구성
6 회수

해제 | 이 글은 비행기 사고의 원인을 규명하는 데 중요한 역할을 하는 비행기 블랙박스의 기능과 구성 요소에 대해 설명하고 있다. 비행기 블랙박스는 사고 상황에서 쉽게 회수할 수 있도록 형광 물질을 입힌 주황색을 띠고 있으며 전파 발신 장치를 장착하고 있다. 또 블랙박스는 조종실 음성 기록 장치[CVR]와 비행 정보 기록 장치[FDR]로 구성되어 있으며 각각 조종실 내의 음성과 비행기의 비행 상황과 관련한 다양한 정보를 기록한다. 이러한 블랙박스는 비행기 사고의 원인 규명과 유사 사고를 미연에 방지하는 중요한 역할을 하고 있음을 밝히고 있다.

주제 | 비행기 블랙박스의 기능과 구성 요소

출전 나카무라 간지, 「비행기 조종 교과서」

1   이 글에서는 비행기 블랙박스가 CVR과 FDR로 구성되어 있음을 제시한 후, 조종석 내의 대화를 녹음하는 CVR과 비행 상황을 기록하는 FDR 각각의 기능과 기록 방식에 대해 구체적으로 설명하고 있다.

| 오답 풀이 |

① 비행기 블랙박스가 발전해 온 과정은 제시되어 있지 않다.
② 비행기 블랙박스의 구성 요소가 제시되어 있을 뿐 비행기 블랙박스의 다양한 종류가 제시되어 있지는 않다.
③ 비행기 블랙박스의 기능을 설명하고 있을 뿐 대상의 활용 분야를 나열하고 있지는 않다.
⑤ 비행기 블랙박스와 관련한 구체적 사례가 제시되어 있지 않다.

2   4문단에 따르면 ⓑ도 ⓐ와 마찬가지로 비행기 사고나 이상의 원인을 보다 정확하게 파악하기 위해 비행기와 관련한 19가지 정보를 디지털 방식으로 저장한다고 하였다. 따라서 ⓐ는 ⓑ와 달리 비행 정보가 디지털 방식으로 저장된다는 내용은 적절하지 않다.

| 오답 풀이 |

① 3문단에서 ⓐ는 조종석 내의 대화를 녹음하는 장치라고 했다. 4문단에서 ⓑ는 비행 상황을 기록하는 장치라고 했다.
③ 3문단에서 ⓐ의 녹음 시간은 30분이라고 했고, 4문단에서 ⓑ의 기록 시간은 25시간이라고 했다.
④ 5문단에서 ⓐ, ⓑ는 모두 엔진 작동 후 기록이 자동으로 시작되며, 착륙 후 엔진이 멈추면 5분 후에 자동으로 기록이 중지된다는 사실을 확인할 수 있다.
⑤ 2문단에서 ⓐ, ⓑ는 사고 시 가장 손상이 적은 비행기 꼬리 부분에 장착하며, ⓐ와 ⓑ가 모두 손상되거나 실종되는 것을 막기 위해 장착하는 위치는 다르다는 것을 확인할 수 있다.

3   ㉤ '미연(未然)'은 '어떤 일이 아직 그렇게 되지 않은 때.'라는 의미를 지닌 말이다. '속속들이 꿰뚫어 미치어 밑바닥까지 빈틈이나 부족함이 없음.'이라는 의미를 지닌 말은 '철저(徹底)'이다.

어 휘 · 어 법

5 '내구성'은 '물질이 원래의 상태에서 변질되거나 변형됨이 없이 오래 견디는 성질.'을 뜻한다.
6 '회수'는 '도로 거두어들임.'을 뜻한다.

1 ④   2 ③

지문 분석

문단 요약

1문단	(미세 먼지)와 공기 청정기	• 미세 먼지: 지름에 따라 미세 먼지와 (초미세 먼지)로 나뉨. • 미세 먼지의 폐해가 심해짐에 따라 (공기 청정기)의 수요가 늘고 있음.
2문단	필터식 공기 청정기	• (팬)을 이용해 공기를 흡입한 후 (필터)로 공기를 정화하여 배출하는 방식 • 장점: 오염물을 흡착하는 능력이 뛰어남. • 단점: 주기적으로 필터를 (교체)해야 함.
3문단	이온식 공기 청정기	• (음이온)이 공기 중의 오염 물질과 결합해 오염 물질을 제거하는 방식 • 장점: 부피가 작고, 소비 전력이 낮으며 조용함. • 단점: 정화 시간이 (길고), 넓은 공간에서는 효과가 떨어짐.
4문단	다양한 공기 청정 기술의 개발	• 미세 먼지의 재앙이 커질수록 다양한 공기 청정 기술을 활용한 공기 청정기의 개발 노력이 지속적으로 이루어지고 있음.

정보 확인

1) 우리나라의 미세 먼지는 장소나 시기에 관계없이 국외 유입이 절반을 넘는다. ─ (×)
2) 필터식 공기 청정기는 주기적으로 필터를 교체해 주어야 한다. ─────── (○)
3) 헤파(HEPA) 필터는 냄새를 흡착하여 제거한다. ─────────────── (×)
4) 이온식 공기 청정 방식은 좁은 공간에서 효율적이다. ─────────── (○)
5) 공기 청정기의 원리 중에서 가장 보편적인 방식은 워터 필터식이다. ──── (×)

어 휘 · 어 법

1 정화   2 제거   3 방전   4 청정   5 조합
6 출시   7 분해

해제 | 이 글은 공기 청정기에 사용되는 다양한 공기 청정 방식을 설명하고 있다. 최근 미세 먼지의 농도가 높아지고 그 폐해가 심각해지면서 공기 청정기의 수요가 급증하고 있다. 공기 청정기에 사용하는 다양한 공기 청정 방식 중 가장 일반적인 방식은 필터식이다. 이는 팬을 이용해 흡입한 공기를 필터를 거쳐 정화시키는 방식으로, 필터를 주기적으로 교체해야 한다는 단점이 있지만 효율이 뛰어나다. 이온식은 음이온을 방출해 오염 물질을 제거하는 방식인데, 정화되는 시간이 다소 걸리고, 방이 넓을수록 효과가 떨어진다. 그렇지만 부피가 작고 소비 전력이 낮으며 조용하다는 장점이 있다. 그 외에도 다양한 방식들이 개발되어 공기 청정기로 출시되고 있으며, 미세 먼지의 재앙이 커질수록 다양한 공기 청정 방식을 바탕으로 더 뛰어난 공기 청정기가 개발하려는 노력이 지속되고 있음을 알려 주고 있다.

주제 | 미세 먼지와 공기 청정 기술

1 이 글은 늘어난 미세 먼지로 인한 공기 청정기의 수요 증가와 다양한 공기 청정 방식을 활용한 공기 청정기의 원리를 설명하는 글이다. 글의 표제와 부제에는 미세 먼지, 공기 청정기의 원리와 같은 핵심어가 포함되어야 한다. 따라서 '미세 먼지의 극복 – 공기 청정기의 다양한 원리'가 적절하다.

| 오답 풀이 |

①, ② 표제와 부제에서 공기 청정 방식과 관련한 핵심어를 포함하지 않았고, 미세 먼지에 대한 내용만을 다루고 있어 글 전체 내용을 포괄하지 못하고 있다.
③ 이 글에는 오존에 대한 언급이 없고, 공기 청정기 개발의 역사에 대한 내용도 확인할 수 없으므로 표제와 부제로 오존이나 공기 청정기 개발의 역사 등의 내용은 적절하지 않다.
⑤ 이 글은 필터식 공기 청정기뿐만 아니라 이온식 공기 청정기 등 다양한 방식의 공기 청정기에 대해서도 언급하고 있으므로 부제가 글 전체를 포괄하지 못하고 있다.

2 냄새를 없애는 기능을 하는 것은 프리 필터인 ⓑ가 아니라 활성탄 필터인 ⓒ이다.

| 오답 풀이 |

① 공기 청정기의 팬(ⓐ)이 공기를 흡입함을 2문단에서 알 수 있다.
②, ④ 공기 청정기는 프리 필터(ⓑ)에서 굵은 먼지를 거르고 헤파 필터(ⓓ)에서 미세 먼지를 여과하며, 활성탄 필터(ⓒ)에서는 냄새를 제거함을 2문단에서 알 수 있다. 따라서 프리 필터와 활성탄을 지난 공기에는 미세 먼지가 남아 있지만, 헤파 필터를 지나면 미세 먼지까지 걸러진다.
⑤ 2문단에서 필터식 공기 청정기는 오염물을 흡착하는 능력이 뛰어나다고 하였다. 한편 3문단에서 이온식 공기 청정기는 팬이 없어서 다소 시간이 걸리고 방이 넓으면 효과가 떨어진다고 하였다. 이러한 특성으로 미루어 볼 때, 〈보기〉의 필터식 공기 청정기는 이온식에 비해 공기 정화 효율이 우수하다고 볼 수 있다.

어 휘 · 어 법

1 공장에서 쓴 폐수는 오염 물질을 걸러내고 버려야 하므로 '불순하거나 더러운 것을 깨끗하게 함.'을 뜻하는 '정화'가 적절하다. '집진'은 '먼지나 쓰레기 등을 한곳에 모으는 일.'을 의미한다.
2 대회 진행에 있어 방해가 되는 장애물이 없어졌다는 것이므로 '없애 버림.'을 뜻하는 '제거'가 적절하다. '삭제'는 '깎아 없애거나 지워 버림.'을 의미한다.
3 배터리의 전기가 밖으로 흘러나와 차가 멈춘 것이므로 '전지나 축전기 또는 전기를 띤 물체에서 전기가 외부로 흘러나오는 현상.'을 뜻하는 '방전'이 적절하다. '충전'은 '축전지나 축전기에 전기 에너지를 축적하는 일.'을 의미한다.

04 생명을 지키는 순간의 기술

1 ⑤　　**2** ③　　**3** ③

지문 분석

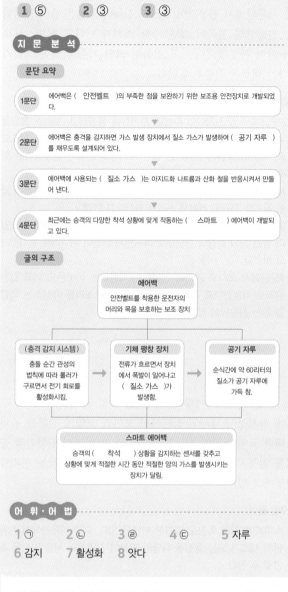

문단 요약

1문단 | 에어백은 (안전벨트)의 부족한 점을 보완하기 위한 보조용 안전장치로 개발되었다.

2문단 | 에어백은 충격을 감지하면 가스 발생 장치에서 질소 가스가 발생하여 (공기 자루)를 채우도록 설계되어 있다.

3문단 | 에어백에 사용되는 (질소 가스)는 아지드화 나트륨과 산화 철을 반응시켜서 만들어 낸다.

4문단 | 최근에는 승객의 다양한 착석 상황에 맞게 작동하는 (스마트) 에어백이 개발되고 있다.

글의 구조

에어백
안전벨트를 착용한 운전자의 머리와 목을 보호하는 보조 장치

(충격 감지 시스템)
충돌 순간 관성의 법칙에 따라 롤러가 구르면서 전기 회로를 활성화시킴.

→

기체 팽창 장치
전류가 흐르면서 장치에서 폭발이 일어나고 (질소 가스)가 발생함.

→

공기 자루
순식간에 약 60리터의 질소가 공기 자루에 가득 참.

스마트 에어백
승객의 (착석) 상황을 감지하는 센서를 갖추고 상황에 맞게 적절한 시간 동안 적절한 양의 가스를 발생시키는 장치가 달림.

어휘·어법

1 ㉠　2 ㉡　3 ㉣　4 ㉢　5 자루
6 감지　7 활성화　8 앗다

해제 | 이 글은 에어백의 개발 배경과 구성 요소 및 작동 원리, 그리고 지금 개발되고 있는 스마트 에어백에 대해 설명하고 있다. 에어백은 안전벨트의 부족한 점을 보완하기 위한 보조적 안전장치로, 충격 감지 시스템, 기체 팽창 장치, 공기 자루로 구성된다. 자동차 충돌 시 감지 센서의 롤러가 굴러가면서 전기 회로를 작동시키고 이어 강력한 화학 반응으로 질소 가스가 발생하게 된다. 이 가스가 순식간에 공기 자루를 충전하는 방식으로 에어백이 작동하는 것이다. 하지만 승객의 상태를 고려하지 않고 무작정 작동한 에어백으로 인해 도리어 상해를 입는 일이 발생할 수 있어 스마트 에어백이 개발되고 있음을 알려 주고 있다.

주제 | 에어백의 개발 배경과 작동 원리

출전 서울 과학 교사 모임, 『시크릿 스페이스』

---

1 4문단에서 에어백이 승객의 상태와 관계없이 무조건 작동한다면 도리어 승객의 목숨을 앗아 가거나 다치게 할 수 있어 최근에는 적절한 시간 동안 적절한 양의 가스를 발생시킬 수 있는 스마트 에어백이 개발되고 있다고 하였다. 따라서 사고 시 에어백 안에 가스가 무조건 빠른 시간에 많이 주입된다고 해서 더 안전하다고 할 수는 없다.

| 오답 풀이 |

① 1문단에서 안전벨트를 하고 있어도 핸들이나 계기판 등에 부딪혀 머리나 목을 다치는 경우가 있었다는 내용을 확인할 수 있다.
② 1문단에서 에어백은 안전벨트를 착용한 상태에서 승객을 가장 효과적으로 보호할 수 있다는 의미로 안전벨트 보조용 구속 장치로 불렸다고 하였다.
③ 2문단에서 자동차가 일정 속도 이상으로 달리다가 충돌 시 장치가 작동한다고 하였으므로, 그 이하 속도에서는 작동하지 않음을 추론할 수 있다.
④ 4문단에서 에어백이 승객의 상태와 관계없이 일정한 충돌 상황에서 무조건 작동할 경우 승객이 위험해지는 문제가 생길 수 있다고 하였다. 이러한 문제를 해결하기 위해 스마트 에어백이 개발되고 있다고 하였으므로 스마트 에어백은 상황에 따라 적절히 작동함을 알 수 있다.

2 아지드화 나트륨은 산화 철과 섞이면 격렬히 반응한다고 하였으므로 ⓑ가 ⓐ의 화학 반응을 억제해 준다고 볼 수 없다.

| 오답 풀이 |

①, ② 3문단에서 아지드화 나트륨(ⓐ)은 350℃에서도 불이 붙지 않으며, 안정적이어서 차내에 저장해 두기에 적합하다고 하였다.
④ 3문단에서 에어백을 부풀리는 것은 아지드화 나트륨(ⓐ)과 산화 철(ⓑ)이 섞여 반응하면서 생성한 질소라고 하였다. 따라서 에어백이 터지지 않았다면 ⓐ와 ⓑ는 분리되어 있다고 짐작할 수 있다.
⑤ 질소 가스(ⓒ)는 순식간에 에어백에 주입되면서 공기 자루를 채우므로 충전재의 역할을 한다.

3 '적합(適合)하다'는 '일이나 조건 따위에 꼭 알맞다.'라는 뜻으로, '이곳의 기후는 벼농사에 적합하다.'와 같이 쓴다.

| 오답 풀이 |

① '화합(和合)하다'의 의미로, '이웃과 화합하다.', '가족끼리 화합하다.'와 같이 쓴다.
② '상응(相應)하다'의 의미로, '능력에 상응하는 보수'와 같이 쓴다.
④ '정당(正當)하다'의 의미로, '정당한 권리', '정당한 대우를 요구하다.'와 같이 쓴다.
⑤ '규명(糾明)하다'의 의미로, '사고 원인을 규명하다.'와 같이 쓴다.

진동이 만들어 내는 소리, 스피커

118~121쪽

1 ④   **2** ①

문단 요약

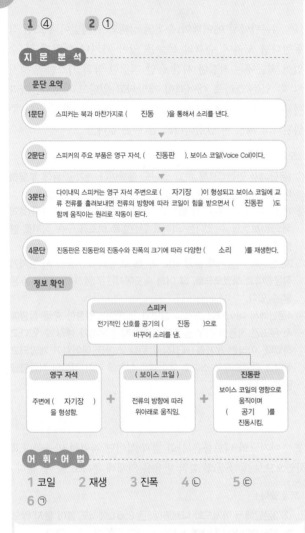

1문단 | 스피커는 북과 마찬가지로 (진동)을 통해서 소리를 낸다.

2문단 | 스피커의 주요 부품은 영구 자석, (진동판), 보이스 코일(Voice Coil)이다.

3문단 | 다이내믹 스피커는 영구 자석 주변으로 (자기장)이 형성되고 보이스 코일에 교류 전류를 흘려보내면 전류의 방향에 따라 코일이 힘을 받으면서 (진동판)도 함께 움직이는 원리로 작동이 된다.

4문단 | 진동판은 진동판의 진동수와 진폭의 크기에 따라 다양한 (소리)를 재생한다.

정보 확인

스피커
전기적인 신호를 공기의 (진동)으로 바꾸어 소리를 냄.

영구 자석
주변에 (자기장)을 형성함.

+

(보이스 코일)
전류의 방향에 따라 위아래로 움직임.

+

진동판
보이스 코일의 영향으로 움직이며 (공기)를 진동시킴.

어휘·어법

1 코일   2 재생   3 진폭   4 ㉡   5 ㉢
6 ㉠

해제 | 이 글은 스피커에서 소리가 나는 일반적인 원리를 제시하고 다이내믹 스피커를 예로 들어 스피커의 구조와 작동 원리를 구체적으로 설명하고 있다. 스피커는 공기를 진동시켜 소리를 재생시켜 주는 장치인데, 일반적으로 영구 자석, 진동판, 보이스 코일로 구성되어 있다. 영구 자석 주변에 자기장이 형성된 상태에서 보이스 코일에 소리 신호가 담긴 전류를 흘려 보내면 보이스 코일이 힘을 받아 움직이게 되는데, 전류의 방향에 따라 힘의 방향이 달라지면서 상하 운동을 하게 된다. 그러면 보이스 코일과 붙은 진동판이 왕복 운동을 하게 되고, 이에 따라 공기를 진동시켜 소리를 만들어 낸다. 이때 음의 높이는 진동수와, 음의 세기는 음파의 진폭과 연관이 있음을 밝히고 있다.

주제 | 스피커의 구조와 작동 원리

출전 서울 과학 교사 모임, 「시크릿 스페이스」

1 4문단에서 진동판이 빠르게 진동하면 높은 음이 재생되고, 진동판의 진폭이 크면 강한 소리가 난다고 하였으므로 진동판이 빠르게 진동하고 진폭이 크면 저음의 약한 소리가 난다는 내용은 적절하지 않다.

| 오답 풀이 |

① 3문단에서 영구 자석이 주변에 자기장을 형성하고, 보이스 코일을 영구 자석 가까이 놓고 전류를 보내면 코일이 움직인다고 했으므로, 보이스 코일이 움직이는 데는 자기장과 전류가 필요하다고 할 수 있다.

② 1문단에서 북을 세게 칠수록 북의 가죽이 크게 진동하고 주변에 있는 공기의 진동도 커져서 소리가 커진다고 하였다.

③ 3문단에서 보이스 코일에 흐르는 전류의 방향이 바뀔 때마다 코일이 받는 힘의 방향도 정반대로 바뀌면서 코일이 위아래로 움직인다고 하였다.

⑤ 4문단에서 오디오 기기에 연결하여 사용하는 이어폰도 이와 같은 원리로 작동한다고 하였으므로, 이어폰에도 소리를 재생하는 역할을 하는 진동판이 있음을 짐작할 수 있다.

2 [A]에서는 다이내믹 스피커를 예로 들어 영구 자석 주변에 자기장이 형성된 상태에서 보이스 코일에 전류를 흘려보내면 코일이 위아래로 움직이게 되고, 이것이 진동판과 공기를 진동시켜 소리가 나게 된다면서 스피커의 작동 원리를 설명하고 있다.

| 오답 풀이 |

② 스피커가 지닌 특징을 열거한 부분은 없다. 다만, 2문단에서 진동판의 재료가 되는 물질을 나열한 부분에서 열거의 서술 방법을 확인할 수 있다.

③ [A]에 은유나 직유와 같은 비유적 표현은 사용되지 않았다.

④ [A]는 시간이 지남에 따라 나타나는 소리의 변화 양상에 대한 내용을 다루고 있지 않다.

⑤ [A]는 질문을 던지고 그에 대해 답변하는 형식을 취하고 있지 않다.

어휘·어법

2 '녹음·녹화한 테이프나 필름 따위로 본래의 소리나 모습을 다시 들려주거나 보여 줌.'을 뜻하는 단어는 '재생'이다. '영상 재생', '녹취 파일을 재생하다.'와 같이 쓴다.

6 '아름답고 보기 좋은 모양새.'를 뜻하는 단어는 '맵시'이다. '맵시가 나다.', '단정하고 맵시 있는 옷차림'과 같이 쓴다.

06 내비게이션과 텔레매틱스

1 ⑤　**2** ④　**3** ③

지 문 분 석

문단 요약

1문단　(내비게이션)은 자동차에 장착되어 길을 안내하는 장치이다.

▼

2문단　내비게이션은 (인공위성)의 전파 신호를 이용하여 자동차의 위치를 파악하고 미리 준비된 지도 데이터 위에 자동차의 주행 상태를 반영하여 주행 화면에 나타낸다.

▼

3문단　(텔레매틱스)는 자동차와 이동 정보 통신이 결합된 것으로 관련 정보의 수신과 발신을 통해 정보의 정확성과 안전성을 추구한다.

▼

4문단　텔레매틱스는 (네트워크)의 방대한 정보를 이용하여 다양한 운전 정보와 최신 도로 정보를 바탕으로 주행할 수 있도록 한다.

글의 구조

내비게이션
- **개념**　자동차에 장착되어 길을 (안내)하는 장치
- **특징**
  - 외부 정보를 (수신)해 내장된 정보에 반영함.
  - 셋 이상의 (인공위성)의 전파 신호를 이용해 얻은 정보와 (기지국)의 정보를 더하여 위치를 파악함.
  - 전파 수신이 불가능한 곳은 자이로 센서나 가속도 센서로 자동차 (움직임)의 변화를 파악하고 속도 센서와 해당 정보를 결합하여 위치를 파악함.
  - 자동차의 주행 화면은 미리 준비된 (지도) 데이터 위에 자동차의 주행 상태를 반영하여 나타냄.

텔레매틱스를 이용한 내비게이션
- **개념**　정보를 수신할 뿐 아니라 자동차의 정보를 (발신)하여 정보의 정확성과 안전성을 추구하는 장치
- **특징**
  - (네트워크)의 방대한 데이터를 이용함.
  - 경로 외에 다양한 운전 정보를 제공함.
  - 지도 데이터를 (통신)으로 자동 수정하여 항상 최신 도로 정보를 얻을 수 있음.

어 휘 · 어 법

1 장착　**2** 기지국　**3** 내장　**4** 추구하다　**5** 방대하다
6 주행하다

해제 | 이 글은 내비게이션과 텔레매틱스의 원리에 대해 설명하고 있다. 내비게이션은 인공위성을 이용해 자동차의 위치를 파악하고, 그것을 미리 준비되어 있는 지도 데이터 위에 반영하여 화면에 나타낸다. 최근에는 텔레매틱스를 이용한 내비게이션이 사용되는데 텔레매틱스는 자동차와 이동 정보 통신 기능이 결합된 것을 말한다. 텔레매틱스는 정보의 수신과 더불어 발신도 가능하기 때문에 데이터 센터의 풍부한 정보를 활용하여 실시간으로 교통 상황을 판단하고 최신 지도 데이터를 유지할 수 있음을 알려 주고 있다.

주제 | 내비게이션과 텔레매틱스의 원리

출전 다카네 히데유키, 『자동차 첨단 기술 교과서』

1　1, 2문단에서는 내비게이션이 어떻게 자동차의 위치를 파악하고, 그것을 내비게이션 화면상에 어떻게 나타내는지를 설명하였다. 또 3, 4문단에서는 기존의 내비게이션에 비해 텔레매틱스를 활용한 내비게이션이 더 풍부한 데이터를 제공하고 있다는 내용을 서술하고 있으므로, 중심 소재는 내비게이션과 텔레매틱스의 원리가 적절하다.

| 오답 풀이 |

①, ② 내비게이션의 개발 이유와 발전 과정은 제시되어 있지 않다.
③ 내비게이션의 시장 현황에 대해서는 제시되어 있지 않다.
④ 내비게이션의 위치 파악 방법이 제시되어 있으나 이는 글 전체에서 지엽적인 내용이므로 중심 소재로 보기 어렵다.

2　3문단을 통해 기존의 내비게이션은 외부 신호를 수신해 내장된 정보에 반영하는, 정보를 받기만 하는 일방통행형 수신기임을 확인할 수 있다. 외부 정보의 반영이 불가능하다는 ④의 진술은 적절하지 않다.

| 오답 풀이 |

① 1문단을 통해 내비게이션이 목적지까지의 거리나 방향, 경로 등을 안내해 주는 장치임을 확인할 수 있다.
② 3문단을 통해 텔레매틱스를 이용하여 자동차가 정체 구간의 정보를 받을 수도 있고 제공할 수도 있다는 내용을 확인할 수 있다.
③ 2문단을 통해 내비게이션이 자동차의 위치를 파악하기 위해 인공위성의 전파 신호를 이용한다는 사실을 확인할 수 있다.
⑤ 4문단을 통해 텔레매틱스를 이용한 내비게이션은 경로 안내 외에도 다양한 운전 정보와 최신 도로 정보를 제공한다는 내용을 확인할 수 있다.

3　㉠의 '바탕'은 '사물이나 현상의 근본을 이루는 것.'이라는 문맥적 의미로 사용되었다. 이와 가장 유사한 문맥적 의미를 나타내는 것은 '우리 모임은 평등이라는 가치에 바탕을 두고 있었다.'의 '바탕'이다.

| 오답 풀이 |

①, ④ '타고난 성질이나 재질. 또는 체질.'의 의미로 사용된 예이다.
②, ⑤ '그림, 글씨, 수(繡), 무늬 따위를 놓는 물체의 바닥.'의 의미로 사용된 예이다.

정답과 해설 · **29**

1 ③   2 ③

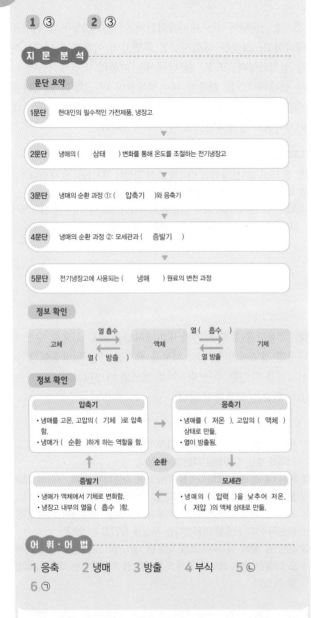

지문분석

문단 요약

| 1문단 | 현대인의 필수적인 가전제품, 냉장고 |

| 2문단 | 냉매의 (상태) 변화를 통해 온도를 조절하는 전기냉장고 |

| 3문단 | 냉매의 순환 과정 ①: (압축기)와 응축기 |

| 4문단 | 냉매의 순환 과정 ②: 모세관과 (증발기) |

| 5문단 | 전기냉장고에 사용되는 (냉매) 원료의 변천 과정 |

정보 확인

고체 —열 흡수→ / —열(방출)→ 액체 —열(흡수)→ / —열 방출→ 기체

정보 확인

압축기
• 냉매를 고온, 고압의 (기체)로 압축함.
• 냉매가 (순환)하게 하는 역할을 함.

응축기
• 냉매를 (저온), 고압의 (액체) 상태로 만듦.
• 열이 방출됨.

순환

증발기
• 냉매가 액체에서 기체로 변화함.
• 냉장고 내부의 열을 (흡수)함.

모세관
• 냉매의 (압력)을 낮추어 저온, (저압)의 액체 상태로 만듦.

어휘·어법

1 응축 2 냉매 3 방출 4 부식 5 ㉡
6 ㉠

해제 | 이 글은 전기냉장고의 원리를 과학적으로 설명하고 있다. 전기냉장고는 냉매의 압력과 온도를 조절하여 냉매를 액체나 기체 상태로 변화시켜 냉장고의 내부 온도를 조절한다. 전기냉장고는 압축기, 응축기, 모세관, 증발기로 구성되어 있는데 압축기는 냉매를 고온, 고압의 기체로 압축하는 역할을 하고, 응축기는 냉매를 저온, 고압의 액체 상태로 만들어 주며, 모세관은 이러한 냉매의 압력을 낮추어 저온, 저압의 액체로 만든 후, 증발기에서는 냉매가 액체에서 기체로 변하며 냉장고 내부의 열을 흡수한다. 이때 냉매로는 과거와 달리 주로 수소 염화 불화 탄소가 사용되고 있음을 알려 주고 있다.

주제 | 냉장고의 원리

출전 게르트 브라우네, 「누구나 물리」

30 · 중학 국어 비문학 독해 1

---

1 이 글에서는 전기냉장고의 냉매가 액체에서 기체로 변하면서 열을 흡수해 주변의 온도를 낮추는 과정과 기체에서 액체로 변하면서 열을 방출하고 다시 사용할 수 있는 냉매로 변하여 순환하는 과정을 순차적으로 설명하고 있다.

| 오답 풀이 |

① 냉장고의 발전 전망에 대해서는 서술하고 있지 않다.
② 냉장 보관의 다양한 방법은 제시되어 있지 않다.
④ 이 글에서 열을 발생시키는 다양한 기관은 제시하고 있지 않다.
⑤ 암모니아와 이산화 황, 프레온의 문제점을 언급했을 뿐, 새로운 냉매의 필요성을 제시하고 있지는 않다.

2 4문단에 따르면 모세관을 통과한 냉매는 저온, 저압의 액체 상태가 된다고 하였으므로, ⓒ에서 냉매는 압력이 높아진다는 내용은 적절하지 않다.

| 오답 풀이 |

① 3문단에 따르면 압축기에서 냉매는 고온, 고압의 기체 상태로 압축된다고 하였다.
② 3문단에서 냉매는 응축기를 통과하며 저온, 고압의 액체가 된다고 하였다.
④ 4문단에서 증발기를 통과하며 냉매가 기체 상태로 변화하고 이 과정에서 냉장고 내부의 열을 흡수해 온도가 낮아진다고 하였다.
⑤ 3, 4문단을 통해 냉매가 ⓐ, ⓓ에서는 기체, ⓑ, ⓒ에서는 액체 상태로 존재한다는 것을 알 수 있다.

어휘·어법

3 '비축하여 놓은 것을 내놓음.'을 뜻하는 단어는 '방출'이다. '쌀의 방출', '뼈의 칼슘 방출'과 같이 쓴다.
5 '주기적으로 자꾸 되풀이하여 돎. 또는 그런 과정.'을 뜻하는 단어는 '순환'이다. '혈액의 순환', '계절의 순환', '순환 버스'와 같이 쓴다.
6 '빨아서 거두어들임.'을 뜻하는 단어는 '흡수'이다. '수분 흡수', '먼지를 흡수하다.'와 같이 쓴다.

1 ⑤ **2** ③

문단 요약

1문단 민화는 (민중)의 고유한 신앙과 생활 풍속, 미적 정서를 담은 그림으로, 조선 후기 (도교)의 자연관이나 (불교)의 내세관 등 민중의 욕구를 반영하며 큰 인기를 누렸다.

▼

2문단 「까치와 호랑이」는 액을 쫓고 좋은 소식이 오기를 바라는 민중의 심정이 담겨 있는 액막이용 그림의 일종이다.

▼

3문단 민화의 주요 주제 중 하나인 (책거리) 그림은 서민들의 (신분) 상승에 대한 희망이 반영되어 있다.

▼

4문단 조선 시대 민중의 사랑을 받았던 민화는 한때 (멸시)를 받기도 했지만 지금은 자유롭고 (독창적)인 그림으로 가치를 재평가받고 있다.

글의 구조

민화	
개념	민중의 고유한 신앙과 (생활 풍속), 미적인 정서를 담은 그림
유행	• 유행 시기: (조선 후기) 영조 무렵 • 유행 배경: 민중은 유교적 인생관보다 도교의 자연관이나 불교의 내세관에 더 마음이 끌렸으며, 자신들이 (공감)할 수 있는 그림을 원함.
특성	• (액)을 쫓고 좋은 소식을 바라는 등 민중의 심정이 반영됨. • (양반) 계층에 대한 부러움과 신분 상승에 대한 (희망)이 반영됨.
쇠퇴	• (조선 왕조)의 몰락과 함께 쇠퇴함. • 천박한 그림으로 멸시당함.
의의	민중의 고유한 정서가 담긴 민화의 예술성은 한국 미술의 맥을 잇는 역할을 하며 한국 현대 미술에 이르러 그 (가치)를 재평가받고 있음.

1 숭상 **2** 멸시 **3** 액운 **4** 익살 **5** ⓛ
6 ⓒ **7** ⓐ

해제 | 이 글은 민화의 개념과 유행 배경을 제시하고 구체적인 작품을 통해 민화의 특징을 살펴봄으로써 민화의 의의에 대해 설명하고 있다. 민화는 민중의 고유한 신앙과 생활 풍속, 미적 정서를 담은 그림으로 서민들의 심정과 욕구를 자유롭고 독창적으로 담고 있다. 민화의 대표작이라 할 수 있는 「까치와 호랑이」에는 액을 쫓고 복이 오기를 바라는 민중의 심정이, 책거리 그림에는 민중의 신분 상승 욕구가 드러난다. 민화는 조선 왕조의 몰락과 함께 쇠퇴하였고 천박한 그림으로 여겨 멸시당했었지만 현대에 이르러 조선 민중의 고유한 정서가 담긴 작품으로 그 예술성이 재평가되고 있음을 밝히고 있다.

주제 | 민중의 고유한 정서가 담긴 민화의 예술성과 의의

출전 이명옥, 「미술에 대해 알고 싶은 모든 것들」

1 이 글은 1문단에서 민화의 개념과 민화가 등장하게 된 사회적 배경을, 2, 3문단에서 구체적인 작품을 예로 들어 민화의 특성을, 4문단에서 민화에 대한 평가와 의의를 서술하고 있다.

| 오답 풀이 |

① 이 글은 4문단에서 민화에 대한 과거와 현재의 상반된 평가가 나타나 있지만, 이를 중심으로 민화의 한계를 설명하고 있지는 않다.

② 이 글은 4문단에서 민화가 큰 인기를 얻다가 쇠퇴의 길을 걷게 된 사회적 배경을 제시하고 있지만, 소재가 변하는 과정을 시간의 흐름에 따라 제시하고 있지는 않다.

③ 이 글은 2, 3문단에서 민화 작품을 예로 들고 있지만, 두 작품을 대비하여 특성을 설명하고 있지는 않다.

④ 이 글은 민화의 대표적인 작품을 중심으로 민화의 특성을 설명하고 있지만, 감상 시 주의점을 제시하고 있지는 않다.

2 ⓙ에서 책거리를 그림의 소재로 삼은 것은 양반에 대한 서민들의 부러움과 언젠가 선비가 되어 신분 상승을 할 수 있다는 희망을 달래기 위해서였음을 3문단에서 확인할 수 있다.

| 오답 풀이 |

① 2문단에서 호랑이를 귀엽고 익살스럽게 그린 것은 한국인들이 그만큼 호랑이를 친근하게 여긴 증거임을 확인할 수 있다.

② 2문단에서 민중들은 호랑이가 액을 쫓아내고 까치가 좋은 소식을 가져다줄 것이라고 생각했음을 알 수 있다.

④ 4문단에서 민화는 전문적인 화가의 그림도 아니고, 낙관도 없었다는 내용을 확인할 수 있다.

⑤ 2, 3문단에서 ⓐ는 액을 쫓고 좋은 소식이 오기를 바라는 민중의 심정을, ⓙ는 신분 상승에 대한 민중의 희망을 반영하고 있음을 확인할 수 있다. 이러한 민중의 애환과 익살이 담긴 민화는 한국 미술의 맥을 잇는 역할을 함을 4문단에서 확인할 수 있다.

3 '액을 당할 운수.'는 '액운'의 뜻풀이에 해당한다.

4 '남을 웃기려고 일부러 하는 말이나 몸짓.'은 '익살'의 뜻풀이에 해당한다.

6 '사회적으로 높은 지위에 오르거나 유명하게 됨.'은 '출세'의 뜻풀이에 해당한다.

7 '사물의 관련이나 일의 결과가 반드시 그렇게 될 수밖에 없는.'은 '필연적'의 뜻풀이에 해당한다.

1 ⑤   2 ②

지 문 분 석

문단 요약

1문단 예전에는 예술 음악이 원칙적으로 왕과 귀족 혹은 (교회)를 위한 음악이었으며, (시민)이 음악을 들을 기회는 매우 한정되어 있었다.

▼

2문단 (계몽주의) 시대에는 특권 계층의 독점물이었던 예술 음악이 조금씩 시민에게 개방되었다.

▼

3문단 (공개 연주회)가 보급되면서 작곡가는 자주적으로 연주회를 주최하여 이익을 얻고, 시민들은 표를 사서 음악을 즐길 수 있게 되었다.

▼

4문단 (악보 출판)은 가정 음악의 발달과 작곡가들의 경제적 자립의 기회를 제공하였다.

▼

5문단 음악에 대한 사랑으로 작곡가와 대중은 하나의 (공동체)로 묶이며 음악이 대중화되었다.

글의 구조

18세기까지 예술 음악	• 오페라, (기악곡), 종교 음악 등 • 특권 계층의 독점물 • 음악에 의한 통치라는 (정치적) 목적으로 음악을 이용함. • 호화로운 생활 연출을 위해 작곡가들을 후원함.

(연주회)를 통한 음악 개방   악보 출판을 통한 (악보)의 유통

계몽주의 시대 이후 음악의 대중화	• 음악 자체를 사랑하는 일반 시민이 새로운 청중으로 등장함. • 아마추어가 집에서 직접 연주하는 (가정 음악)이 유행함. • 음악에 대한 사랑으로 (작곡가)와 대중이 하나의 공동체로 묶임.

어 휘 · 어 법

1 특권   **2** 일대   **3** 개최   **4** 축전   **5** 몰락

6 이야기   **7** 일환

해제 | 이 글은 계몽주의 시대 이후 음악이 대중화된 사회적 배경에 대해 설명하고 있다. 18세기까지 예술 음악은 왕과 귀족 등 특권 계급의 독점물로서 권위를 장식하거나 통치라는 정치적 목적을 위해 이용되었다. 그러나 계몽주의 시대 이후 공개 연주회의 보급과 악보의 출판으로 작곡가는 귀족 후원자로부터 경제적 자립을 할 수 있는 기회를 얻었으며, 시민들은 돈을 내고 연주회에 가거나 악보를 구입하여 음악을 듣고 연주할 수 있게 되었다. 이는 음악을 사랑하는 작곡가와 대중이 하나의 공동체로 묶이며 음악 대중화의 발판이 되었음을 알려 주고 있다.

주제 | 연주회의 보급과 악보 출판업이 바탕이 된 음악의 대중화

출전 오카다 아케오, 「서양 음악사」

---

1 4문단에서 연주가는 프로이고 듣는 사람은 아마추어라는 이분법이 정착하게 된 것은 녹음이 발달한 오늘날의 일임을 확인할 수 있다. 악보 출판이 활발해진 시기는 계몽주의 시대이므로 당시에 이분법적 사고가 정착하게 되었다는 설명은 적절하지 않다.

| 오답 풀이 |

① 2, 3문단에서 공개 연주회는 기존의 특권 계급이 아니라 일반 청중을 대상으로 이루어진 것이며, 5문단에서 새로 등장한 일반 청중은 음악 자체를 사랑하는 음악 애호가였음을 확인할 수 있다.

② 4문단에서 일반 시민들이 집에서 직접 연주하는 음악을 가정 음악이라고 불렀음을 확인할 수 있다.

③ 5문단에서 궁정 귀족들은 자신의 권위를 장식하기 위해 음악을 이용했고 작곡가들을 후원했음을 확인할 수 있다.

④ 1문단에서 기악곡은 궁정의 살롱에서 왕후 귀족들이 담소를 나누며 듣는 사교 음악이었음을 확인할 수 있다.

2 〈보기〉는 공개 연주회가 보급되면서 음악의 대중화가 이루어졌던 영국의 사례를 들고 있다. 5문단에서 기존의 귀족 청중들은 정치적 목적으로 음악을 이용한 반면, 새로 등장한 시민 청중들은 음악 자체를 사랑하는 음악 애호가였음을 확인할 수 있다. 따라서 공개 연주회의 표를 사고팔면서 오히려 음악은 순수한 가치를 되찾았다고 볼 수 있으므로 ②의 내용은 적절하지 않다.

| 오답 풀이 |

① 글 전체에서 공개 연주회의 보급과 악보 출판의 융성을 통해 작곡가와 대중이 하나의 공동체로 묶일 수 있었음을 확인할 수 있다.

③ 2문단에서 누구든 연주회 표를 사면 좋아하는 음악을 들을 수 있는 민주적 제도가 확대되었음을 확인할 수 있다.

④ 3문단에서 영국은 시민 혁명과 그에 따르는 귀족 계급의 몰락이 다른 나라보다 빨랐기 때문에 공개 연주회의 보급이 일찍 이루어졌음을 확인할 수 있다.

⑤ 3, 4문단에서 작곡가는 자주적으로 연주회를 주최하여 이익을 얻을 수 있게 되었고 이를 통해 작곡가들이 경제적으로 자립할 수 있게 되었음을 확인할 수 있다.

어 휘 · 어 법

1 '특별한 권리.'를 뜻하는 단어는 '특권'이다.

3 '모임이나 회의 따위를 주최하여 엶.'을 뜻하는 단어는 '개최'이다.

4 '축하하는 뜻으로 행하는 의식이나 행사.'를 뜻하는 단어는 '축전'이다.

1 ②   2 ②

지문 분석

문단 요약

1문단	블록버스터 영화의 개념과 유래	• 개념: 영화계에서 엄청난 (흥행)으로 큰 수익을 남긴 영화 • 유래: 영국 공군이 사용한 (폭탄)의 이름

▼

2문단	블록버스터 영화의 특징	• 돈이 많이 드는 (특수 효과)를 많이 씀. • 세계 주요 도시에서 동시 상영되어 (대중성)이 큼. • 영화 속 캐릭터나 소품들이 상품으로 생산되면서 새로운 시장에서 (시너지 효과)를 내 상품 가치가 큼.

▼

3문단	독립 영화의 개념과 특징	• 개념: 상업 영화와 달리 자본을 대는 제작사로부터 독립하여 (창작자)의 의도를 중시하여 만든 영화 • 특징: 기존 영화와 주제, 형식, 제작 방법 등에서 차이를 보이며 저예산의 (단편) 영화가 많음.

▼

4문단	독립 영화의 가치	• 다양한 소재와 주제, 실험적 형식을 다룸. • 주목받지 못한 사회 문제나 현상을 다루어 사회적 관심을 이끌어 냄으로써 관객들에게 생각할 거리를 줌.

정보 확인

1) 최초의 블록버스터 영화는 「해리 포터 시리즈」이다. ──────── (×)
2) 독립 영화는 대중의 흥미로부터 독립되었다는 의미에서 독립 영화라고 불린다. ──────── (×)
3) 블록버스터 영화 속 캐릭터는 장난감으로 만들어지기도 한다. ──────── (○)
4) 블록버스터 영화 중에는 거대한 자본이 투입된 SF 영화가 주를 이룬다. ──────── (○)

어휘·어법

1 흥행   2 거리   3 배급   4 시너지 효과
5 이윤   6 수익   7 자본

해제 | 이 글은 블록버스터 영화와 독립 영화에 대해 설명하고 있다. 블록버스터 영화는 주로 흥행 수익이 높은 영화를 의미하며, 독립 영화는 영화 제작에 자본을 투자하는 제작자로부터 독립하여 감독의 의도대로 만들어진 영화를 의미한다. 블록버스터 영화 중에는 흥행 수익을 높이기 위해 다양한 특수 효과들이 동원된 영화가 많으며, 전 세계적으로 흥행에 성공한 경우 자연스럽게 영화 속 캐릭터나 소품들이 다양한 상품으로 재생산되면서 또 다른 수익을 창출하는 경우가 많다. 반면 독립 영화는 자본으로부터 독립되어 창작되기 때문에 저예산으로 만들 수 있는 단편 영화가 주를 이룬다. 또한 실험적인 형식으로 다양한 소재와 주제를 다룰 수 있으며, 소외된 문제 등에 대한 사회적 관심을 이끌어 내 관객에게 생각할 거리를 던져 준다는 점에서 가치가 있음을 알려 주고 있다.

주제 | 블록버스터 영화와 독립 영화의 특징과 가치

출전 글공작소, 「공부가 되는 재미있는 어휘 사전」

---

1 이 글에서 블록버스터 영화나 독립 영화가 어떻게 변모해 왔는지에 대한 서술은 확인할 수 없다.

| 오답 풀이 |

① 거대 자본을 바탕으로 하는 블록버스터 영화와, 자본을 대는 제작사로부터 독립하여 제작되는 독립 영화가 갖는 대립적 특성이 나타나 있다.
③ 「해리 포터와 죽음의 성물 2」와 「죠스」 같은 블록버스터 영화의 사례를 제시하고 있다.
④ 1문단에서 블록버스터 영화의 개념을 정의하고 그 특징을 2문단에서 서술하였고, 3문단에서 독립 영화의 개념을 정의한 후 그 특징을 서술하고 있다.
⑤ 1문단에서 흥행 수익과 폭탄의 무게 등 구체적인 수치를 제시하며 서술하고 있다.

2 이 글에서 한국 최초의 독립 영화와 관련한 내용은 확인할 수 없다.

| 오답 풀이 |

① 3문단에서 독립 영화는 자본을 대는 제작사로부터 독립하여 창작자의 의도를 중시하여 만든 영화라고 하였다. 이를 통해 독립 영화의 의미를 확인할 수 있다.
③ 1문단에서 블록버스터는 원래 제2차 세계 대전 때 영국 공군이 사용했던 폭탄의 이름이라고 하였다. 이를 통해 블록버스터라는 말의 유래를 확인할 수 있다.
④ 3문단에서 독립 영화는 인디 영화라고도 불린다고 하였다. 이를 통해 독립 영화의 또 다른 명칭을 확인할 수 있다.
⑤ 2문단에서 1975년 영화 「죠스」가 흥행하면서 블록버스터 영화의 역사가 시작되었다고 하였다. 이를 통해 블록버스터 영화의 시작점이 된 작품을 확인할 수 있다.

어휘·어법

1 '공연 상영 따위가 상업적으로 큰 수익을 거둠.'을 뜻하는 단어는 '흥행'이다.
2 '어떤 행동을 하는 데 쓰이는 대상이나 소재.'를 뜻하는 단어는 '거리'이다.
3 '상품 따위를 생산자에서 소비자에게 옮김. 또는 그런 유통 과정.'을 뜻하는 단어는 '배급'이다.
5 '장사 따위를 하여 남은 돈.'을 뜻하는 단어는 '이윤'이다.
6 '기업이 경제 활동의 대가로서 얻은 경제 가치.'를 뜻하는 단어는 '수익'이다.
7 '상품을 만드는 데 필요한 생산 수단이나 노동력을 통틀어 이르는 말.'을 뜻하는 단어는 '자본'이다.

04 웹툰의 발전과 잠재력

1 ③　　2 ⑤　　3 ④

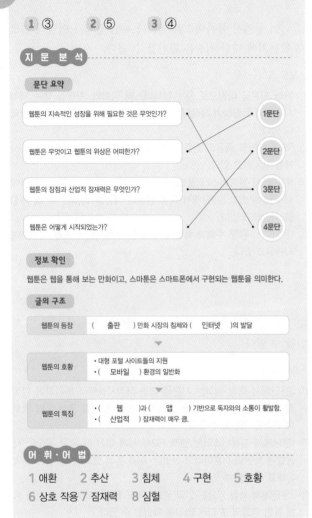

지문 분석

문단 요약

웹툰의 지속적인 성장을 위해 필요한 것은 무엇인가? ─ 1문단

웹툰은 무엇이고 웹툰의 위상은 어떠한가? ─ 2문단

웹툰의 장점과 산업적 잠재력은 무엇인가? ─ 3문단

웹툰은 어떻게 시작되었는가? ─ 4문단

정보 확인

웹툰은 웹을 통해 보는 만화이고, 스마툰은 스마트폰에서 구현되는 웹툰을 의미한다.

글의 구조

웹툰의 등장	(출판) 만화 시장의 침체와 (인터넷)의 발달

↓

웹툰의 호황	• 대형 포털 사이트들의 지원 • (모바일) 환경의 일반화

↓

웹툰의 특징	• (웹)과 (앱) 기반으로 독자와의 소통이 활발함. • (산업적) 잠재력이 매우 큼.

어휘·어법

1 애환　2 추산　3 침체　4 구현　5 호황
6 상호 작용 7 잠재력 8 심혈

해제 | 이 글은 웹툰의 등장 배경과 특징에 대해 설명하고 있다. 웹툰은 웹을 통해 보는 만화를 의미하는 것으로, IMF 이후 출판 만화 시장이 침체되고 인터넷이 발달하기 시작하면서부터 등장하여 모바일 기술의 발달과 함께 큰 호황을 누리고 있는 예술 장르이다. 독자와의 소통이 활발하고 장소와 시간에 구애받지 않고 접근할 수 있다는 장점을 바탕으로 웹툰 시장은 확대되고 있다. 또한 컴퓨터 게임이나 캐릭터 산업의 원천이 되거나 영화, 드라마, 연극, 뮤지컬로 재탄생하는 등 산업적 잠재력이 매우 크다. 불법 복제의 폐해를 막는 방안을 마련하고 작품성 있는 웹툰이 창작될 수 있도록 관련 정책이 정비된다면 웹툰 시장의 발전은 무궁할 것임을 강조하고 있다.

주제 | 웹툰의 등장 배경과 특징

출전 윤태진, 「웹툰, 대중문화의 지배자가 되려면」

1　이 글에서는 웹툰의 주 독자층이 누구인지에 대한 내용은 언급하고 있지 않다.

| 오답 풀이 |

① 1문단에서 웹툰의 개념을 확인할 수 있다.
② 3문단에서 웹툰의 특징을 확인할 수 있다.
④ 2문단에서 웹툰이 등장한 배경을 확인할 수 있다.
⑤ 3문단에서 웹툰의 산업적 잠재력이 큼을 확인할 수 있다.

2　유사한 속성을 가진 익숙한 대상을 활용해 설명하는 방식은 유추이다. 이 글에서는 유추의 방식을 사용하여 내용을 전개하거나 서술하고 있지 않다.

| 오답 풀이 |

① 1문단에서 중심 소재인 웹툰의 개념을 제시하고 있다.
② 1문단에서 웹툰이 원작인 영화 「신과 함께」와 드라마 「미생」의 사례를 제시하고 있다.
③ 3문단에서 웹툰이 영향을 미치는 산업의 종류를 나열하여 웹툰의 산업적 잠재력이 큼을 제시하고 있다.
④ 2문단에서 웹툰이 호황을 누리게 되었음을 언급하면서 그 원인이 대형 포털 사이트들의 지원과 모바일 환경의 일반화임을 제시하고 있다.

3　'정비(整備)'의 사전적 의미는 '흐트러진 체계를 정리하여 제대로 갖춤.'이다. '미리 마련하여 갖춤.'은 '준비(準備)'의 뜻이다.

어휘·어법

1 그림에 남북 분단으로 흩어진 가족의 마음이 담겨 있는 것이므로 '슬픔과 기쁨을 아울러 이르는 말.'인 '애환'이 적절하다. '애증'은 '사랑과 미움을 아울러 이르는 말.'이다.
2 장마로 인한 피해액을 계산한 것이므로 '짐작으로 미루어 셈함. 또는 그런 셈.'을 뜻하는 '추산'이 적절하다. '추리'는 '알고 있는 것을 바탕으로 알지 못하는 것을 미루어서 생각함.'을 의미한다.
3 감독은 선수들의 의욕이 떨어지지 않도록 북돋운 것이므로 '어떤 현상이나 사물이 진전하지 못하고 제자리에 머무름.'을 뜻하는 '침체'가 적절하다. '침해'는 '침범하여 해를 끼침.'을 의미한다.
4 경찰 대학에 진학하려는 이유가 정의를 실현하기 위해서라고 하였으므로 '어떤 내용이 구체적인 사실로 나타나게 함.'을 뜻하는 '구현'이 적절하다. '구조'는 '재난 따위를 당하여 어려운 처지에 빠진 사람을 구하여 줌.'을 의미한다.

모나리자

1 ③ **2** ④

지 문 분 석

문단 요약

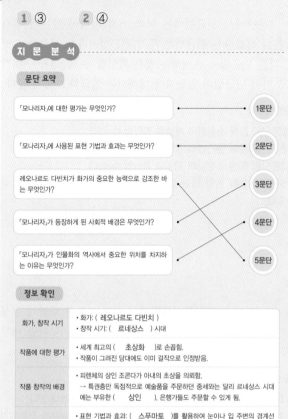

「모나리자」에 대한 평가는 무엇인가?	1문단
「모나리자」에 사용된 표현 기법과 효과는 무엇인가?	2문단
레오나르도 다빈치가 화가의 중요한 능력으로 강조한 바는 무엇인가?	3문단
「모나리자」가 등장하게 된 사회적 배경은 무엇인가?	4문단
「모나리자」가 인물화의 역사에서 중요한 위치를 차지하는 이유는 무엇인가?	5문단

정보 확인

화가, 창작 시기	• 화가: (레오나르도 다빈치) • 창작 시기: (르네상스) 시대
작품에 대한 평가	• 세계 최고의 (초상화)로 손꼽힘. • 작품이 그려진 당대에도 이미 걸작으로 인정받음.
작품 창작의 배경	• 피렌체의 상인 조콘다가 아내의 초상을 의뢰함. → 특권층만 독점적으로 예술품을 주문하던 중세와는 달리 르네상스 시대에는 부유한 (상인), 은행가들도 주문할 수 있게 됨.
작품의 특징	• 표현 기법과 효과: (스푸마토)를 활용하여 눈이나 입 주변의 경계선을 흐릿하게 처리함으로써 신비한 (미소)를 표현함. • 옆면 초상과 (정면) 초상의 장점을 하나로 결합하여 몸을 약간 (비튼) 포즈로 그려 자연스럽고 편안하게 느껴지게 함.

어 휘 · 어 법

1 작품 **2** 극찬 **3** 엄숙 **4** 화풍 **5** 대가
6 독점적

해제 | 이 글은 르네상스 시대 레오나르도 다빈치가 그린 「모나리자」의 특징과 위상에 대해 설명하고 있다. 창작 당시부터 호평을 받으며 「모나리자」가 세계 최고의 초상화로 손꼽히는 것은 스푸마토를 사용하여 눈이나 입의 경계선을 안개처럼 흐릿하게 처리함으로써 그윽하고 신비한 느낌을 주고 공간에 거리감을 나타내기 때문이다. 「모나리자」는 상인 조콘다가 자신의 부인 '리자'의 초상화를 의뢰해 그린 그림이며, 이를 통해 르네상스 시대에 미술품을 주문할 수 있는 계층이 확대되었음을 알 수 있다. 「모나리자」는 인물의 표정을 표현할 수 있는 정면 초상화의 아름다움을 잘 보여 주면서도 옆면 초상화의 장점이 결합되어 있어 우아하면서도 생동감이 넘치는 초상화로 평가받았음을 알려 주고 있다.

주제 | 세계 최고의 초상화로 손꼽히는 레오나르도 다빈치의 「모나리자」

출전 이명옥, 「미술에 대해 알고 싶은 모든 것들」

---

1 「모나리자」는 레오나르도 다빈치가 그린 작품으로 자신의 작품에 대해 평가한 내용은 이 글에 제시되어 있지 않다.

| 오답 풀이 |

① 2문단에서 「모나리자」는 스푸마토를 사용하여 표현한 모델의 그윽하고 신비한 미소 때문임을 확인할 수 있다.

② 3문단에서 「모나리자」라는 작품명은 '리자 부인'이라는 의미임을 확인할 수 있다.

④ 4문단에서 인간을 중시했던 르네상스 화가들은 인물의 생생한 표정 변화를 담기 위해 정면 초상화를 그렸음을 확인할 수 있다.

⑤ 4문단에서 「모나리자」는 정면 초상화의 아름다움을 잘 보여 주고 있으며, 몸을 비튼 포즈로 옆면 초상과 정면 초상의 장점을 하나로 결합했기 때문임을 확인할 수 있다.

2 〈보기〉의 '내재적 비평'은 작품을 외부적 요소로부터 단절된 하나의 독립된 대상으로 보고, 작품 안에 존재하는 요소만으로 작품을 감상하는 비평 방법이다. 리자 부인이 피렌체 상인의 부인이라는 점에서 당대 미술 향유층의 변화를 짐작하는 것은 작품이 창작된 당시의 사회적 배경을 고려한 감상이다. 이는 작품 외부의 요소를 고려한 해석이므로 내재적 비평에 해당되지 않는다.

| 오답 풀이 |

① 작품 속 인물의 포즈에 집중하여 감상한 것이므로 내재적 비평으로 볼 수 있다.

② 작품 속 인물의 모습에 집중하여 감상한 것이므로 내재적 비평으로 볼 수 있다.

③ 작품 표현의 기법에 집중하여 감상한 것이므로 내재적 비평으로 볼 수 있다.

⑤ 작품 속 인물의 표정을 담아내는 정면 초상화의 아름다운 모습과 자세에 집중하여 감상한 것이므로 내재적 비평으로 볼 수 있다.

어 휘 · 어 법

4 '그림을 그리는 방식이나 양식.'을 뜻하는 단어는 '화풍'이다.

5 '전문 분야에서 뛰어나 권위를 인정받는 사람.'을 뜻하는 단어는 '대가'이다.

6 '물건이나 자리 따위를 독차지하는. 또는 그런 것.'을 뜻하는 단어는 '독점적'이다.

1 ⑤　　**2** ④

문단 요약

1문단　원근법의 (등장) 배경과 발달

▼

2문단　(투시) 원근법의 등장과 (소실점)

▼

3문단　투시 원근법에 따라 그림을 그리는 방법

▼

4문단　소실점의 (개수)에 따른 투시 원근법의 종류와 그 특징

▼

5문단　원근법이 그림 속 (공간) 인식에 미친 영향

정보 확인

원근법	필리포 브루넬레스키가 창안함.
투시 원근법으로 그림을 그리는 방법	• (지평선)을 먼저 그림. • (지평선) 위에 (소실점)이 위치함.
투시 원근법의 특징	• 사물의 상이 (수학적 비례)에 따라 축소됨. • 두 개 또는 그 이상의 (평행선)이 관찰자로부터 멀어지면서 한 (점)으로 집중되는 것처럼 보이는 현상인 소실점이 존재함.
투시 원근법의 종류	• 1점 투시도법: 공간의 (통일성)을 느끼게 함. • 2점 투시도법: (입체감)을 부각시킴.

어휘·어법

1 소실점　**2** 고안　**3** 비례　**4** 창안　**5** 가상
6 부각

해제 | 이 글은 원근법에 대해 설명하고 있다. 원근법은 이탈리아의 건축가 필리포 브루넬레스키가 처음 창안하였는데, 그의 투시 원근법은 단순히 멀리 있는 물체를 작게 그리는 것이 아니라 수학적 비례에 따라 사물의 상을 축소한 것이었다. 투시 원근법에는 사물이 집중되는 것처럼 느껴지게 하는 점인 소실점이 존재하고, 이 소실점은 지평선 위에 위치한다. 투시 원근법은 이 소실점의 개수에 따라 1점 투시도법, 2점 투시도법 등으로 분류하는데, 1점 투시도법은 공간의 통일성을 느끼게 하고, 2점 투시도법은 입체감을 부각한다. 이러한 원근법은 서양 회화뿐 아니라 동양 회화에도 사용되어 2차원의 회화에서 3차원의 공간을 사실감 넘치게 표현하는 데 기여하였음을 밝히고 있다.

주제 | 투시 원근법의 개념과 특징

출전 장세현, 『한눈에 반한 서양 미술관』

1 1문단에서 원근법에는 여러 가지 방법이 있는데 우리가 흔히 생각하는 원근법은 투시 원근법이라고 서술하고 있다. 다른 원근법이 존재하는 것은 확인할 수 있으나, 구체적으로 어떤 원근법이 있는지에 대해서는 언급하고 있지 않다.

|오답 풀이|

① 2문단을 통해 소실점의 개념을 확인할 수 있다.
② 2문단을 통해 원근법의 창안 시기를 확인할 수 있다.
③ 3문단을 통해 소실점의 위치를 확인할 수 있다.
④ 5문단을 통해 동양 회화에서도 원근법이 사용되는 것을 확인할 수 있다.

2 4문단에서 2점 투시도법의 소실점은 화면 바깥에 형성되기도 한다고 설명하고 있으나 (나)의 소실점은 화면 내부에 형성되어 있음을 확인할 수 있다.

|오답 풀이|

① 화면 안에 소실점이 위치하고 있는 지평선이 잘 드러나 있다.
② 4문단을 통해 1점 투시도법은 소실점이 하나이기 때문에 집중도가 높고 공간의 통일성을 강하게 느끼게 함을 확인할 수 있다.
③ 4문단을 통해 2점 투시도법의 소실점도 하나의 지평선 위에 존재함을 확인할 수 있다.
⑤ 4문단을 통해 2점 투시도법은 상대적으로 입체감을 부각시킨다는 것을 확인할 수 있다.

어휘·어법

1 '실제로는 평행하는 직선을 투시도상에서 멀리 연장했을 때 하나로 만나는 점.'을 뜻하는 단어는 '소실점'이다.
2 '연구하여 새로운 안을 생각해 냄. 또는 그 안.'을 뜻하는 단어는 '고안'이다.
3 '두 수 또는 두 양에 있어서, 한쪽이 2배, 3배 ……로 되면 다른 한쪽도 2배, 3배 ……로 되거나 또는 한쪽이 2배, 3배 ……로 되면 다른 한쪽은 1/2배, 1/3배 ……로 되는 일. 또는 그런 관계.'를 뜻하는 단어는 '비례'이다.
4 '어떤 방안, 물건 따위를 처음으로 생각하여 냄. 또는 그런 생각이나 방안.'을 뜻하는 단어는 '창안'이다.
5 '사실이 아니거나 사실 여부가 분명하지 않은 것을 사실이라고 가정하여 생각함.'을 뜻하는 단어는 '가상'이다.

1 ⑤   2 ④

지문 분석

문단 요약

1문단	밝고 행복한 느낌을 주는 (인상주의) 회화

2문단	인상주의의 탄생 배경: (광학)의 발달로 인한 영향 – (사물)이 아닌 (빛)을 그림. – 빛의 (효과)에 대한 광범위한 이해와 성찰 – 사물의 표현은 빛과 (대기)의 표현을 위한 보조 장치에 불과함.

3문단	인상주의 화가들의 특징 ①: (야외) 현장에서 그림 그리는 것을 선호함. – 인상주의 화가들의 발길을 야외로 이끈 요인: (튜브) 물감의 발명 등 산업화, (기차)의 발달과 늘어난 중산층의 여가 활동

4문단	인상주의 화가들의 특징 ②: 현실에서 그림의 (소재)를 찾고자 함. – 소재 변화로 인한 결과: 화면이 매우 찰나적이면서 (감각적)인 방향으로 흐름. 표현성과 (추상성)이 풍부해지는 양상이 나타남.

정보 확인

	고전주의	인상주의
소재	(신화)나 종교 이야기, 위대한 역사적 사실	(도시)의 일상적 풍경, 관광지, 여가 활동 등 중산층 (시민)의 생활상
회화의 중점	사물, 사람을 꼼꼼하게 그림.	(빛)과 (대기)의 표현에 중점을 두어 그림

어휘·어법

1 수월하다   2 한몫하다   3 맞물리다   4 뭉개지다   5 양상
6 찰나   7 선호

해제 | 이 글은 19세기 서양 회화에 등장한 인상주의에 대해 설명하고 있다. 인상주의 회화는 대체로 밝고 행복한 느낌을 주는데, 이는 빛과 관련이 있다. 광학의 발달로 인해 사람들은 '사물'이 아닌 '빛'에 관심을 갖게 되었고, 그림에서도 사물이 아닌 빛과 대기의 효과를 중시하게 되었다. 여기서 탄생한 것이 인상주의이다. 인상주의 화가들은 야외에서 그림을 그렸는데, 이는 튜브 물감의 발명과 기차의 발달, 여가 활동의 증가 등과 같은 시대적 상황의 영향을 받은 것이다. 인상주의 화가들은 그림의 소재 또한 이전의 고전주의가 주목했던 신화나 종교, 역사적 사실보다는 도시의 일상, 여가 활동 등 시민들의 밝고 낙천적인 생활을 주로 다루었다. 이러한 변화로 인상주의 회화는 찰나적이고 감각적이며, 표현성과 추상성이 풍부해지는 양상이 나타났음을 알려 주고 있다.

주제 | 인상주의의 탄생 배경과 특징

출전   이주헌, 「서양화 자신 있게 보기」

---

1   기차의 발달로 인해 야외로 나가는 것이 수월해지고, 중산층의 여가 활동이 늘어나면서 인상주의 화가들도 야외로 나가 그림을 그리게 되었다. 하지만 여행 서적 출간이 인상주의 탄생에 영향을 준 것은 아니다. 3문단에서 여행 서적이 많이 출간된 것을 통해 야외 활동이 많아진 시대상을 알 수 있다고 하였다.

| 오답 풀이 |

① 4문단에서 인상주의 화가들은 신화나 종교 같은 것이 아니라 근대 중산층 시민의 생활상을 그림의 소재로 삼았다는 진술을 통해 현실적인 소재를 선호했음을 확인할 수 있다.
② 2문단을 통해 카메라의 발명과 보급으로 빛을 통해 사물을 본다는 인식이 생겼고, 이것이 인상주의의 탄생에 영향을 주었음을 확인할 수 있다.
③ 1문단을 통해 인상주의 회화가 대체로 밝고 행복한 느낌을 준다는 것을 확인할 수 있다.
④ 2문단을 통해 인상주의 그림이 사물보다 빛과 대기의 표현에 중점을 두었음을 확인할 수 있다.

2   3문단을 통해 튜브 물감의 발명으로 인상주의 화가들이 야외로 나가 그림을 그리기가 수월해졌음을 확인할 수 있다.

| 오답 풀이 |

① 인상주의 화가들은 이전과 달리 야외에서 그림을 그리는 것을 선호하였으므로 적절하지 않다.
② 인상주의 회화의 특징은 사물이나 사람보다는 빛과 대기를 중심으로 그림을 그린 것이므로 적절하지 않다.
③ 인상주의 회화는 고전주의 회화처럼 신화나 역사를 다루는 것이 아니라 일상적인 풍경, 여가 활동 등을 다루었으므로 적절하지 않다.
⑤ 인상주의 회화에서는 사람의 이목구비도 꼼꼼히 그려지지 않고 마구 뭉개졌다고 했으므로 적절하지 않다.

어휘·어법

5 새로운 증거를 찾음에 따라 재판이 진행되는 모습이 달라진 것이므로 '사물이나 현상의 모양이나 상태.'를 뜻하는 '양상'이 적절하다.
6 집으로 달려가려던 순간에 민수가 나를 불러 멈춰 세운 것이므로 '어떤 일이나 사물 현상이 일어나는 바로 그때.'를 뜻하는 '찰나'가 적절하다.
7 생활 수준이 높아져 무공해 식품을 좋아하게 된 것이므로 '여럿 가운데서 특별히 가려서 좋아함.'을 뜻하는 '선호'가 적절하다.

과학은 과연 객관적인가

1 ④ **2** ⑤ **3** ⑤ **4** ①

가 해제 | 이 글은 과학의 객관성과 관련하여 과학은 근본적으로 불확실성을 가지고 있다는 견해를 드러내고 있다. 유전자 조작 식품, 배아 복제 문제, 원자력 에너지의 사용 문제 등은 최근 사회적 논쟁거리가 되고 있는 것들로 이러한 문제에 대해 과학자들은 합의된 결론을 도출하지 못하고 있다. 이와 관련하여 유럽에서는 1990년대 중반 이후 과학에 대한 신뢰의 위기가 발생하였으며, 특히 영국 상원에서는 과학의 불확실성을 인정하고 과학 기술의 사용과 관련한 의사 결정은 전문가에게 맡길 것이 아니라 사회적 합의에 의해 불확실성을 최소화하는 것이 바람직하다고 제언하고 있다.

주제 | 과학의 불확실성과 과학 기술 사용에 대한 사회적 합의의 필요성

출전 김동광, 「한겨레 21」

나 해제 | 이 글은 자연 과학의 객관성과 확실성에 대한 견해를 드러내고 있다. 특히 이 글에서는 과학의 객관성은 연구자의 몰개성과 가치 중립을 통해 확보되며, 이를 통해 절대적 확실성을 갖게 된다고 언급하고 있다. 그리고 과학은 인문학과 달리 인간의 사고방식이나 문화적 태도, 편견, 주관적 가치 등이 개입하지 않는 것이며, 이러한 과학의 속성은 수 세대 동안의 훈련과 과학 활동을 통해 강화되어 왔다고 역설하고 있다.

주제 | 과학의 객관성과 절대적 확실성

출전 제롬 라베츠, 「과학, 멋진 신세계로 가는 지름길인가?」

1 (나)에서 과학은 연구자의 주관과 가치를 배제하기 때문에 객관적이며, 이와 같은 과학 활동의 결과는 절대적 확실성을 갖게 된다고 언급하고 있다. 반면 (가)에서는 최근 과학과 관련한 사회적 논쟁들은 모두 과학 자체가 가지고 있는 불확실성에 기반하고 있다고 언급하고 있다.

| 오답 풀이 |

① (가)는 1990년대 중반 이후 유럽을 중심으로 과학에 대한 신뢰의 위기가 대두되었으며, 2000년 영국에서 발행한 보고서에서는 과학 기술 사용과 관련한 의사 결정을 할 때에는 사회적 합의가 필요하다고 하였다. 이로 미루어 볼 때 (가)는 과학의 객관성을 신뢰한다고 보기 어렵다.

② (가)는 과학의 불확실성에 대해 설명하고 있고 (나)는 과학의 객관성과 절대적 확실성에 대해 주장하고 있다. 따라서 (가)가 (나)에 비해 과학을 긍정적으로 평가한다는 진술은 적절하지 않다.

③ (나)에서 모든 과학은 인간의 편견과 주관적 가치에 영향을 받지 않으므로 객관적이며 절대적인 확실성을 갖는다고 하였다. 따라서 (나)가 (가)에 비해 과학이 지닌 문제점을 강조한다는 진술은 적절

하지 않다.

⑤ (가)와 (나)에 과학의 발전과 관련한 내용은 언급하고 있지 않다.

2 (가)의 3문단에서 영국 상원의 보고서에 과학 기술의 사용에 대한 의사 결정은 일부 전문가들에게 맡길 것이 아니라 사회적 합의를 통해 불확실성을 최소화하는 것이 필요하다고 언급되어 있다는 내용을 확인할 수 있다.

| 오답 풀이 |

① (가)의 2문단에서 1990년대 중반 이후 유럽을 중심으로 과학에 대한 신뢰의 위기가 대두되었다고 언급되어 있다.

② (가)의 2문단에서 영국 정부가 광우병과 관련한 불투명한 초기 대응으로 국민적 불신을 초래하였다는 내용을 확인할 수 있다.

③ (가)의 1문단에서 원자력 에너지의 사용을 비롯한 과학적 논쟁들이 전 세계적으로 중요한 사회적 이슈가 되었다고 언급하고 있다.

④ (가)의 1문단에서 배아 복제, 원자력 에너지의 사용 여부와 관련한 문제에서 과학자들이 확실한 답을 내놓지 못하고 있다고 하였다.

3 (나)의 2문단을 보면 갈릴레이는 과학이 인문학과 달리 절대적으로 확실한 것이며 객관적인 것이라고 생각하는 인물임을 알 수 있다. 이로 미루어 볼 때 그는 최근 과학과 관련한 논쟁들은 과학의 본모습이 아니며 이는 연구의 중간 단계이거나 연구 과정이 미흡하게 이루어져 발생했다고 여길 것이다. 따라서 과학이 더욱 발달하고 추가 연구가 진행된다면 정확한 결론이 내려지게 되므로 논쟁이 끝날 것이라는 반응을 보일 것이라고 추론할 수 있다.

| 오답 풀이 |

①, ②, ③, ④ 과학의 확실성과 객관성을 믿는 갈릴레이의 입장에서 불확실성의 결과인 논쟁이 계속될 것으로 반응할 것이라는 진술은 적절하지 않다. 또한 이러한 입장에서는 과학의 문제를 시민들의 의견 수렴으로 해결하려 하지 않을 것이다.

4 ㉠의 '위임하다'는 '어떤 일을 책임 지워 맡기다.'라는 의미를 지닌 말로 '위임하는'을 '맡기는'으로 바꾸어 쓰는 것은 적절하다.

| 오답 풀이 |

② ㉡의 '대두되다'는 '어떤 세력이나 현상이 새롭게 나타나게 되다.'라는 의미를 지닌 말로 머리를 쳐든다는 뜻에서 나온 말이다.

③ ㉢의 '포괄하다'는 '일정한 대상이나 현상 따위를 어떤 범위나 한계 안에 모두 끌어 넣다.'라는 의미를 지닌 말이다.

④ ㉣의 '입증되다'는 '어떤 증거 따위가 나와 증명되다.'라는 의미를 지닌 말이다.

⑤ ㉤의 '개입하다'는 '자신과 직접적인 관계가 없는 일에 끼어들다.'라는 의미를 지닌 말이다.

기회비용과 매몰 비용

1 ②   **2** ④   **3** ④

가 |해제| 이 글은 경제학에서 말하는 기회비용에 대해 구체적 사례를 통해 설명하고 있다. 기회비용이란 어떤 것을 선택할 때 그것을 선택함으로써 포기하게 되는 것들 중 가장 가치가 큰 것을 의미한다. 경제학에서는 합리적인 선택을 위해 기회비용이 작은 선택을 할 것을 강조하는데, 때로는 기회비용이 크더라도 혁신적인 성과를 내기 위해 잘 포기하는 것이 좋은 선택인 경우가 있다. 코닥사가 필름 시장에서 거둔 성과를 포기하고 디지털 카메라 기술을 선택하지 않아 파산에 이르게 된 사례에서 이를 확인할 수 있다.

주제 | 기회비용의 개념과 사례

출전 박정호, 『재미없는 영화, 끝까지 보는 게 좋을까?』

나 |해제| 이 글은 매몰 비용에 대해 구체적 사례를 통해 설명하고 있다. 매몰 비용이란 이미 발생하여 회수가 불가능한 비용을 의미한다. 개인이 매몰 비용에 집착하여 합리적인 선택을 하지 못하는 경우를 재미없는 공연을 끝까지 보는 사례와 등산을 포기하고 콘서트를 선택한 사례를 들어 설명하고 있다. 그리고 매몰 비용을 고려한 잘못된 의사 결정의 사례가 개인 차원이 아닌 정부 차원에서도 있다는 점을 콩코드 여객기 개발 사례를 통해 보여 주고 있다. 즉, 이 글에서는 경제적으로 합리적인 선택을 하기 위해서 지혜롭게 포기하는 법을 밝히고 있다.

주제 | 매몰 비용의 개념과 사례

출전 박정호, 『재미없는 영화, 끝까지 보는 게 좋을까?』

1 (가)의 2문단에 따르면 코닥사가 디지털 카메라 기술을 가장 먼저 개발했다고 하였다. 코닥사는 디지털 카메라 개발 경쟁에 뒤떨어졌기 때문이 아니라 기술 활용을 주저하고 필름 시장을 고집하였기 때문에 파산하게 되었다.

|오답 풀이|

① (가)의 2문단에서 필름 시장이 디지털 카메라에 결국 잠식당하고 말았음을 확인할 수 있다.
③ (가)의 2문단에서 코닥사가 창업 이래 110년 이상 필름과 인화지 시장에서 세계 1위를 차지했음을 확인할 수 있다.
④ (나)의 4문단에서 콩코드 여객기 개발 계획이 경제성이 없다는 이유로 많은 국민과 학자들이 반대했음을 확인할 수 있다.
⑤ (나)의 3문단에 따르면 의사 결정을 할 때 이전에 투입된 비용인 매몰 비용은 경제학적으로 고려의 대상이 아님을 확인할 수 있다.

2 (가)의 3문단에 따르면 기회비용이란 무언가를 선택하여 포기하게 된 것들 중 가장 가치가 큰 것을 의미하므로 〈보기〉의 상황에서 희정이가 김밥을 선택하든, 순대를 선택하든 각각의 기회비용은 떡볶이를 선택할 때의 만족감인 100이다. 따라서 김밥을 선택할 때와 순대를 선택할 때의 기회비용이 다르다는 설명은 적절하지 않다.

|오답 풀이|

① 희정이가 라면을 선택할 때의 기회비용은 떡볶이를 선택할 때의 만족감인 100이다.
② 희정이가 떡볶이를 선택할 때의 기회비용은 나머지 메뉴 중 만족감이 가장 큰 라면을 선택할 때의 만족감인 80이다.
③ 순대를 선택했을 때의 만족감은 50으로 나머지 메뉴에 비해 제일 낮으므로 순대를 선택하는 것은 합리적인 선택이라고 볼 수 없다.
⑤ 합리적인 선택이란 고정된 것이 아니라 상황에 따라 달라진다. 따라서 여러 메뉴에 대한 만족감이 달라진다면 희정이가 해야 할 합리적인 선택도 달라질 것이다.

3 프랑스 정부는 콩코드 여객기 개발에 이미 많은 비용이 투자되었다 하더라도 이는 매몰 비용이므로 콩코드 여객기 개발을 중단하는 것이 경제학적 관점에서 합리적인 선택이다.

|오답 풀이|

①, ② 필름 카메라가 디지털 카메라에 뒤지지 않도록 필름 시장에 투자액을 늘리라는 조언은 디지털 카메라가 카메라 시장의 대세가 될 것이라는 흐름을 못 보고 기회비용에 집착한 조언이므로 적절하지 않다.
③ 코닥사는 필름 시장을 고집하는 상황이므로 디지털 카메라 기술에 투자한 비용을 매몰 비용으로 여기고 새로운 시장에 도전하라는 조언은 적절하지 않다.
⑤ 반대 여론에 대한 우려로 개발 계획을 비밀리에 추진하라는 조언은 합리적 의사 결정을 중시하는 경제학자의 조언이라고 보기 어렵다.

격려와 동기

1 ③   **2** ③   **3** ⑤

가 **해제** | 이 글은 칭찬과 격려의 특성을 대조하면서 모든 사람들에게 필요한 것은 조건적으로 하는 칭찬이 아니라 무조건적인 격려의 태도임을 설명하고 있다. 보상은 어떤 기준에 부합함에 따라 대가로 주어지기 때문에 조건과 평가에 따른 것이다. 하지만 격려는 잘했거나 못했거나 상관없이 조건 없이 주어지기 때문에 긍정적으로 존중받는 느낌을 주게 된다. 사람들에게는 칭찬보다 격려가 필요하며 끊임없이 연습하여 격려의 태도를 지닐 수 있도록 해야 함을 강조하고 있다.

주제 | 조건 없는 격려의 필요성

출전 강현식, 「꼭 알고 싶은 심리학의 모든 것」

나 **해제** | 이 글은 외재적 동기와의 대조를 통해 내재적 동기의 중요성을 설명하고 있다. 외재적 동기는 현금이나 선물과 같은 보상을 말하는데, 이런 보상은 종종 어떤 행동에 대한 흥미나 호기심과 같은 내재적 동기를 사라지게 한다. 보상 때문에 그 행동을 했다고 생각하게 되면 보상이 없을 때 더 이상 그 행동을 할 이유도 없다고 판단하게 되기 때문임을 알려 주고 있다.

주제 | 내재적 동기의 중요성

출전 강현식, 「꼭 알고 싶은 심리학의 모든 것」

1 (가)에서 격려의 태도는 상대방이 원하는 것을 하도록 만들기 때문에 칭찬보다 바람직하다고 하였고, (나)에서 내재적 동기는 보상이 없을 때 유지되어 호기심이나 활동 자체의 즐거움에서 행동의 원인을 찾는다고 하였으므로, (가)와 (나) 모두 자신이 원하는 것을 하도록 하는 것을 중시하고 있음을 알 수 있다.

| **오답 풀이** |

① (가)의 3문단에서 조건적인 칭찬이 아니라 무조건적인 칭찬과 사랑의 태도인 격려가 필요하다고 하였고, (나)의 2문단에서 보상이 학습에서 흥미와 자발성을 떨어뜨린다고 하였으므로 보상을 동기 유발의 최적 수단으로 보지 않음을 알 수 있다.
② (가)의 3문단에서 우리 모두에게 필요한 태도는 칭찬이 아니라 격려라고 하였으므로 적절하지 않다.
④ (가)의 4문단에서 칭찬은 기술이기 때문에 몇 번만 노력하면 할 수 있다고 하였으므로 적절하지 않다.
⑤ (나)에서 내재적 동기가 있는 상태에서 보상을 받게 되면 내재적 동기가 급격히 감소한다고 하였으므로 적절하지 않다.

2 (가)의 3문단에서 격려는 상대가 사랑과 칭찬에 목말라하지 않고 자신이 원하는 것을 하도록 만든다고 하였다. 좋은 결과를 빚은 행동을 강화하여 반복하도록 하는 것은 칭찬이라고 할 수 있다.

| **오답 풀이** |

① (가)의 3문단에서 격려의 태도는 아이들이 칭찬에 얽매이지 않고 자신이 원하는 것을 하도록 만든다고 한 데서 확인할 수 있다.
② (가)의 2문단에서 칭찬은 조건적이고 평가적인데 이는 상대의 잘함과 못함을 따지는 것이라고 하였다. 3문단에서 격려는 조건적인 칭찬과 달리 무조건적이라고 한 데서 확인할 수 있다.
④ (가)의 3문단에서 격려는 상대방을 있는 그대로 인정하고 긍정적으로 존중하는 태도라고 한 데서 확인할 수 있다.
⑤ (가)의 3문단에서 격려는 칭찬과 달리 어떤 기준을 만족시키지 않아도 해 줄 수 있다고 한 데서 확인할 수 있다.

3 격려는 어떤 조건이나 평가의 결과에 따른 것이 아니라 있는 그대로를 인정하고 존중하는 태도이다. ⑤는 '항상 열심히 노력한 당신의 자세'를 인정한 것이므로 (가)를 바탕으로 한 반응으로 가장 적절하다.

| **오답 풀이** |

① '최상의 결과를 만들기 때문에 최고'라는 것이므로 결과에 대한 평가의 시각이 담겨 있다.
② 과정에 상관없이 '성공'이라는 결과만 있으면 된다는 것이므로 결과에 따른 평가의 시각이 담겨 있다.
③ '사람들의 축하와 찬사'라는 보상을 위해 고난을 극복해야 한다면 이 역시 결과에 대한 평가의 시각이 담겨 있다고 볼 수 있다.
④ '성공'이라는 좋은 결과라는 조건을 전제로 하고 있다는 점에서 격려의 말과는 거리가 멀다.

대한민국 대표
영단어 시리즈

뜯어먹는 초등 필수 영단어 2

뜯어먹는
쓰기 노트

동아출판

1 날짜별로 영단어 쓰기 1과 오늘의 문장 따라 쓰기를 통해 오늘 배운 단어를 복습합니다.
2 뒤집어서 영단어 쓰기 2와 오늘의 문장 완성하기를 합니다.
3 쓰기 연습을 다 했으면 쓰기 노트를 뜯는 선을 따라 뜯으세요.
4 뜯어 낸 쓰기 노트는 고리를 이용하여 미니 단어장으로 만들 수 있습니다.
   뒤표지를 오려서 미니 단어장 표지로도 쓸 수 있어요.

영단어 쓰기 1

1 world _____

2 Korea _____

3 China _____

4 France _____

5 the U.S. _____

6 India _____

7 nation _____

8 capital _____

9 language _____

10 culture _____

11 flag _____

12 live in _____

😀 오늘의 문장 **따라 쓰기**

I am from Korea.
나는 한국 출신이야.

영단어 쓰기 1

1 favorite _____

2 subject _____

3 art _____

4 music _____

5 math _____

6 science _____

7 English _____

8 Korean _____

9 social studies _____

10 P.E. _____

11 class _____

12 club _____

😀 오늘의 문장 **따라 쓰기**

My favorite subject is music.
내가 가장 좋아하는 과목은 음악이야.

영단어 쓰기 2

1 가장 좋아하는   f _____

2 과목   s _____

3 미술   a _____

4 음악   m _____

5 수학   m _____

6 과학   s _____

7 영어   E _____

8 국어   K _____

9 사회   s _____

10 체육   P _____

11 수업   c _____

12 동아리   c _____

😊 오늘의 문장 완성하기

My _____ _____ **is**

_____ .

내가 가장 좋아하는 과목은 음악이야.

2

영단어 쓰기 2

1 세계   w _____

2 한국   K _____

3 중국   C _____

4 프랑스   F _____

5 미국   t _____

6 인도   I _____

7 국가, 나라   n _____

8 수도   c _____

9 언어   l _____

10 문화   c _____

11 깃발   f _____

12 ~에 살다   l _____

😊 오늘의 문장 완성하기

I am from _____ .

나는 한국 출신이야.

쓰기노트

DAY 04

영단어 쓰기 1

1 farm

2 grow

3 horse

4 duck

5 pig

6 cow

7 sweet potato

8 carrot

9 corn

10 fence

11 gate

12 roof

오늘의 문장 따라 쓰기

Is this a horse?

이것은 말인가요?

쓰기노트

DAY 03

영단어 쓰기 1

1 nature

2 lake

3 river

4 beach

5 leaf

6 branch

7 forest

8 mountain

9 cave

10 stone

11 sand

12 grass

오늘의 문장 따라 쓰기

Let's go to the beach.

바닷가에 가요.

뜯는 선

영단어 쓰기 2

1 자연   n _____

2 호수   l _____

3 강   r _____

4 바닷가   b _____

5 나뭇잎   l _____

6 나뭇가지   b _____

7 숲   f _____

8 산   m _____

9 동굴   c _____

10 돌   s _____

11 모래   s _____

12 풀   g _____

😀 오늘의 문장 완성하기

Let's go to the _____.

바닷가에 가요.

영단어 쓰기 2

1 농장   f _____

2 기르다, 키우다   g _____

3 말   h _____

4 오리   d _____

5 돼지   p _____

6 소   c _____

7 고구마   s _____

8 당근   c _____

9 옥수수   c _____

10 울타리   f _____

11 대문, 출입구   g _____

12 지붕   r _____

😀 오늘의 문장 완성하기

Is this a _____?

이것은 말인가요?

영단어 쓰기 1

	DAY 06			DAY 05
1	first	1	key	
2	second	2	wallet	
3	third	3	cell phone	
4	fourth	4	pencil case	
5	fifth	5	ruler	
6	sixth	6	fan	
7	seventh	7	umbrella	
8	eighth	8	toothbrush	
9	ninth	9	ring	
10	tenth	10	whose	
11	eleventh	11	mine	
12	twelfth	12	yours	

영단어 쓰기 1

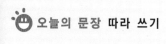 오늘의 문장 따라 쓰기

I am the first!

나는 첫 번째야!

 오늘의 문장 따라 쓰기

Whose key is this?

이것은 누구의 열쇠일까?

영단어 쓰기 2

1 열쇠   k _____

2 지갑   w _____

3 휴대 전화   c _____

4 필통   p _____

5 자   r _____

6 선풍기   f _____

7 우산   u _____

8 칫솔   t _____

9 반지   r _____

10 누구의   w _____

11 나의 것   m _____

12 너의 것   y _____

😀 오늘의 문장 완성하기

_____ _____ is this?

이것은 누구의 열쇠일까?

영단어 쓰기 2

1 첫 번째 (1st)   f _____

2 두 번째 (2nd)   s _____

3 세 번째 (3rd)   t _____

4 네 번째 (4th)   f _____

5 다섯 번째 (5th)   f _____

6 여섯 번째 (6th)   s _____

7 일곱 번째 (7th)   s _____

8 여덟 번째 (8th)   e _____

9 아홉 번째 (9th)   n _____

10 열 번째 (10th)   t _____

11 열한 번째 (11th)   e _____

12 열두 번째 (12th)   t _____

😀 오늘의 문장 완성하기

I am the _____!

나는 첫 번째야!

쓰기노트 DAY 08

영단어 쓰기 1

1 cook

2 dentist

3 doctor

4 nurse

5 police officer

6 firefighter

7 engineer

8 hair designer

9 fire

10 cut

11 food

12 people

오늘의 문장 따라 쓰기

He is a hair designer. He cuts my hair. 그는 미용사야. 그는 내 머리카락을 잘라.

뜯는 선

쓰기노트 DAY 07

영단어 쓰기 1

1 call

2 give

3 guide

4 marry

5 send

6 show

7 solve

8 problem

9 answer

10 question

11 letter

12 ticket

오늘의 문장 따라 쓰기

Can you give me an apple?
제게 사과를 주시겠어요?

뜯는 선

영단어 쓰기 2

1　전화하다　　　c _____

2　주다　　　　　g _____

3　안내하다　　　g _____

4　결혼하다　　　m _____

5　보내다　　　　s _____

6　보여 주다　　　s _____

7　해결하다, 풀다　s _____

8　문제　　　　　p _____

9　대답하다　　　a _____

10　질문　　　　　q _____

11　편지　　　　　l _____

12　티켓, 표　　　t _____

😀 오늘의 문장 완성하기

Can you _____ me an

apple? 제게 사과를 주시겠어요?

영단어 쓰기 2

1　요리사, 요리하다　c _____

2　치과의사　　　d _____

3　의사　　　　　d _____

4　간호사　　　　n _____

5　경찰관　　　　p _____

6　소방관　　　　f _____

7　엔지니어, 기술자　e _____

8　미용사　　　　h _____

9　불　　　　　　f _____

10　자르다　　　　c _____

11　음식　　　　　f _____

12　사람들　　　　p _____

😀 오늘의 문장 완성하기

He is a _____ _____.

He _____ my hair.

그는 미용사야. 그는 내 머리카락을 잘라.

영단어 쓰기 1

1 handsome _____

2 beautiful _____

3 curly _____

4 blond _____

5 straight _____

6 ponytail _____

7 slim _____

8 fat _____

9 tall _____

10 ugly _____

11 height _____

12 weight _____

😀 오늘의 문장 **따라 쓰기**

She has curly hair.

그녀는 곱슬머리를 가지고 있어요.

영단어 쓰기 1

1 how much _____

2 how many _____

3 these _____

4 those _____

5 clerk _____

6 customer _____

7 look for _____

8 money _____

9 cheap _____

10 expensive _____

11 hundred _____

12 thousand _____

😀 오늘의 문장 **따라 쓰기**

How much are these socks?

이 양말은 얼마인가요?

영단어 쓰기 2

1 (양, 가격이) 얼마   h ____
2 몇 개   h ____
3 이것들(의)   t ____
4 저것들(의)   t ____
5 점원, 직원   c ____
6 손님, 고객   c ____
7 찾다   l ____
8 돈   m ____
9 (가격이) 싼   c ____
10 (가격이) 비싼   e ____
11 백, 100   h ____
12 천, 1,000   t ____

😃 오늘의 문장 완성하기

_____ _____ are _____ socks? 이 양말은 얼마인가요?

영단어 쓰기 2

1 멋진, 잘생긴   h ____
2 아름다운   b ____
3 곱슬곱슬한   c ____
4 금발의   b ____
5 곧은, 똑바른   s ____
6 포니테일   p ____
7 날씬한   s ____
8 뚱뚱한   f ____
9 키가 큰   t ____
10 못생긴   u ____
11 키   h ____
12 몸무게   w ____

😃 오늘의 문장 완성하기

She has _____ hair.
그녀는 곱슬머리를 가지고 있어요.

영단어 쓰기 1

영단어 쓰기 1

1	January
2	February
3	March
4	April
5	May
6	June
7	July
8	August
9	September
10	October
11	November
12	December

1	family
2	birth
3	grandparent
4	parent
5	husband
6	wife
7	daughter
8	son
9	aunt
10	uncle
11	cousin
12	care

😀 **오늘의 문장 따라 쓰기**

My birthday is June 10th.

내 생일은 6월 10일이야.

😀 **오늘의 문장 따라 쓰기**

Aunt Jane is Dad's sister.

제인 고모는 아빠의 여동생입니다.

11

영단어 쓰기 2

1 가족 f _____
2 탄생 b _____
3 (외)조부모 g _____
4 부모 p _____
5 남편 h _____
6 아내 w _____
7 딸 d _____
8 아들 s _____
9 고모, 이모 a _____
10 (외)삼촌 u _____
11 (외)사촌 c _____
12 돌보다 c _____

😀 오늘의 문장 완성하기

_____ Jane is Dad's sister.

제인 고모는 아빠의 여동생입니다.

영단어 쓰기 2

1 1월 J _____
2 2월 F _____
3 3월 M _____
4 4월 A _____
5 5월 M _____
6 6월 J _____
7 7월 J _____
8 8월 A _____
9 9월 S _____
10 10월 O _____
11 11월 N _____
12 12월 D _____

😀 오늘의 문장 완성하기

My birthday is _____ 10th.

내 생일은 6월 10일이야.

영단어 쓰기 1

1 east _____

2 west _____

3 south _____

4 north _____

5 block _____

6 corner _____

7 turn right _____

8 turn left _____

9 go straight _____

10 flower shop _____

11 bakery _____

12 park _____

😀 오늘의 문장 **따라 쓰기**

Go straight one block and turn left. 한 블록 직진하다가 왼쪽으로 도세요.

영단어 쓰기 1

1 bank _____

2 hospital _____

3 restaurant _____

4 library _____

5 post office _____

6 police station _____

7 museum _____

8 next to _____

9 in front of _____

10 behind _____

11 between _____

12 across from _____

😀 오늘의 문장 **따라 쓰기**

A: Where is the bank?
은행은 어디에 있니?

B: It is next to the library.
그것은 도서관 옆에 있어요.

영단어 쓰기 2

1	은행	b_____
2	병원	h_____
3	식당	r_____
4	도서관	l_____
5	우체국	p_____
6	경찰서	p_____
7	박물관	m_____
8	~ 옆에	n_____
9	~ 앞에	i_____
10	~ 뒤에	b_____
11	~ 사이에	b_____
12	~의 바로 맞은편에	a_____

😀 **오늘의 문장** 완성하기

A: **Where is the _____?**
은행은 어디에 있니?

B: **It is next to the _____.**
그것은 도서관 옆에 있어요.

14

영단어 쓰기 2

1	동쪽	e_____
2	서쪽	w_____
3	남쪽	s_____
4	북쪽	n_____
5	구역, 블록	b_____
6	모서리, 모퉁이	c_____
7	오른쪽으로 돌다	t_____
8	왼쪽으로 돌다	t_____
9	직진하다	g_____
10	꽃 가게, 꽃집	f_____
11	제과점, 빵집	b_____
12	공원	p_____

😀 **오늘의 문장** 완성하기

Go _____ one _____
and _____ _____.
한 블록 직진하다가 왼쪽으로 도세요.

영단어 쓰기 1

1 wrong _____

2 hurt _____

3 sick _____

4 cold _____

5 fever _____

6 runny nose _____

7 headache _____

8 toothache _____

9 stomachache _____

10 backache _____

11 medicine _____

12 rest _____

😀 오늘의 문장 **따라 쓰기**

I have a headache.

저는 머리가 아파요.

영단어 쓰기 1

1 borrow _____

2 bring _____

3 ask _____

4 invite _____

5 drink _____

6 speak _____

7 take a picture _____

8 try on _____

9 use _____

10 scissors _____

11 water _____

12 restroom _____

😀 오늘의 문장 **따라 쓰기**

May I borrow your umbrella?

제가 당신의 우산을 빌려도 될까요?

영단어 쓰기 2

1	빌리다	b _____
2	가져오다	b _____
3	묻다, 물어보다	a _____
4	초대하다	i _____
5	마시다	d _____
6	말하다	s _____
7	사진을 찍다	t _____
8	(옷 등을) 입어 보다	t _____
9	사용하다	u _____
10	가위	s _____
11	물	w _____
12	화장실	r _____

영단어 쓰기 2

1	잘못된, 문제가 있는	w _____
2	다치게 하다	h _____
3	아픈	s _____
4	감기	c _____
5	열	f _____
6	콧물	r _____
7	두통, 머리 아픔	h _____
8	치통, 이 아픔	t _____
9	복통, 배 아픔	s _____
10	요통, 허리 아픔	b _____
11	약	m _____
12	휴식	r _____

😀 오늘의 문장 완성하기

May I _____ your
umbrella? 제가 당신의 우산을 빌려도 될까요?

😀 오늘의 문장 완성하기

I have a _____.
저는 머리가 아파요.

영단어 쓰기 1

1 always _____

2 usually _____

3 often _____

4 sometimes _____

5 never _____

6 lie _____

7 work _____

8 drive _____

9 keep a diary _____

10 eat out _____

11 once _____

12 twice _____

😊 오늘의 문장 따라 쓰기

I always keep a diary.
나는 항상 일기를 써.

영단어 쓰기 1

1 get up _____

2 go to bed _____

3 have breakfast _____

4 have lunch _____

5 have dinner _____

6 do my homework _____

7 go to school _____

8 come home _____

9 brush my teeth _____

10 wash the dishes _____

11 early _____

12 late _____

😊 오늘의 문장 따라 쓰기

I get up at 7:30.
나는 7시 30분에 일어나.

영단어 쓰기 2

1	일어나다	g_____
2	잠자리에 들다	g_____
3	아침을 먹다	h_____
4	점심을 먹다	h_____
5	저녁을 먹다	h_____
6	숙제를 하다	d_____
7	학교에 가다	g_____
8	집에 오다	c_____
9	이를 닦다	b_____
10	설거지를 하다	w_____
11	일찍	e_____
12	늦게	l_____

영단어 쓰기 2

1	항상	a_____
2	대개	u_____
3	자주, 종종	o_____
4	가끔, 때때로	s_____
5	전혀 ~ 않다	n_____
6	거짓말하다	l_____
7	일하다	w_____
8	운전하다	d_____
9	일기를 쓰다	k_____
10	외식하다	e_____
11	한 번	o_____
12	두 번	t_____

😀 **오늘의 문장 완성하기**

I _____ _____ at

7:30. 나는 7시 30분에 일어나.

😀 **오늘의 문장 완성하기**

I _____ _____ a

_____. 나는 항상 일기를 써.

영단어 쓰기 1

1 see　＿＿＿＿＿＿＿＿＿＿

2 learn　＿＿＿＿＿＿＿＿＿＿

3 buy　＿＿＿＿＿＿＿＿＿＿

4 sell　＿＿＿＿＿＿＿＿＿＿

5 join　＿＿＿＿＿＿＿＿＿＿

6 dive　＿＿＿＿＿＿＿＿＿＿

7 medal　＿＿＿＿＿＿＿＿＿＿

8 jump rope　＿＿＿＿＿＿＿＿＿＿

9 go camping　＿＿＿＿＿＿＿＿＿＿

10 go fishing　＿＿＿＿＿＿＿＿＿＿

11 do magic　＿＿＿＿＿＿＿＿＿＿

12 take a trip　＿＿＿＿＿＿＿＿＿＿

😊 오늘의 문장 따라 쓰기

I want to see the giraffe.
나는 기린을 보고 싶어.

영단어 쓰기 1

1 bed　＿＿＿＿＿＿＿＿＿＿

2 curtain　＿＿＿＿＿＿＿＿＿＿

3 blanket　＿＿＿＿＿＿＿＿＿＿

4 pillow　＿＿＿＿＿＿＿＿＿＿

5 closet　＿＿＿＿＿＿＿＿＿＿

6 drawer　＿＿＿＿＿＿＿＿＿＿

7 clock　＿＿＿＿＿＿＿＿＿＿

8 vase　＿＿＿＿＿＿＿＿＿＿

9 mirror　＿＿＿＿＿＿＿＿＿＿

10 carpet　＿＿＿＿＿＿＿＿＿＿

11 comfortable　＿＿＿＿＿＿＿＿＿＿

12 useful　＿＿＿＿＿＿＿＿＿＿

😊 오늘의 문장 따라 쓰기

My pillow and blanket are
comfortable.　내 베개와 이불은 편안해.

영단어 쓰기 2

1	침대	b _____
2	커튼	c _____
3	이불, 담요	b _____
4	베개	p _____
5	벽장, 옷장	c _____
6	서랍	d _____
7	시계	c _____
8	꽃병	v _____
9	거울	m _____
10	카펫	c _____
11	편안한	c _____
12	유용한, 쓸모 있는	u _____

영단어 쓰기 2

1	보다	s _____
2	배우다	l _____
3	사다	b _____
4	팔다	s _____
5	함께 하다	j _____
6	(물에) 뛰어들다	d _____
7	메달, 메달을 따다	m _____
8	줄넘기하다	j _____
9	캠핑 가다	g _____
10	낚시하러 가다	g _____
11	마술을 하다	d _____
12	여행하다	t _____

😃 **오늘의 문장** 완성하기

My _____ and _____ are _____ . 내 베개와 이불은 편안해.

😃 **오늘의 문장** 완성하기

I want to _____ the giraffe. 나는 기린을 보고 싶어.

영단어 쓰기 1

영단어 쓰기 1

	DAY 22		DAY 21
1	forget	1	bigger
2	plant	2	smaller
3	turn off	3	longer
4	save	4	shorter
5	recycle	5	faster
6	paper	6	slower
7	bottle	7	older
8	can	8	younger
9	energy	9	taller
10	light	10	stronger
11	garbage	11	race
12	plastic bag	12	prize

😀 오늘의 문장 따라 쓰기

Don't forget to turn off the
lights. 불을 끄는 것을 잊지 마세요.

😀 오늘의 문장 따라 쓰기

I am faster than Chris.
나는 크리스보다 더 빨라.

영단어 쓰기 2

영단어 쓰기 2

1	더 큰	b	
2	더 작은	s	
3	더 긴	l	
4	더 짧은	s	
5	더 빠른	f	
6	더 느린	s	
7	나이가 더 많은	o	
8	나이가 더 어린	y	
9	키가 더 큰	t	
10	힘이 더 센	s	
11	경주	r	
12	상	p	

1	잊다	f	
2	~을 심다	p	
3	(전기, 물을) 끄다, 잠그다	t	
4	절약하다, 모으다	s	
5	재활용하다	r	
6	종이	p	
7	(유리)병	b	
8	깡통, 캔	c	
9	에너지	e	
10	빛, 전등, 불	l	
11	쓰레기	g	
12	비닐봉지	p	

😀 오늘의 문장 완성하기

I am _____ than Chris.
나는 크리스보다 더 빨라.

😀 오늘의 문장 완성하기

Don't forget to _____
_____ the lights.
불을 끄는 것을 잊지 마세요.

영단어 쓰기 1

1 why _____

2 upset _____

3 tired _____

4 worried _____

5 excited _____

6 shocked _____

7 present _____

8 test _____

9 news _____

10 accident _____

11 break _____

12 glass _____

영단어 쓰기 1

1 listened _____

2 visited _____

3 watched _____

4 fixed _____

5 picked _____

6 stayed _____

7 did _____

8 went _____

9 movie _____

10 puzzle _____

11 shopping _____

12 cart _____

😀 오늘의 문장 **따라 쓰기**

Why are you worried?
너는 왜 걱정하니?

😀 오늘의 문장 **따라 쓰기**

I fixed my bike.
나는 내 자전거를 고쳤어.

23

영단어 쓰기 2

1	들었다	l _____
2	방문했다	v _____
3	보았다	w _____
4	고쳤다	f _____
5	땄다	p _____
6	머물렀다	s _____
7	했다	d _____
8	갔다	w _____
9	영화	m _____
10	퍼즐	p _____
11	쇼핑	s _____
12	카트, 손수레	c _____

영단어 쓰기 2

1	왜	w _____
2	화난	u _____
3	피곤한	t _____
4	걱정하는	w _____
5	신난	e _____
6	충격을 받은, 놀란	s _____
7	선물	p _____
8	시험	t _____
9	뉴스	n _____
10	사고	a _____
11	깨다, 부수다	b _____
12	유리잔	g _____

😃오늘의 문장 **완성하기**

I _____ my bike.

나는 내 자전거를 고쳤어.

😃오늘의 문장 **완성하기**

_____ are you _____?

너는 왜 걱정하니?

영단어 쓰기 1

영단어 쓰기 1

1	vacation		1	slice
2	next		2	boil
3	go on a picnic		3	pour
4	go surfing		4	shake
5	build		5	fry
6	sandcastle		6	mix
7	sea		7	oil
8	wave		8	chicken
9	bug		9	salt
10	net		10	sugar
11	volleyball		11	cheese
12	life jacket		12	salad

😀 오늘의 문장 따라 쓰기

I will build a sandcastle.
나는 모래성을 지을 거야.

😀 오늘의 문장 따라 쓰기

Mix the salad.
샐러드를 섞어요.

영단어 쓰기 2

1 (얇게) 썰다   s _____

2 끓이다, 삶다   b _____

3 붓다, 따르다   p _____

4 흔들다   s _____

5 튀기다, 굽다   f _____

6 섞다, 섞이다   m _____

7 기름   o _____

8 닭고기   c _____

9 소금   s _____

10 설탕   s _____

11 치즈   c _____

12 샐러드   s _____

😀 오늘의 문장 완성하기

_____ the _____.

샐러드를 섞어요.

영단어 쓰기 2

1 휴가, 방학   v _____

2 다음의   n _____

3 소풍을 가다   g _____

4 서핑하러 가다   g _____

5 (건물 등을) 짓다   b _____

6 모래성   s _____

7 바다   s _____

8 파도   w _____

9 벌레   b _____

10 네트, 그물   n _____

11 배구   v _____

12 구명조끼   l _____

😀 오늘의 문장 완성하기

I will _____ **a** _____.

나는 모래성을 지을 거야.

쓰기노트

DAY 28

영단어 쓰기 1

1 Halloween ____________

2 pumpkin ____________

3 trick ____________

4 treat ____________

5 bat ____________

6 spider ____________

7 candle ____________

8 witch ____________

9 neighbor ____________

10 dress up ____________

11 get ____________

12 knock ____________

오늘의 문장 따라 쓰기

We dress up on Halloween.

우리는 핼러윈에 변장해요.

뜯는 선

쓰기노트

DAY 27

영단어 쓰기 1

1 begin ____________

2 end ____________

3 hurry ____________

4 arrive ____________

5 hour ____________

6 noon ____________

7 tonight ____________

8 supper ____________

9 exam ____________

10 tour ____________

11 a.m. ____________

12 p.m. ____________

오늘의 문장 따라 쓰기

The supper begins at 6.

저녁 식사는 6시에 시작해요.

뜯는 선

영단어 쓰기 2

1	시작하다	b _____
2	끝나다	e _____
3	서두르다	h _____
4	도착하다	a _____
5	1시간	h _____
6	정오, 낮 12시	n _____
7	오늘 밤	t _____
8	저녁 (식사)	s _____
9	시험	e _____
10	여행, 관광	t _____
11	오전	a _____
12	오후	p _____

영단어 쓰기 2

1	핼러윈	H _____
2	호박	p _____
3	장난, 속임수	t _____
4	특별한 것, 기쁨	t _____
5	박쥐	b _____
6	거미	s _____
7	양초	c _____
8	마녀	w _____
9	이웃 (사람)	n _____
10	변장하다, 차려입다	d _____
11	받다	g _____
12	노크하다	k _____

😃 오늘의 문장 완성하기

The _____ _____ at **6.** 저녁 식사는 6시에 시작해요.

😃 오늘의 문장 완성하기

We _____ _____ on _____. 우리는 핼러윈에 변장해요.

영단어 쓰기 1

영단어 쓰기 1

	DAY 30		DAY 29
1	noodles	1	body
2	steak	2	bone
3	soup	3	skin
4	cake	4	muscle
5	towel	5	brain
6	bookshelf	6	heart
7	flour	7	tongue
8	beef	8	blood
9	bean	9	inside
10	chocolate	10	outside
11	cotton	11	find
12	wood	12	part

😃 오늘의 문장 따라 쓰기

This steak is made of beef.

이 스테이크는 소고기로 만든 거예요.

😃 오늘의 문장 따라 쓰기

The heart is a part of the body.

심장은 몸의 한 부분이에요.

29

영단어 쓰기 2

1 몸, 몸통　　b_____

2 뼈　　b_____

3 피부　　s_____

4 근육　　m_____

5 뇌　　b_____

6 심장, 가슴　　h_____

7 혀　　t_____

8 피, 혈액　　b_____

9 안, 내부　　i_____

10 겉, 바깥　　o_____

11 찾다, 발견하다　　f_____

12 부분, 일부　　p_____

😃 오늘의 문장 완성하기

The _____ is a _____ of the _____.

심장은 몸의 한 부분이에요.

영단어 쓰기 2

1 국수　　n_____

2 스테이크　　s_____

3 수프　　s_____

4 케이크　　c_____

5 수건　　t_____

6 책장　　b_____

7 밀가루　　f_____

8 소고기　　b_____

9 콩　　b_____

10 초콜릿　　c_____

11 면, 솜　　c_____

12 나무　　w_____

😃 오늘의 문장 완성하기

This _____ is made of _____.

이 스테이크는 소고기로 만든 거예요.

영단어 쓰기 1

영단어 쓰기 1

1	hill	_____
2	top	_____
3	middle	_____
4	bottom	_____
5	pool	_____
6	store	_____
7	above	_____
8	below	_____
9	over	_____
10	beside	_____
11	around	_____
12	upside down	_____

1	elementary school	_____
2	middle school	_____
3	high school	_____
4	college	_____
5	school uniform	_____
6	grade	_____
7	classmate	_____
8	classroom	_____
9	professor	_____
10	gym	_____
11	board	_____
12	locker	_____

😃 오늘의 문장 따라 쓰기

I am standing on top of the hill.
나는 언덕 꼭대기에 서 있어요.

😃 오늘의 문장 따라 쓰기

I go to elementary school.
나는 초등학교에 다녀요.

쓰기노트 DAY 31

영단어 쓰기 2

1 초등학교 e
2 중학교 m
3 고등학교 h
4 대학교 c
5 교복 s
6 학년 g
7 반 친구 c
8 교실 c
9 교수 p
10 체육관 g
11 게시판 b
12 사물함 l

😊 오늘의 문장 완성하기

I go to _____ _____.
나는 초등학교에 다녀요.

쓰기노트 DAY 32

영단어 쓰기 2

1 언덕 h
2 꼭대기, 맨 위 t
3 중간, 한 가운데 m
4 바닥, 맨 아래 b
5 수영장 p
6 가게, 상점 s
7 ~(보다) 위에 a
8 ~(보다) 아래에 b
9 ~을 건너, 넘어 o
10 ~ 옆에 b
11 ~의 주위를 돌아 a
12 거꾸로 u

😊 오늘의 문장 완성하기

I am standing on _____ of the _____.
나는 언덕 꼭대기에 서 있어요.

32

영단어 쓰기 1

			영단어 쓰기 1

1 field _____

2 crowd _____

3 coach _____

4 player _____

5 throw _____

6 hit _____

7 pass _____

8 catch _____

9 kick _____

10 cheer _____

11 start _____

12 finish _____

1 tent _____

2 backpack _____

3 sleeping bag _____

4 first-aid kit _____

5 clothes _____

6 snack _____

7 compass _____

8 flashlight _____

9 carry _____

10 leave _____

11 burn _____

12 near _____

😃 오늘의 문장 **따라 쓰기**

I am good at hitting the ball.
나는 공을 치는 것을 잘 해.

😃 오늘의 문장 **따라 쓰기**

You should carry a first-aid kit.
구급상자를 들고 가야 해.

영단어 쓰기 2

1	텐트	t_____
2	배낭	b_____
3	침낭	s_____
4	구급상자	f_____
5	옷	c_____
6	간식	s_____
7	나침반	c_____
8	손전등	f_____
9	들고 가다, 가지고 다니다	c_____
10	떠나다, 두고 오다	l_____
11	(불에) 태우다	b_____
12	~에 가까이	n_____

영단어 쓰기 2

1	경기장	f_____
2	군중	c_____
3	코치, 감독	c_____
4	(운동) 선수	p_____
5	던지다	t_____
6	(공을) 치다	h_____
7	(공을) 주고받다	p_____
8	잡다, 받다	c_____
9	발로 차다	k_____
10	응원하다	c_____
11	시작하다	s_____
12	끝나다	f_____

😀 오늘의 문장 완성하기

You should _____ a _____ _____.

구급상자를 들고 가야 해.

😀 오늘의 문장 완성하기

I am good at _____ the ball. 나는 공을 치는 것을 잘 해.

영단어 쓰기 1

1 king _____

2 queen _____

3 prince _____

4 princess _____

5 knight _____

6 sword _____

7 palace _____

8 crown _____

9 belt _____

10 cage _____

11 bite _____

12 drop _____

😀 오늘의 문장 따라 쓰기

There was a beautiful palace.
아름다운 궁전이 있었어요.

영단어 쓰기 1

1 connect _____

2 dot _____

3 line _____

4 circle _____

5 triangle _____

6 square _____

7 cube _____

8 wheel _____

9 house _____

10 rocket _____

11 truck _____

12 arrow _____

😀 오늘의 문장 따라 쓰기

How about drawing a triangle?
삼각형을 그리는 게 어때?

영단어 쓰기 2

1	연결하다, 잇다	c _____
2	점	d _____
3	선, 줄	l _____
4	원	c _____
5	삼각형	t _____
6	정사각형	s _____
7	정육면체	c _____
8	바퀴	w _____
9	집	h _____
10	로켓	r _____
11	트럭	t _____
12	화살표, 화살	a _____

😃 오늘의 문장 완성하기

How about drawing a

_____ **?** 삼각형을 그리는 게 어때?

영단어 쓰기 2

1	왕	k _____
2	여왕	q _____
3	왕자	p _____
4	공주	p _____
5	기사	k _____
6	칼, 검	s _____
7	궁전	p _____
8	왕관	c _____
9	허리띠	b _____
10	새장, 우리	c _____
11	(깨)물다	b _____
12	떨어뜨리다	d _____

😃 오늘의 문장 완성하기

There was a beautiful

_____ **.** 아름다운 궁전이 있었어요.

쓰기노트

DAY 38

영단어 쓰기 1

1 gesture ______

2 meaning ______

3 palm ______

4 fist ______

5 thumb ______

6 lip ______

7 luck ______

8 wish ______

9 raise ______

10 put ______

11 cross ______

12 bend ______

오늘의 문장 따라 쓰기

She crosses her fingers.

그녀는 손가락을 겹쳐.

쓰기노트

DAY 37

영단어 쓰기 1

1 all ______

2 nothing ______

3 only ______

4 most ______

5 many ______

6 a few ______

7 much ______

8 a little ______

9 full ______

10 empty ______

11 double ______

12 both ______

오늘의 문장 따라 쓰기

Most flowers are red.

대부분의 꽃들이 빨간색이야.

접는 선

영단어 쓰기 2

1 모든　　　　　a
2 아무것도 ~ 없음　n
3 단 하나의　　　o
4 대부분　　　　m
5 많은(셀 수 있는 것)　m
6 약간의(셀 수 있는 것)　a
7 많은(셀 수 없는 것)　m
8 약간의(셀 수 없는 것)　a
9 가득 찬　　　　f
10 비어 있는　　　e
11 두 배　　　　　d
12 둘 다　　　　　b

영단어 쓰기 2

1 몸짓, 제스처　g
2 의미　　　　　m
3 손바닥　　　　p
4 주먹　　　　　f
5 엄지손가락　　t
6 입술　　　　　l
7 행운　　　　　l
8 바라다, 원하다　w
9 들어 올리다　r
10 놓다, 두다　　p
11 겹치다, 교차하다　c
12 굽히다, (머리를) 숙이다　b

😀 오늘의 문장 완성하기

_____ flowers are red.

대부분의 꽃들이 빨간색이야.

😀 오늘의 문장 완성하기

She _____ her fingers.

그녀는 손가락을 겹쳐.

영단어 쓰기 1

1 the biggest _____

2 the highest _____

3 the longest _____

4 the deepest _____

5 curious _____

6 animal _____

7 land _____

8 ocean _____

9 country _____

10 island _____

11 city _____

12 countryside _____

😊 오늘의 문장 **따라 쓰기**

What is the biggest animal in the world? 세계에서 가장 큰 동물은 무엇이니?

영단어 쓰기 1

1 spell _____

2 need _____

3 advise _____

4 believe _____

5 choose _____

6 practice _____

7 discuss _____

8 decide _____

9 guess _____

10 thank _____

11 remember _____

12 understand _____

😊 오늘의 문장 **따라 쓰기**

How do you spell "guess"?
'추측하다'의 철자는 무엇이니?

영단어 쓰기 2

1 철자를 쓰다(말하다) s _____

2 ~을 필요로 하다 n _____

3 조언하다 a _____

4 믿다 b _____

5 고르다 c _____

6 연습하다 p _____

7 토론하다 d _____

8 결정하다 d _____

9 추측하다 g _____

10 감사하다 t _____

11 기억하다 r _____

12 이해하다 u _____

영단어 쓰기 2

1 가장 큰 t _____

2 가장 높은 t _____

3 가장 긴 t _____

4 가장 깊은 t _____

5 호기심이 많은 c _____

6 동물 a _____

7 땅 l _____

8 바다 o _____

9 나라 c _____

10 섬 i _____

11 도시 c _____

12 시골, 지방 c _____

😀오늘의 문장 완성하기

How do you _____

"_____"?

'추측하다'의 철자는 무엇이니?

😀오늘의 문장 완성하기

What is _____ _____

_____ in the world?

세계에서 가장 큰 동물은 무엇이니?

영단어 쓰기 1

1 think _____

2 agree _____

3 honest _____

4 clever _____

5 safe _____

6 dangerous _____

7 famous _____

8 enough _____

9 important _____

10 fantastic _____

11 fresh _____

12 dead _____

😀 오늘의 문장 **따라 쓰기**

I think he is honest.
나는 그가 정직하다고 생각해.

영단어 쓰기 1

1 factory _____

2 business _____

3 silver _____

4 gold _____

5 cash _____

6 credit card _____

7 bill _____

8 coin _____

9 pay _____

10 count _____

11 add _____

12 divide _____

😀 오늘의 문장 **따라 쓰기**

We pay by credit card.
우리는 신용 카드로 지불해.

영단어 쓰기 2

1　공장　　　　f _____

2　사업　　　　b _____

3　은　　　　　s _____

4　금　　　　　g _____

5　현금　　　　c _____

6　신용 카드　c _____

7　지폐　　　　b _____

8　동전　　　　c _____

9　지불하다　p _____

10　(숫자를) 세다　c _____

11　더하다　　a _____

12　나누다　　d _____

😀 **오늘의 문장 완성하기**

We _____ by _____

_____. 우리는 신용 카드로 지불해.

영단어 쓰기 2

1　생각하다　　t _____

2　동의하다　　a _____

3　정직한　　　h _____

4　영리한　　　c _____

5　안전한　　　s _____

6　위험한　　　d _____

7　유명한　　　f _____

8　충분한　　　e _____

9　중요한　　　i _____

10　기막히게 좋은, 엄청난　f _____

11　신선한　　　f _____

12　죽은　　　　d _____

😀 **오늘의 문장 완성하기**

I _____ he is _____.

나는 그가 정직하다고 생각해.

영단어 쓰기 1

1 enjoy   _____

2 hobby   _____

3 travel   _____

4 collect   _____

5 hike   _____

6 bake   _____

7 exercise   _____

8 comic book   _____

9 crazy   _____

10 pie   _____

11 spend   _____

12 free time   _____

😊 오늘의 문장 **따라 쓰기**

I enjoy reading comic books.
나는 만화책 읽는 것을 즐겨.

영단어 쓰기 1

1 fasten   _____

2 seat belt   _____

3 stop   _____

4 wait   _____

5 keep quiet   _____

6 crosswalk   _____

7 traffic jam   _____

8 traffic light   _____

9 helmet   _____

10 brakes   _____

11 speed   _____

12 quickly   _____

😊 오늘의 문장 **따라 쓰기**

You must use the crosswalk.
너는 횡단보도를 이용해야 해.

영단어 쓰기 2

1	매다	f_____
2	안전벨트	s_____
3	멈추다	s_____
4	기다리다	w_____
5	조용히 하다	k_____
6	횡단보도	c_____
7	교통 체증	t_____
8	신호등	t_____
9	안전모	h_____
10	브레이크	b_____
11	속도	s_____
12	빠르게	q_____

영단어 쓰기 2

1	즐기다	e_____
2	취미	h_____
3	여행하다	t_____
4	수집하다	c_____
5	하이킹하다	h_____
6	(빵 등을) 굽다	b_____
7	운동하다	e_____
8	만화책	c_____
9	열광하는	c_____
10	파이	p_____
11	(시간을) 보내다	s_____
12	자유 시간, 여가 시간	f_____

😀 오늘의 문장 완성하기

You must use the _____.

너는 횡단보도를 이용해야 해.

😀 오늘의 문장 완성하기

I _____ reading _____ _____.

나는 만화책 읽는 것을 즐겨.

쓰기노트

DAY 46

영단어 쓰기 1

1 bridge ______

2 tower ______

3 castle ______

4 church ______

5 map ______

6 treasure ______

7 angel ______

8 ghost ______

9 hunt ______

10 giant ______

11 return ______

12 die ______

오늘의 문장 따라 쓰기

Hunt the giant, and you will get the treasure.

거인을 사냥하면, 보물을 얻을 거예요.

는 선

쓰기노트

DAY 45

영단어 쓰기 1

1 wedding ______

2 congratulations ______

3 bride ______

4 groom ______

5 guest ______

6 photographer ______

7 gift ______

8 song ______

9 clap ______

10 smile ______

11 love ______

12 hate ______

오늘의 문장 따라 쓰기

The bride and groom are smiling. 신부와 신랑은 미소 짓고 있어요.

뜯는 선

영단어 쓰기 2

1	결혼(식)	w _____
2	축하, 축하해	c _____
3	신부	b _____
4	신랑	g _____
5	손님	g _____
6	사진사	p _____
7	선물	g _____
8	노래	s _____
9	손뼉을 치다	c _____
10	미소 짓다	s _____
11	사랑하다	l _____
12	싫어하다	h _____

☺ 오늘의 문장 완성하기

The _____ and
_____ are _____.

신부와 신랑은 미소 짓고 있어요.

영단어 쓰기 2

1	다리	b _____
2	타워, 탑	t _____
3	성	c _____
4	교회	c _____
5	지도	m _____
6	보물	t _____
7	천사	a _____
8	유령	g _____
9	사냥하다	h _____
10	거인	g _____
11	돌아가다	r _____
12	죽다	d _____

☺ 오늘의 문장 완성하기

_____ the _____,
and you will get the _____.

거인을 사냥하면, 보물을 얻을 거예요.

영단어 쓰기 1

1 airport _____
2 flight _____
3 departure _____
4 arrival _____
5 pilot _____
6 flight attendant _____
7 luggage _____
8 passport _____
9 search _____
10 ground _____
11 before _____
12 after _____

😀 오늘의 문장 따라 쓰기

The flight leaves after 12.
비행기는 12시 이후에 출발해.

영단어 쓰기 1

1 actor _____
2 pianist _____
3 announcer _____
4 fashion model _____
5 vet _____
6 barista _____
7 become _____
8 dream _____
9 chance _____
10 plan _____
11 job _____
12 future _____

😀 오늘의 문장 따라 쓰기

I want to be a vet.
나는 수의사가 되고 싶어.

영단어 쓰기 2

1	배우	a _____
2	피아니스트	p _____
3	아나운서	a _____
4	패션모델	f _____
5	수의사	v _____
6	바리스타	b _____
7	~이 되다	b _____
8	꿈꾸다	d _____
9	기회	c _____
10	계획	p _____
11	직업	j _____
12	미래	f _____

영단어 쓰기 2

1	공항	a _____
2	비행, 항공편	f _____
3	출발	d _____
4	도착	a _____
5	조종사	p _____
6	승무원	f _____
7	짐, 수하물	l _____
8	여권	p _____
9	찾다, 수색하다	s _____
10	땅, 지면	g _____
11	~ 전에, 앞에	b _____
12	~ 후에, 뒤에	a _____

😀 오늘의 문장 완성하기

I want to be a _____.

나는 수의사가 되고 싶어.

😀 오늘의 문장 완성하기

The _____ leaves

_____ 12.

비행기는 12시 이후에 출발해.

영단어 쓰기 1

		영단어 쓰기 1		

1 space _____

2 planet _____

3 Sun _____

4 Moon _____

5 Mercury _____

6 Venus _____

7 Earth _____

8 Mars _____

9 astronaut _____

10 spaceship _____

11 shooting star _____

12 footprint _____

1 symbol _____

2 rose _____

3 owl _____

4 wisdom _____

5 kid _____

6 hope _____

7 dove _____

8 peace _____

9 wing _____

10 freedom _____

11 eagle _____

12 strength _____

 오늘의 문장 따라 쓰기

Earth is the third planet from the Sun.

지구는 태양으로부터 세 번째 행성이야.

오늘의 문장 따라 쓰기

The owl is a symbol of wisdom.

부엉이는 지혜의 상징이야.

영단어 쓰기 2

1 상징   s _____

2 장미   r _____

3 부엉이   o _____

4 지혜   w _____

5 어린이   k _____

6 희망   h _____

7 비둘기   d _____

8 평화   p _____

9 날개   w _____

10 자유   f _____

11 독수리   e _____

12 힘   s _____

😀 오늘의 문장 완성하기

The _____ is a

_____ of _____ .

부엉이는 지혜의 상징이야.

영단어 쓰기 2

1 우주   s _____

2 행성   p _____

3 태양, 해   S _____

4 달   M _____

5 수성   M _____

6 금성   V _____

7 지구   E _____

8 화성   M _____

9 우주 비행사   a _____

10 우주선   s _____

11 별똥별   s _____

12 발자국   f _____

😀 오늘의 문장 완성하기

_____ is the third

_____ from the _____ .

지구는 태양으로부터 세 번째 행성이야.

뜯어먹는 초등 필수 영단어 2

뜯어먹는
쓰기 노트

뜯어먹는 초등 필수 영단어 2

뜯어먹는
쓰기 노트

대한민국 대표
영단어 시리즈

뜯어먹는 시리즈 초등판

뜯어먹는  필수 영단어

초등 필수 영단어와 초등 필수 문장을 한 번에!

- 흥미롭고 다양한 활동을 통해 재미있게 영단어 학습을 할 수 있어요.
- 영단어와 초등 필수 문장을 연계하여 문장 구조를 익힐 수 있어요.
- '뜯어먹는 쓰기 노트'와 'Review Test'를 통해 체계적인 누적·반복 학습을 할 수 있어요.

초·중·고 뜯어먹는 시리즈

초1~2 뜯어먹는 초등 필수 영단어 1	예비중~중1 뜯어먹는 중학 기본 영단어 1200	예비고~고3 뜯어먹는 수능 1등급 기본 영단어 1800
초3~4 뜯어먹는 초등 필수 영단어 2	중1~3 뜯어먹는 중학 영단어 1800	뜯어먹는 수능 1등급 영숙어 1200
	뜯어먹는 중학 영숙어 1000	고2~3 뜯어먹는 수능 1등급 주제별 영단어 1800